SANJIN SHIHUA CONGSHU

《三晋史话》丛书

三晋史话·临汾卷

主编 黄翠莲

山西出版传媒集团
山西人民出版社
三晋出版社

《三晋史话》丛书编委会

编委会主任　胡苏平
编委会委员　李高山　王　蕾　杜学文
　　　　　　刘英魁　尹天五　董晓林
　　　　　　朱新才　吕芮宏　王宇鸿
　　　　　　梁宝印　琚林勇　陈河才
　　　　　　马　斌　陈义青　张敬平
　　　　　　黄耀春　杨永生　王辅刚
　　　　　　张志仁　黄翠莲　于　波
编　　务　　崔　力　武献民　谢振中
　　　　　　高小勇　赵　玉

丛书总主编　胡苏平

《三晋史话》丛书学术顾问

渠传福　山西博物院研究员
赵瑞民　山西大学历史文化学院教授
李书吉　山西大学历史文化学院教授
王灵善　山西出版传媒集团重点出版工程办公室主任、编审
降大任　山西省社科院研究员、三晋文化研究会特聘专家
高春平　山西省社科院历史研究所副所长、研究员
巨文辉　中共山西省委党史办公室副主任、研究员

《三晋史话·临汾卷》编委会

主　编　黄翠莲
副主编　郭景旭　乔忠延
编　委　阎　环　武经纬　梁晓玉
撰　稿　乔忠延

目 录

总序
概论

第一章　渐行渐近的中华文明
　　　　（史前时期）

概述 / 001
丁村人汾河湾渔猎 / 003
柿子滩的篝火与艺术 / 009
枣园初现黄土农业文明 / 011
陶寺遗址的文明曙光 / 013

第二章　最早的"中国"在平阳
　　　　（尧舜禹时期）

概述 / 019
帝尧建都平阳 / 021
钦定历法推进农耕文明 / 026
开凿水井抵御大旱 / 029
治理洪水与划定九州 / 031

皋陶创设刑法 / 033
走向文明的垂拱而治 / 036
尧舜禅让 / 039
《击壤歌》与小康社会 / 043

第三章 辉煌的晋国霸业
（西周春秋时期）

概述 / 045
周成王桐叶封弟 / 047
天马遗址里的晋国 / 050
强晋乱国的晋献公 / 055
重耳去国受历练 / 058
晋文公称霸诸侯 / 062
介子推避世隐居 / 065
晋襄公崤山破秦 / 069
千秋大义救孤儿 / 070
晋国迁都新田 / 074
晋悼公中兴复霸 / 078
晋国铸造刑鼎 / 083
侯马盟书 / 085
名垂青史的师旷 / 088

第四章　古都人杰　名垂青史
（战国时期）

概述 / 091
三家分晋拉开战国序幕 / 093
韩国初都平阳城 / 096
申不害变法强盛韩国 / 098
智勇双全的蔺相如 / 100
"集大成"的荀子 / 103
法家代表韩非 / 105
赵国名将李牧 / 108

第五章　走上朝堂的平阳儿女
（秦汉三国时期）

概述 / 111
西汉开国谋士张良 / 113
魏豹建都古平阳 / 116
曹参受封平阳侯 / 121
歌女皇后卫子夫 / 123
卫青抗击匈奴 / 126
常胜将军霍去病 / 132
忠心辅主的霍光 / 137
治世能臣张敞 / 141
惩一儆百的尹翁归 / 144

三国名将徐晃 / 146

忠义之臣贾逵 / 148

第六章　民族融合的悲喜往事
（西晋北朝时期）

概述 / 153

贾充制定《晋律》/ 155

贾南风祸乱西晋 / 158

刘渊蒲子建汉国 / 160

汉国迁都平阳城 / 163

汉国灭掉西晋 / 167

刘聪荒淫误国 / 169

骨肉残杀亡汉国 / 172

汉国的胡汉分治 / 175

法显西行求取佛律 / 176

北周将士浴血守平阳 / 181

第七章　点染历史的平阳星光
（隋唐时期）

概述 / 185

李渊攻克霍州城 / 186

凌烟阁功臣柴绍 / 188

平阳公主李三娘 / 191

鄂国公尉迟敬德 / 195

敬晖参与复唐大举 / 197
大云寺里看冶炼 / 200

第八章　**灿烂文化辉映华夏**
　　　　（宋辽金元时期）

概述 / 203
孙复讲学国子监 / 205
抗金英雄梁兴 / 207
雕版印刷中心 / 209
道教圣地云丘山 / 212
医学家许国祯 / 215
广为流传的《平水韵》/ 217
元代戏剧摇篮 / 218
元代杂剧大家 / 220
国家瑰宝元代戏台 / 223

第九章　**移民故地风采独具**
　　　　（明朝时期）

概述 / 225
洪洞大槐树移民 / 226
州署衙门的活标本 / 230
践行官箴的楷模曹端 / 233
精美绝伦的明代建筑 / 236
苏三监狱 / 240

005

东岳庙里的民间信仰 / 242

忧国才俊郑崇俭 / 247

第十章　多业并举更见魅力
（清朝时期）

概述 / 249

卫台揆治理台湾 / 251

顾炎武曲沃修订《日知录》/ 252

平阳商帮 / 255

平阳人开办的京都名店 / 258

清代巨富亢百万 / 261

孔尚任编修《平阳府志》/ 265

首位出使欧洲的皇家使者 / 268

平阳大地震 / 271

名扬华夏的平阳文士 / 273

贾存仁修撰《弟子规》/ 276

杨笃编修《山西通志》/ 278

爱国实业家刘笃敬 / 280

 **第十一章　革命和抗战的浩歌**
（民国时期）

概述 / 283

乔义生参与营救孙中山 / 284

革命潮头的临汾义士 / 286

临汾党组织的诞生 / 289

红军东征在临汾 / 290

抗战救国的大熔炉 / 293

人才云集的民族革命大学 / 295

阎锡山驻扎克难坡 / 297

转移《赵城金藏》/ 300

韩略村伏击日军观战团 / 303

临汾攻坚战 / 306

参考文献 / 309

后　记 / 310

编后记 / 312

第一章

渐行渐近的中华文明
（史前时期）

■ 概述

在中华民族的文明史上，临汾有着光彩夺目的一笔。

在黄河东岸，汾河两边，很早就繁衍生息着华夏儿女的先祖。他们在成群的猛兽中艰难地生存，在风雨雷电中困苦地成长，一步一步，一代一代，穿透漫长的时光创造出令人瞩目的上古文明。时光逝去，我们无法回望那远去的世事。好在考古揭开了黄土地隐藏的秘密，我们由此可以窥见先祖那蹒跚而又顽强的步履。

位于汾河岸边的丁村人遗址，展示出10万年前先祖生活的图景，当然还有伴随先祖的野兽飞禽、花草树木。考古学家将此时划为旧石器时代，出土的石器粗糙而笨拙，可这石器也铭刻了人猿相揖别的智慧。只是，遍及汾河两岸的丁村人活动范围，也没有看到先祖居住的遗址。到了距今1万年之前，黄河岸边的柿子滩，先祖居住的遗迹已非常明显，他们在天然的石崖下躲避风雨严寒，还遗留下使用过火的灰坑。对火的控制使用，是人类进化史上一个划时代的亮点，它预示着人类前行的脚步正在加快。

到了距今将近7000年的时候，人类步入新石器时代。居住在浍河边的枣园人，不再在自然的石崖下栖身生存，而是用自己的双手建造起遮风挡雨的住所。这些住所被考古学家称为半地穴窝棚式的房屋,又是了不起的进步。进化最为显著的要数陶寺遗址,房屋变得阔大多了,已经出现了宫殿式建筑。这建筑不是孤立的,同时还有仓储建筑、祭祀建筑,以及先祖使用过的众多器物。而且,这些建筑和器物都被护卫在城墙里边。一个古老的城市已经彪炳于世,国家就在这氛围中孕育诞生。尤其是古观象台的发现,更是印证了史书典籍中关于帝尧"钦定历法,敬授民时"的记载。所有这些,都标志着我们的先祖在汾河谷地实现了一次跨越,中华民族进入了文明时代。

丁村人汾河湾渔猎

在北京国家博物馆里,陈列着"丁村人"的化石和石器工具。

丁村是临汾市襄汾县紧邻汾河的一个小村庄。"丁村人"化石和石器工具能够展出于国家博物馆,是因为出土得非常及时,意义重大。西方人曾有个怪论,说从北京猿人到山顶洞人之间,漫长的时段没有发掘出人类遗址,没有古人类活动的迹象,中国大地的古人断代了,现在的人是从西方迁徙过来的,这便是"东方文化西来说"。

20世纪50年代,也就是这种奇谈怪论纷纷扬扬的时候,地处汾河湾的丁村,有人在取土挖沙时发现了旧石器文化层。1954年,考古工作者在此地的沙砾中发掘出3枚十二三岁的儿童牙齿化石。其内侧门齿齿冠的舌面和北京猿人一样也有底结节、指状突和呈铲形结构,上外侧门齿也呈铲形,臼齿的咀嚼面呈十字形,具有这个生理特征的中国人最多,约占百分之八十。丁村人的体质比北京猿人有很大进步,有些特征接近现代黄种人。这3枚牙齿化石,立即惊动了国际人类学界,"断代论"者哑口无言。1976年,丁村遗址发掘出一块幼儿头顶骨化石,它属于一个周岁幼儿,具有顶枕间骨(印加骨),这个特征在黄种人中所占比例更高,仅北京猿人中就占一半。丁村人的铲形门齿和顶枕间骨都是黄种人先祖的特征,证明其与北京猿人较近,而与西方白种人相去甚远,何谈西来之说?

这是中国本土黄种人的祖先之一,学术界按照约定俗成的规律称其为"丁村人",并且将其陈列进国家博物馆。

从考古学家的发现来看,丁村遗址呈现的文化状态可以分为三段。丁村文化早段,属旧石器初期晚段的遗存,分布在丁村以北3000米的塌河崖一带。石器有三棱大尖状器、大尖状器、斧状器、宽型斧状器、石球、刮削器,以及用双阳面石片加工的锥钻等,距今二三十万年。

丁村文化中段,属旧石器时代中期文化遗存,分布在丁村周围及汾河西岸的第三级河流阶地里。它们的石器类型与早段一脉相承,无论类型、石料、打制方法都非常一致,只是在地质时代上属晚更新世早段,距今十万年左右。

丁村文化晚段,属旧石器时代晚期遗存,地点在丁村汾河对岸的丁

概　论

　　临汾位于山西省的西南部,古代曾以平阳相称。现辖1区、2市、14县,分别是:尧都区,侯马、霍州两个县级市,曲沃、翼城、襄汾、洪洞、古县、安泽、浮山、吉县、乡宁、大宁、隰县、永和、蒲县、汾西等县。南北最大纵距170多千米,东西最大横距约200千米,总面积20275平方千米,总人口约440万。

　　临汾西面是晋陕大峡谷,中华民族的母亲河——黄河奔流不息。黄河的第二大支流汾河从中部蜿蜒而过,泽润千秋。得益于秀美水土的养育,早在旧石器时代这里就繁衍生息着华人的先祖。10万年前,丁村人在汾河岸边叩击石头,点燃了人类早期文明的火光;1万年前,柿子滩的先祖在岩壁上留下了珍贵的岩画;7000年前,枣园人的农耕履迹为陶寺文明的出现做出了最好的铺垫;陶寺遗址的墓葬、城址,以及观象台,都在说明4000年前这方水土的文明华光灿烂夺目。

　　陶寺遗址实证的时段,正是史书记载的尧舜禹时期。帝尧定都平阳,上承炎黄,下启舜禹,钦定历法,开凿水井,推进了农业耕种,用古朴而先进的生产力将分散的部落和部落联盟凝聚为一体,形成了国家的雏形。其时,大大小小的地方国家遍地滋生,尧都平阳恰好处于万国林立的国家之"中",因而简称"中国"。虽然,这个"中国"还只是地理格局的称谓,但是这也为后来成为我们祖国的名称做好了充分准备。春秋时期,这里属于晋国。初始时晋国仅是"河汾之东,方百里"的小国,后来逐渐拓展国土,晋文公一举称霸,而且霸主地位延续了160年之久。之后,初期的韩国建都于此,楚汉相争时西魏王魏豹的国都也定于此。公元308年,匈奴人刘渊乘西晋八王之乱,称雄天下,建立汉国,仍然选定平阳建都。在此,汉国扼制中原,挺进长安和洛阳,灭掉西晋,取得了决定性胜利。

虽然自汉国之后,临汾没再建都,但是,临汾在华夏文明史上一直有不可替代的地位。隋朝统一中国后,在北方沿边设立军事总管府,山西境内共有5个,其中就有两个设在临汾辖域,即位于今吉县的文城总管府和隰县的龙泉总管府。唐朝实行藩镇节度使制,平阳为晋州,吉县为慈州,隰县为隰州,皆归保义军节度使节制。尤其是明朝在洪洞大槐树下移民,10多万平阳民众背井离乡,迁徙河北、河南、山东等地开垦荒田,为医治战争创伤、发展经济做出了不可磨灭的贡献。

在漫长的历史演进中,临汾创造了辉煌的历史,也创造了璀璨的文化。打开《古诗源》可以看出,这里诞生过最古老的诗歌《击壤歌》。这种文化一脉传承,启导后世,《诗经》中的唐风雅句脍炙人口,春秋时期的音乐家师旷创新了音律发展,唐宋时代河东大地诗文名家层出不穷。金元时期,平阳是中国北方的文化中心,这里的雕版印刷,名扬九州,平阳姬家印刷的《四美图》饮誉四海。这里形成的"平水韵",因官家推行,而称"平水官韵",成为赋诗作曲的规范韵律,代代流传,沿袭至今。元代,这里是全国的戏剧中心,至今临汾市还保留着尧都区魏村牛王庙戏台、翼城武池乔泽神庙戏台等5座元代戏台。尤为值得称道的是,元杂剧衰亡后,在临汾至陕西韩城一带兴起了河汾民歌,后演进为山陕梆子,即现今的蒲剧。山陕梆子在明清时随晋商驰足神州,所有的梆子戏,不仅山西的中路梆子、潞安梆子,即便是河南梆子、河北梆子,概源于此。深厚的文化积淀,哺育了临汾英才的成长。这里成长起了公布晋国第一部成文法典、推动刑法实施、执政22年的晋国正卿赵鞅,集政治家、教育家、音乐家于一身的师旷,智勇双全、文武兼备的古代良相蔺相如,深谙兵法韬略、战绩辉煌的赵国戍边大将李牧,西汉时屡征匈奴、卫疆守土的大将军卫青、霍去病,忠心辅

总 序

中共山西省委常委、宣传部长

胡苏平

近年来,越来越多的人走进山西,领略表里山河的壮美风光,感受一脉相承的历史文化。山西这块古老而厚重的土地,充满了神奇。如何为这些远道而来的客人们提供帮助,给他们留下一个简要、生动而又难忘的记忆,这就促使我们萌发了编撰一套介绍山西历史文化丛书的想法。

经过大家的努力,《三晋史话》丛书终于和读者见面了。这套书总体成套、分体成册,图文并茂,好看、好记、好用也好带,能够把山西最具历史文化价值、最想告知读者的精华展示出来,让朋友们能够在较短的时间里对山西的历史文化有一个大致的了解。

参与编撰的各位作者和专家以严谨认真的态度,对历史负责、对民族文化负责的精神,精心设计,反复研讨,认真修改,完成了这套12卷200余万字的丛书。这是我省文化建设的又一重要成果,也是向社会宣传介绍山西悠久历史与文化贡献的珍贵典藏。

在此,我向参与丛书编撰、出版工作的同志们表示由衷的感谢!

山西表里山河,物华天宝,历史悠久,人文荟萃,是中华文明的重要发祥地。省委书记王儒林同志将山西历史文化的特色概括为"三个一":一是"一缕曙光",即距今约4500万年前,山西垣曲就有被专家称之为"类人猿亚目黎明时的曙光"的曙猿存在,它不仅证实了人类远祖很有可能起源于中国,并且把类人猿出现的时间向前推进了1000多万年;二是"一堆圣火",大家知道火的使用是人类历史的开端,而距今约180万年前,山西芮城西侯度就出现了古人类活动的身影,先民们在这里点燃了第一把圣火,留下了中国最早的人类用火遗迹;三是"一座都城",近40年的考古探明,距今4300年左右,尧帝在山西襄汾陶寺建都,陶寺就是尧都,山西南部所在的"中土之国"是"最早的中国","古中国"正是从这里走来!

在中华文明发展的历史进程中,山西作为中原农耕文明的核心区域,早在人类揖别洪荒之初,神农炎帝就在晋东南高平羊头山一带播五谷、尝百草,实现了从渔猎到农耕、从游牧到定居的重大历史转折,开创了延续几千年灿烂的农耕文明。尧都平阳、舜都蒲坂、禹都安邑凸显出"古中国"的遥远和厚重;夏县及周边丰富的夏文化遗存、垣曲及周边确凿的商文化遗存,生动展示了夏商时期河东大地在文化演进中扮演的不可替代的角色。西周春秋时期,晋国延续600余年,对推进华夏文明的进程发挥了主导和引领作用。战国时期,韩、赵、魏都源出山西,胡服骑射、围魏救赵、长平之战等重大事件,都直接影响着中国的发展进程。秦汉以降,山西始终发挥着民族熔炉的作用,谱写了中华民族大融合的辉煌篇助,弥合西汉断代危机的大将军、大司马霍光,秉公执法的治世能臣张敞,闻名遐迩的元代戏曲作家郑光祖、石君宝。诚可谓英才辈出、地灵人杰。

近代革命斗争中,临汾也不甘人后,温寿泉、乔义生等人站在山西辛亥革命的前列。七七事变后,临汾一度是北方抗战的中心,中共中央北方局、八路军总部都曾在此驻扎,民族革命大学也创办于此,唱响神州的《游击队之歌》也诞生于此。解放战争中,临汾因攻坚战蜚声远近,不仅为解放山西扫清障碍,而且成为解放战争的经典战例。

悠久的历史为临汾留下了很多名胜古迹,广胜寺的飞虹塔及元代壁画,拥有唐代佛头的铁佛寺,隰县的小西天、蒲县的东岳庙、霍州的州署、乡宁云丘山、襄汾丁村、汾西师家沟的民居……这些古代建筑都闪耀着前人智慧的光芒,成为弥足珍贵的物质财富和精神财富。

尧都区尧庙

章。宋元时期,山西新的经济、文化发展元素不断滋生,杂剧演出繁荣兴旺,成为中华戏曲的摇篮。明清时期,晋商把山西人的智慧与勇气推向了极致,让世人认同了"无西不成商"的历史事实。抗日战争时期,党领导的八路军三大主力在山西创立晋察冀、晋绥、晋冀鲁豫三大敌后根据地,成为全国抗战的重要战略支点,为民族解放和新中国的诞生,建立了不朽功绩。

山西历朝历代的杰出人物灿若星辰,影响深远。炎黄二帝、尧舜禹等英雄先祖,奠定了中华民族的人文精神与基本价值体系。后世山西,名人辈出,诸如称霸中原的晋文公,胡服骑射的赵武灵王,抗击匈奴的卫青、霍去病,经营西域的班超,忠义仁勇的武圣关云长,推行改制的冯太后,杰出女皇武则天,再造大唐的郭子仪,精忠报国的杨家将……仅闻喜裴氏一门就有宰相59人,大将军59人,正史立传者600余人,名垂后世者不下千余人,七品以上官员多达3000余人。还有狄仁杰、司马光、杨继宗、傅山、于成龙、陈廷敬、栗毓美、祁寯藻、徐继畬等一大批廉吏能臣,卫夫人、法显、王通、王绩、王勃、王维、王之涣、王昌龄、王翰、柳宗元、白居易、卢纶、温庭筠、米芾、马远、元好问、关汉卿、郑光祖、罗贯中等名垂青史的文化名人。

山西多样性的历史文化具有不断变革和进步的鲜明特色,许多影响中华文明的改革,首先是在山西地区孕育、展开,进而推动了社会进步。著名的"曲沃代翼",为晋国的全面发展掀开了崭新篇章;"郭偃之法",为晋国称霸中原提供了思想源泉;三家分晋、李悝变法、魏文侯改革,顺应了历史潮流。以子夏、荀子为代表的儒家,以李悝、韩非子为代表的法家,以吴起、尉缭子为代表的兵家,以公孙龙、惠施为代表的名家,以苏秦、张仪为代表的纵横家,在中国思想史上写下了浓墨重彩的篇章。秦汉以后,均田制及全面"汉化"的政策,从根本上改变了天下政治的格局和发展方向。隋唐以后的一些著名政治人物如柳宗元、司马光等,致力于社会改革与改良运动,为中华文明进程的延续提供了动力,也为后人留下深刻印记。

山西这块土地上留存着多姿多彩的文化遗产,是观瞻5000年中华文明的"金色名片"。目前,山西境内已发现各类不可移动文物5万余处,其中有五台山、平遥古城、云冈石窟3处蜚声中外的世界文化遗产。全国重点文物保护单位有452处,数量居全国第一。旧石器文化遗址有464处,早、中、晚期自成序列,为全国仅有。新石器时期各种文化类型在我省都有发现。最值得注意的是,全省现存各类古建筑共计28000余处,时代连续,品类齐全,全国仅有的四座唐代木结构建筑都在山西,元以前的木结构建筑占到全国存量的75%左右,素有"中国古代建筑博物馆"之称。全省现存古壁画24000余平方米,彩塑12000余尊,素有"东方艺术博物馆"美誉。全省现存大小石窟石刻1112处,东汉以来各类碑碣5万多通,在全国占有重要地位。全省现存古民居、古城池9300余处,高平中庄村元代姬氏民居是我国现存最早的民居实例,襄汾丁村民居、灵石王家大院、祁县乔家大院、太谷曹家大院及定襄阎锡山旧居等,集中反映了我国明、清和民国时期北方民居的建筑艺术特色。全省现存历代长城1400多公里,涉及战国、汉、北魏、东魏、北齐、隋、宋、元、明、清等多个朝代,是我国保存长城朝代跨度最大的省份,其中东魏、北齐、隋、宋4个朝代的长城为我省独有,雁门关、宁武关、偏头关、娘子关、平型关等关隘至今仍回荡着战争的声响。全省现存革命旧址和纪念建筑1466处,武乡八路军总部旧址、五台白求恩模范病室旧址、晋绥边区政府旧址、平型关战役旧址、百团大战旧址等承载着抗战胜利的伟大记忆。经国家有关部门认定,山西有国家级历史文化名城6座、历史文化名镇8个、历史文化名村32个。四大梆子、民间歌舞、锣鼓艺术等国家级非物质文化遗产116项,国家舞台艺术精品工程8部,均居全国前茅。山西荣获中国戏剧大小梅花奖的演员有217位,在全国遥遥领先。文化产业蓬勃发展,山西文博会已成为在全国具有很高美誉度的知名展会。

山西从北到南,根据各地文化遗产的禀赋和特点,分为五大特色文化区:北部(大同、朔州、忻州)边塞佛教文化区,通过充满沧桑的边关、长城,见证中华民族融合的历史风云;透过享誉世界的云冈石窟、应县木塔、悬空寺、五台山,体悟博大而深邃的佛学文化。中部(太原、晋中)晋商文化区,通过闻名遐迩的乔家大院、王家大院、曹家大院、渠家大院、常家庄园等晋商大院展示晋商的辉煌;透过一间间店铺、一座座票号、一本本字据等实物遗存展示诚信的魅力。南部(临汾、运城)根祖文化区,通过西侯度、匼河、丁村、陶寺等重要考古遗址,领略文明源头的震撼;透过德孝天下的尧舜文化、义薄云天的关帝文化和荡气回肠的大槐树文化,品味华夏血脉的传承。中西部(吕梁山脉及沿黄地带)黄河民俗文化区,通过悠悠的临县碛口古渡、河津龙门古渡、芮城风陵渡、永济蒲津渡等古镇、古渡口,追溯逝去的华章;透过娓娓的民歌、民舞和民间技艺等非物质文化遗产,倾听历史的回声。东南部(长治、晋城及阳泉)太行生态文化区,通过王莽岭、太行大峡谷、皇城相府、沁河古堡、娘子关等自然人文景观,见证迷人的太行风光;透过女娲补天、精卫填海、后羿射日、愚公移山、神农尝百草等神话传说领略历史的变迁。也正是依托这些厚重绚丽的文化,山西逐渐形成了华夏之根、黄河之魂、佛教圣地、晋商家园、边塞风情、关公故里、古建瑰宝、太行神韵八大文化品牌,立体式、全景观地展现了华夏文明看山西深厚的文化内涵。

行走在三晋大地,你随时随地都能感受到山西悠久的历史、灿烂的文化,也能感受到山西人民淳厚善良、忠义仁勇、坚韧执着、乐于奉献的优秀品格与崇高精神。回顾并梳理山西的历史文化,可以从一个极为重要的角度了解中华文明及其对人类文明的伟大贡献,找回民族文化之根,延续优秀文化之脉,增强我们创建现代文明的自信心与自豪感;特别是弘扬源远流长的法治文化、博大精深的廉政文化、光耀千秋的红色文化,能使我们从中汲取强大的精神动力与无穷智慧,对我们展示山西形象,促进富民强省,建设小康社会,具有十分重要的现实意义。

是为序。

2016年5月于太原

家沟口。这里背依黄土,面濒汾河,由两种石器文化组成。一种沿袭丁村文化传统的粗大石器,主要由大石片、三棱大尖状器、斧状器、宽型斧状器、双阳面石刀、石球等组成。一种是以燧石为主要原料制作的典型细石器,品类有锥形、楔形、船形等形态的石棱以及细石叶、石棱式小刀、短身圆头刮削器、斜边雕刻器、琢背小刀、圆底石镞、楔形析器等。很明

襄汾丁村全景图

襄汾丁村人塑像

显,丁村晚段文化是两种不同性质文化的融合体,是传统的丁村文化接受了业已成熟发展的细石器文化的影响而走向了更高的境界。学者们据其性质称之"新丁村文化",距今二万六千年左右。

丁村人上承北京猿人,下启山顶洞人,几乎连贯了三十万年的时间,在人类发展史上具有不可替代的重要地位。

丁村人制造的石器,主要用于狩猎。丰富的动物化石让我们看到了丁村人的食物。丁村发现的动物群有6目28种之多。食虫目有鼹鼠,食肉目有狼、貉、狐、熊、獾,奇蹄目有野驴、野马、披毛犀、梅氏犀,偶蹄目有野猪、赤鹿、葛氏斑鹿、大角鹿等,长鼻目有印度象,啮齿目有河狸,等等。这些动物和丁村人同生共长在汾河湾,构成一幅远古的风情图卷。

丁村人的面世,为我国研究从原始人群到氏族制度的形成提供了考古实证。郭沫若指出,丁村人生活在汾河流域的时候,当地气候比现在要温暖些。东边的太行山,山间覆盖着森林,森林里有貂、狼、狐、熊等食肉野兽,但猿人时代生活在这里的剑齿虎这时已经灭绝了。山前有丘陵和广阔的平原,生长着灌木和野草。从森林到草原,生活着相当多的象和犀牛,还有梅花鹿、赤鹿和大角鹿。野马和野驴成群地奔驰于平原和丘陵之间,大群的羚羊在这里寻食杂草。

那时候,汾河水很深,流得比较缓慢。河湾处有深而静的清水,岸边浅水里长满了碧绿的水草,浅水里有螺,深水里游着很大的鲤鱼和青鱼;河岸附近的泥沙里有各种河蚌。河滩上生长着树木和丛草。河岸附近生活着很小的河狸。

还原过自然环境,郭沫若先生指出了丁村人的活动状况:沿着汾河两岸的广阔地区,是丁村人经常活动的场所。他们在这里制造石器,在这里取水喝,也在这里猎取来喝水的各种野兽。

丁村人使用的劳动工具主要是木器和石器。他们从河谷和山沟里

襄汾丁村遗址碑

采集一些角页岩的砾石,用交互打击的方法,打制成各种砍砸的石器,有单边刃的,有多边刃的。单边刃的砍砸器有弯曲的刃,往往把刃的对面加以修整,以便于手握。多边刃的石器是把周围的全部或大部打成弯曲的刃;有些在周围的某些地方加以修整,便于把握。他们把石灰岩的厚而平的砾石,沿着周围的边缘对击,打制成大大小小的球形投掷器,以供打猎之用。丁村人所使用的大部分是石片石器。他们在打石片时,不仅用北京人常用的直接打击法,而且常常以双手举起大的石块,用力向地上的石料连续摔砸,从石料上打下大石片……

这些出土的石器,或大或小,锋刃上都有磨损,也就是说,丁村人不仅创造了它,还用它创造过自己的生活。如何使用这些石器工具狩猎呢?

在众多的石器中,有一颗石球。石球拴着草绳,草绳拴上长杆就能投掷。这多数用于猎获猛兽,遇到野猪类的猛兽,先祖就会将拴着石球的长杆投掷出去。长杆碰在猛兽身上不动了,石球却带着草绳一圈一圈转动,死死缠紧猛兽。同时,缠绕石球的长杆不是一件两件,而是好多件。缠满长杆的猛兽在密林中无法行走,更别说逃窜,只能成了猎物。猛兽的蛮力,输给了先祖的智力。石球,是先祖智力的创造物。它创造了先祖更广阔的食物空间。石球被称为"原始炮弹",被陈列进了中国军事博物馆。

石刀有两个特点:一是背厚,拿在手中好握;二是刃薄,用于切。古人选择一面厚一面薄的片状石材,在薄的一面打制出比较锋利的刃。石刀用以宰杀野兽,开肠破肚,剔骨剥皮,肉果腹充饥,皮制衣御寒。背厚是一种选择,要在大量的石片中挑选出来。当然选择的时候不能单打一面,还要注意另一面要薄,薄不等于是刃,但是再打制就相对省时、省力。打下猎物,就用石刀宰杀野兽,开肠破肚;用石刀刮脂除垢,裁割皮毛,晾晒干后,披在身上就是衣裳。

郭沫若将这些石器与先前的考古发现进行比较:丁村人的石器和匼河的石器有某些共同点,可能是从匼河文化类型的石器发展而来的。但是,从石器的种类来说,丁村人的石器有了显著增加。从制造方法看,丁村人常用的以交互打击方法制造的多边形砍砸器,在数量上和打制技术上,都比匼河的有了显著的提高,加工得更加细致了。

郭沫若还认为,丁村人比北京人有了相当大的进步,从体质上看,他们比北京人已经有了相当的发展。从石器的制作水平上看,他们比北京人已经有了相当大的提高。他们的社会组织大体已脱离了原始群居的乱婚状况,进入血族群婚的阶段。这种婚姻关系是他们的社会组织的基础,也是从原始人群过渡到氏族制度的一个重要环节。氏族制度在这一时期就逐渐萌芽了。①

丁村人虽然遥远,但是却代表着氏族时期的开端。汾河岸边的先祖,一步一步朝文明走来。早在1958年,裴文中、贾兰坡先生就指出:"丁村文化是在中国黄河中下游、汾河沿岸生活的一种人类特有的文化。"②

---

①郭沫若主编:《中国史稿》,人民出版社1976年版。
②裴文中等:《山西襄汾丁村旧石器时代遗址发掘报告》,科学出版社1958年版。

柿子滩的篝火与艺术

距今 18000 年左右的时候，是北方最冷的时期，真让人担心那些丁村先祖的后人是不是会断代绝迹。不必担忧，走进柿子滩遗址，就可以看到先祖倔强生存的痕迹。柿子滩遗址距今在 2 万年至 1 万年之间。

柿子滩遗址位于临汾市吉县东城乡西村，是中国已发现的旧石器时期晚期现存面积最大、堆积最厚、内在最丰富的一处遗址。目前已经发掘出成组的篝火遗迹、灰烬、烧骨以及黏土层面上的动物或人类足迹。出土的石制品有 3000 余件，有燧石、角页岩、水晶、石英岩等原料制成的尖状器、砍斫器、细石核、石磨类用具。伴随这些器物出土的还有羚羊、赤鹿、水牛、野驴等动物化石。同时，大量装饰品和岩画也先后面世。《中国考古学年鉴·2002 卷》评价：柿子滩的考古发掘，对"探索中国细石器文化的起源与区系类型以及华北旧石器时代晚期向新石器时代早期过渡等，都有着重要的学术意义。"

意义在于，柿子滩遗址让我们看到先祖在黄河边成长的步履，与丁村人相比，他们有了明显的飞跃。

首先，柿子滩的先祖已经大量使用篝火，在由吃生食向熟食过渡。目前，已发现 300 余处用火遗迹，遗迹的面积一般不超过 1 平方米，最大的为 4 平方米。烧土厚度大多在 1 厘米至 6 厘米之间。烧土中往往夹杂有烧骨、炭块和炭屑，最底部则是较纯净的红烧土。不少用火遗迹，是燃烧后即迅速掩埋起来的，因而留下约 1 厘米厚的灰烬层。这可以看出柿子滩古人类一般是平地起火，也有搬几块砂岩石围在火堆周边的。极少数的有点火膛模样，焚烧后还留下红烧土壁。这样既可以御寒防冷，又能够烧烤熟食。

其次，我们可以看到柿子滩先祖的食物在发生变化。他们不再靠单一狩猎度日，还采摘植物的种子来吃。吃法也有些讲究，不是囫囵吞咽。

吉县柿子滩岩画

考古专家发现了石磨盘,不过可不是我们现在还能看到的石磨。那是一种极其简单的石磨,使用一块平面光滑的石头,在上面摩擦,不是磨扇摩擦,而是用磨棒摩擦。先祖就用这磨棒,一下一下研磨种子。磨碎,吃起来就容易了。吃植物的种子还不能说是农业文明,但是,这正在一步一步朝农业种植走去。后人传说"神农尝百草"自然也就不是没有道理的瞎说,可那神农不再是一个人,而是广大先祖的化身。

再次,是柿子滩先祖已经懂得爱美。人们说,爱美之心,人皆有之。谁会想到1万年前的先祖就已经懂得爱美呢?说他们爱美是有根据的。根据一,考古发现的蚌壳、鸵鸟蛋皮以及一些野兽骨头,上面都有磨穿的小孔。这小孔的作用,就是为了串起来佩戴。佩戴饰物,装扮自己,显然是爱美的举止。根据二,岩画。岩画不是一幅,而是两幅,都是用赭石颜色画上去的。一幅画的是一位女子的模样,另一幅画的是人们打猎的场景。用这样的画幅装饰住地的周边,肯定是崇尚形体美的体现。

考古学家将人类的演进划分为三个阶段:直立人、早期智人和晚期智人。在这个漫长的进化过程里,人类不仅成长着智力,而且也改变着容貌。当然,容貌是越变越好,到了柿子滩的时候,已经属于晚期智人,也有人将他们称为现代智人。之所以这么叫他们,是因为他们和现代人已经很接近了。如果我们看过丁村的先祖,再看柿子滩的人们就会欣喜地发现,他们的模样好看多了。男人堪称伟岸,女子说是漂亮也未尝不可。

我们这些伟岸漂亮的先祖却生活得十分艰难,他们没有居住的房屋,平日就在河边休息,最多也就是搭个窝棚。若是下雨,只好到不远处的岩崖下面去躲避。那翘伸出去的岩崖山头,下面留有不小的空间,这就是最理想的藏身之所。这岩崖,考古专家命名为岩棚,或者岩厦。岩棚也好,岩厦也好,都是敞开的,只能遮雨,不能避风。若是到了寒冬,可想而知他们的日子是如何艰难!可就在这艰难的环境中柿子滩的先祖生生不息,繁衍子孙。

枣园初现黄土农业文明

7000年前生活在临汾这块土地上的人是什么状况?这要去枣园村拜访。

枣园村是临汾市翼城县的一个小村落。背后是起伏连绵的大山,我们现在叫作太岳山脉。村子的前面是河滩,滑家河与浇底河在这里交汇,绵延不绝的流水冲击出了扇状的坡地。这肥沃的坡地为先民生存提供了衣食便利条件和良好的生活环境。他们的日子过得可比柿子滩的人们好多了。这结论来源于1991年5月山西考古队的发现研究。枣园村主要遗迹有房址和窖穴,主要遗物有生活用具和生产工具。生活用具多是陶器,有各种小平底钵、平底壶、折沿盆、三足盂、罐、釜等;生产工具有石镰、石刀、石锛、投石器、石球、盘状器、陶纺轮、陶锉等,陶锉上还存有先人留下的谷粒遗痕。根据对主要遗物的分析,这里是庙底沟文化的源头。经碳十四测定,年代大约在距今6400—7000年前后,这是目前山西省发现的年代最早的新石器时代遗存。虽然这里仅是一个小型聚落,但由于是最早确认该类遗存的遗址,所以命名为"枣园文化"。

现在让我们循着考古发现,看看从柿子滩到枣园先祖有何明显进化。最明显的标志是他们都离开了天然的洞穴，不再像柿子滩的先祖们那样在岩崖下栖身，他们用自己的双手建造遮风挡雨的居所。这可以说是人类很早期的房子。他们的房子是搭建的，还不全在地面上搭建，有一半在地下。考古专家称之为半地穴窝棚式的房屋，别看这房子简单粗糙，可也是人类文明的重要一步。而且，从陶寺遗址发掘出的房屋看，这样的建造方式已被陶寺人，就是传说中尧时期的人借鉴了。枣园人的房子不大，空间窄小，说明他们不再群居，有了配偶式的家庭，这又向前迈进了一大步。

枣园人使用的工具很多，从名称上看，不外还是石锛、石刀、石铲、骨铲、木耒、蚌刀……似乎没有多大变化。可是仔细一看就会发现，这些工具先进得多了。比如一把多功能石斧。之所以将它称作多功能石斧，因为这个石头打造的斧头，装上曲柄就是破土工具，装上木把就是砍伐的利器。他们打造的石镰就更好了，有长方形的，有翅翼形的，有半月形的，可以看出他们很会利用石头的自然形状。而且，不管是什么样式的，都留有安装把柄的缺口。现今收割使用工具的镰刀，就是由此改进而来

翼城枣园遗址

的。这些工具的进化,演示着枣园人的智力进化过程。

人的智力进化带来了多方面的进步,工具先进了,生产力提高了,粮食也就多了,因而枣园遗址发现了粮仓。他们的粮仓在地下,专家们称之为窖穴式粮仓,口小底大,形似口袋,深进土中,壁周光滑,口部加有冠盖,能够预防雨淋。这种窖穴式粮仓,如今在临汾的一些乡村还很流行。

考古学家认为,汾河流域的远古先民们在茹毛饮血、风餐露宿的艰苦生活中,逐渐地摆脱了对自然界的依赖,摆脱了原始人群居的生活方式,开始了新的文明。他们不仅进行农业生产,而且手工制作也很发达,从陶器上的圆点、花叶这些简单图案看,这里迸发了早期原始文明的火花,在人类文明史上有重要意义。枣园遗址的农耕生活和陶器文明,向我们展示的是新石器时代古平阳一带生机盎然的农业活动。枣园稼穑是山西省现知最早的农业生产实践,是中国早期农耕文化的缩影。

枣园人的彩陶烧制技术所迸发的文明火花,为追寻古人类的踪迹提供了线索,其后在北达晋中,西及吕梁,东至太行一带都发现了印有"玫瑰花"的陶器,其文化特征明显相似于枣园文化,波及范围大致包括北边的大漠地区和长城内外,南越秦岭、淮河、长江流域,东达沂蒙山区、渤海沿岸,西及甘肃、青海一带。这些器物大约在距今5500—6000年间,有学者将这些彩陶所饰的玫瑰花卉图案,称之为"玫瑰行动"。

很显然,枣园人在华夏文明发展史上有着重要的作用。对于探究临汾历史来说,枣园遗址如同架设的一座桥梁,连接了柿子滩遗址和陶寺遗址,为汾河谷地文明的出现,为国家的形成奠定了基础。

陶寺遗址的文明曙光

陶寺遗址位于襄汾县陶寺村南,面积约400万平方米,属龙山文化晚期,距今4000多年,恰值传说中的尧舜禹时期。自1978年开始发掘

玉琮(陶寺遗址出土)

璇玑(陶寺遗址出土)

玉兽面(陶寺遗址出土)

彩绘簋(陶寺遗址出土)

彩陶壶(陶寺遗址出土)

襄汾陶寺观象台复原效果图

襄汾陶寺早期墓地发掘现场

至今,迈过了三大步,可以说每一步对于夯实中华文明的基座都有着不可估量的作用。

第一步是陶寺墓址的发掘实证了国家的生成。距今约4500年前这里已形成金字塔式的等级结构和阶级关系,处于金字塔顶端的是大墓的主人。墓中有棺木,棺内散着朱砂,随葬品多达一二百件,而且都很精美。闻名全国的龙盘,以及土鼓、特磬、鼍鼓、玉钺、玉瑗等一系列象征特权的礼器都在大墓中出土。可以看出,墓主人使用成套礼器不是个别现象,已经形成一定的规制。而且,墓主人全部是男性,极有可能就是部落联盟的首领。

金字塔的中部是中墓的主人,他们也有随葬品,少数的还有彩绘陶器、彩绘木器和玉钺、玉瑗,但是数量较少,多者也就二三十件,没有一件大型礼器。而且,他们的墓址分布在大墓的附近,像众星捧月一样簇拥着头领。

金字塔的底部自然是小墓了。小墓很多,占到了陶寺墓址的80%以上,墓主却很可怜,大多数没有陪葬品,其中不少墓主或缺手,或无足,或头骨有伤。陶寺墓址的发现证明,那个时代原始的共产社会已经崩溃,已有了明显的阶级分化,而阶级分化的出现正是国家的萌芽时期。

陶寺遗址的第二步重大考古发现是城址的面世。城址分为早期小城和中期大城。小城也不算小,南北长约1000米,东西宽约560米,总面积约56万平方米。墙体用黄土夯成,每层厚度在5厘米至15厘米之间,层与层平面相叠,没有夯窝,可能是用石板平夯砸实的。这在上古那个时期,规模已经很宏大了。

中期大城那可就更加宏大了。南北长达1800米,比早期小城长出800米;东西延展得更长,达到了1500米,比早期小城长出将近1000米;总面积达到270万平方米,比早期小城扩大了整整4倍。中期大城除利用早期小城的东墙外,其余各面都扩展到其外。这大城够炫目了,但先祖仍不满足,又造了个城中城。这就是考古学家认定的中期小城。

中期小城在中期大城当中的东南角,仅有10万平方米。可是,千万不要小看这弹丸之地,这里有宫殿,集中分布在西南角和东南角。西南角发掘出1.6万平方米的建筑基址,不是正方形,就是长方形。东南角的宫殿更令人关注。房基有夯土,台阶也有夯土,且夯土密实,耐压力强,还有红烧土块,已有用火烧砖的前兆。基址中有大块的白灰墙皮,墙皮中还有带蓝彩的。很明显,这东区的宫殿要好于西区,居住的人物地位要高于西区,以至令我们想到在这里安寝的应该是"大王"般的头领。

既然"大王"居住在这里,那就应该有丰富的衣食储备。陶寺墓址曾发掘出一个圆筒形、蘑菇顶的器具,专家们称之为"仓形器"。死了陪葬尚要有仓储设施,活着怎能少了囤粮仓库。果然,在"大王"的身边掘出了一大片窖穴区,长约百米,宽约10米,总面积达上千平方米。这些窖穴多是用夯土筑起的圆筒,上头要是覆盖尖形棚顶,就与出土的仓形器极为类似。所以,专家们认为这里就是城市的仓储区。

襄汾陶寺遗址观象台

如果说，这样的场景还不足以确定"大王"的地位，那就让我们回味一下陶寺遗址出土的器物吧！器物分两种，一种是日用品，另一种是陪葬品。日用品在使用中破损了，很难找到完整的。而墓葬中却发现了大量完整的器物，并且这些器物有不少是稀有的礼器。礼器是礼制的工具，礼制是王者统领社会的手段，也是奴隶社会的形态表现。礼器中有铜铃，是中国目前为止出土最早的红铜器物；有石磬，最大的一件长达95厘米，还有石孔，可以悬挂；有鼍鼓，掏空的树干蒙上了鳄鱼皮，鼓身还染了彩色花纹；还有陶埙，粗糙的卵圆留着三个、六个不等的小孔……这在告诉世人，遇有重大祭祀礼仪活动，擂起鼓，敲起磬，吹起埙，摇起铃，一种令人肃然起敬的气氛便形成了。

"大王"就在鼓乐声中踏着台阶，登上宫殿或祭祀区，或是接见外地头领，或是祭祀天地。倘若祭祀天地，那肯定离不开玉琮，这是敬祀神灵的法器；倘若接见头领，那肯定离不开玉瑗，这是区分尊贵卑下的礼器。陶寺出土的琮和瑗，还有钺，这都是显示王者权威的象征物呀！从城址，从器具，都可以窥得王者风范。

2003年，陶寺遗址迈开了考古重大发现的第三步，在中期大城东南的一个小城之内，发掘出平面大致呈半圆形的基址，不远处还有由13根土柱排列成的一道弧形夯土柱。从半圆形基址朝夯土柱望去，背后正对的是崇山，早晨无疑可以看到太阳的升起。经过考古学家和天文学家几年的观测探究，认定这是上古时期的观象台，也是迄今为止中国考古发现的最早的观象台。这正好印证了《尚书·尧典》"历象日月星辰，敬授民时"的记载。无论对中国古代天文学研究，还是对中华文明起源研究，都将起到极大的推动作用。更为重要的是，这令我们认识了那个时代最大的发展动力，就是历法。历法的出现，让人们掌握了日月轮回的规律，进而产生了节令。节令的推广，促进了农耕。农耕的发展，促进了国家的诞生。

第二章

最早的"中国"在平阳
（尧舜禹时期）

■ 概述

　　伴随着漫长的历史演进，岁月将一个辉煌的时代赐予了临汾。从前面陶寺遗址的考古成果看，国家诞生了，无疑，这里是孕育国家的摇篮。从丁村遗址，到柿子滩遗址、枣园遗址，再到陶寺遗址，清楚地告诉世人，国家的生成需要长期的文明积淀。当然也离不开关键人物的引领。这就必须走近一位历史人物——帝尧。对于帝尧，华夏儿女不会陌生，他是三皇五帝中的五帝之一。他所处的时期上承炎黄、下启舜禹，由部落和部落联盟进入了早期国家。

　　回眸那个时期，我们首先会和平阳相遇。平阳是临汾最早的名称，史书多载：尧都平阳。其实，先民最早在此定居时，还不是都城。称平阳是因为这里有个平湖，取水非常便利。正好平湖北面地势开阔，大伙儿就把家园安在这里。古人以山之南、水之北为阳，平湖之阳，就简称为平阳。平阳成为尧都，是缘于农业耕种飞速发展，先民丰衣足食，安居乐业，出现了城市的雏形。后人回望那个时期，将那朴拙的城市以都城视之。后人之所以频频回望，是因为那不仅是平阳的辉煌时期，而且是中华民族的辉煌时期。那个时期确定了古老的历法，普及了水井的应用，设立了最早的刑法，创办了早期的学校,树起了广纳谏言的诽谤木,划定了治理天下的九州格局。更为引人注目的是,中国最早的诗歌《击壤歌》诞生了。随着"凿井而饮,耕田而食"的歌声飞扬,小康人家、小康社会的美誉也不胫而走,一直走到今天。如今,时代赋予"小康"更丰富、更美好的内涵,全面建成小康社会,成为尧舜传人的奋斗目标。

帝尧建都平阳

　　帝尧,姓伊,或说姓伊祁,名放勋。他去世后人们感念他的功德建造了一座庙,尊他为尧。尧在古代写作"垚",是高大雄伟的意思,也就是说他是个伟大的首领。再往后有了三皇五帝的说法,尧被列入五帝之中,才有了帝尧之称。

　　尧的父亲是帝喾。帝喾是部落联盟的首领,后人也把他列入五帝之中。《大戴礼·帝系篇》《史记·五帝本纪》都记载尧是黄帝的四世孙。《帝系篇》这么写道:"黄帝产玄器,玄器产娇极,娇极产高辛,是为帝喾。帝喾产稷、产契、产放勋,是为帝尧。"这个记载说清了尧是黄帝的四世孙,却忽略了一个重要人物,即尧的兄长挚。吴国桢著《中国的传统》一书将帝喾的妃子和儿子罗列得更加清楚:"元妃:姜嫄,生弃,即后稷;二妃:简狄,生契;三妃:庆都,生尧;四妃:常仪,生挚。"

　　据说,尧的母亲庆都是陈丰氏的女儿。陈丰氏也被称为陈蜂氏,先前丰、蜂通用,陈丰氏应是陈蜂氏。炎帝的孙子逢伯陵居位于陈地,以蜂为图腾,所以被称为陈蜂氏。后来,其部族大多南下至神农架、茶陵等地,有一支留在北方建伊祁国。尧姓伊,或伊祁,是因为出生在他外祖父家,那时候这里的地名是伊祁,现

尧都区伊村帝尧茅茨土阶碑

在叫伊村。上古人多是以地望为姓氏的,所以才有了他姓伊或伊祁之说。

这只是传说,不足为凭,但是伊村却以帝尧为荣。明清时期,村子的东面通往城里的岔道口,有一座石牌坊,上面镌刻的就是帝尧故里几个大字。往村里走,东门上书:泽被尧光;西门上书:尧天再造;南门上书:尧天化雨;北门上书:尧都遗风。村中原先建有祠庙,现在祠庙虽然不在了,但是村南的高崖上仍然耸立着一块明代万历年间的碑石,上面刻着"帝尧茅茨土阶"几个大字。

前面所以要引用《中国的传统》中的一段文字,就是要说明尧有个兄长叫挚,尧继承的就是他的帝位。《史记·五帝本纪》写道:"帝喾崩,而挚代立。帝挚立,不善,而弟放勋立,是为帝尧。"

帝喾去世后,按照常规,长子继承了父亲的位置,这就是帝挚。《帝王世纪》也有类似的记载:"年十五而佐帝挚,受封于唐,为诸侯,二十而

登帝位,都平阳。"这里虽然没有说明帝尧继位的原因,但是讲清他曾辅佐兄长"受封于唐",讲清了他的都城在平阳。对于尧都的认定,《汉书·地理志(上)》河东郡平阳条,应劭也注明:"尧都也,在平河之阳。"

不过,关于尧都还有两种说法。一说是河北唐县。王大有先生撰文说,帝尧约在公元前2357年职掌王位,国号陶唐,都平阳,在河北灵山之西,阜平之东,平水之北。平阳取名,为平定天下义。但是,王大有先生最后还是将平阳定为尧都,他指出:暴雨连绵不断,华北平原一片汪洋,海水漫过了白洋淀、滹沱河、潴龙河、滏阳河,河水暴涨,威胁着尧都。帝尧迁都行营……经平山—井陉—娘子关—阳泉—太原—晋阳—祁县—霍太山—都平阳(临汾东)。这里将平阳指为在临汾东面显然是一种失误。这种失误的产生是以现在的临汾城为依据的,临汾曾以平阳相称,就将现址视为平阳了。其实,平阳故址在现今的尧都区金殿镇,当在汾

尧都区尧庙

河西岸。

二说是在山西太原。东汉学者郑玄说:"唐者,帝尧旧都之地,今日太原晋阳是也,尧始居此,后乃迁河东平阳。"这个说法是否将尧迁都经过的太原晋阳作为都城,不得而知。如果不是,那可能是把两个晋水搞混了。太原有晋水,平阳也有晋水。乐史撰《太平寰宇记》指出:"平水即晋水。"《水经注》也指出:"平阳城西十五里有平水,即晋水也。"《括地志》也这么记载:"今晋川所理平阳故城是也,平阳河水,一名晋水也。"从这些典籍记载可以看出,当初"叔虞子燮父,以尧墟南有晋水,改曰晋侯",这晋水当在平阳,这尧墟自然也就在平阳了。(陈垣《日知录校注》)

对于这个问题,顾炎武先生曾经做过考察论证。顾炎武先生是明末清初的大学问家、大思想家,晚年辗转来到山西,定居平阳府的曲沃县。在这里边考证,边著书,完成了大著《日知录》。他在这里剥去了历史中的许多伪装假象,平阳、晋阳之误就是其中之一。他指出:"晋之始见春秋,其都在翼,今平阳翼城县也……所谓成王灭唐而封大叔者也。北距晋阳七百里,即后世迁国,亦远不相及……况霍山以北,皆戎狄之地,自悼公以后,始开县邑,而前此不见于传。"顾炎武先生虽然是在研究晋国的发源地,但从中也说明了平阳之地,而且从地理位置、文明开化的角度说清楚了此事。

由于上古时期距现在时间久远,又缺少文字记载,许多历史事实就有多种说法。当然,即使此两说成立,尧都经过辗转迁徙,最后还是到达平阳。郭沫若先生主编的《中国史稿》写道:"祁姓有传说中的陶唐氏,即唐尧所属的氏族部落。陶唐氏原在今河北省的一些地方,所以说,'唯彼陶唐,帅彼天常,有此冀方。'到尧时迁到今山西南部汾水流域。"①

最有说服力的是考古证据,梁星彬、严志斌指出:"陶寺城址位于山西省西南的临汾地区。史籍记载,临汾古称平阳,这里曾是'夏墟'、'尧都'古地,史家有'尧都平阳'和禹'又都平阳'之说。陶寺城址属于陶寺文化中期,按碳十四测年估计,当在距今4000—4200年之间,大致与尧舜禹时期相当。陶寺城址规模宏大,面积达200万平方米以上。它比王城岗、平根台等城址大许多倍,比黄河下游地区最大的城址——山东茌

---

①郭沫若主编:《中国史稿》,中华书局1976年版。

平教场铺城址大100多万平方米,也比长江流域最大的城址——湖北天门石家河城址大数十万平方米,是全国同时代的城址中最大的一座。

定都之后,帝尧办了很多事情,从《尚书·尧典》看,他设立了四岳,专门负责协调各部落的事务;设立了大理,专门解决人们之间的诉讼难题;设立了观象官,专门观察天气风云变幻……责任分明,事事有人管理。他认为人多智谋广,天下的事情才会办好。还有一点,《尚书·尧典》没有写到,那就是设立了诽谤木。

崔豹《古今注·问答释义》记有:"程雅问曰:'尧设诽谤木,何也?'答曰:'今之华表木也。以横木交柱头,状若花也,形似桔槔,大路交衢悉施焉……亦以表识衢路也。'"由此可以看出,帝尧设立了诽谤木,而且演变成了华表。唯一的缺憾是,没有说明帝尧设立华表的原因。探究其中原因,司马迁笔下的"帝挚立,不善"可以作为依据。这里的"不善"既可以说是不善管理,也可以说是不善良,性格暴躁,听不进别人的不同意见。为此,帝尧吸取了兄长的教训,设立诽谤木,广泛听取众人的治世言论。

后人延续和发展了诽谤木,扩大了它的用途,竖立在大路交叉处的叫路表,竖立在陵墓前面的叫陵表。现在北京天安门前后各有两尊精美的华表,也由诽谤木演变而来,挺拔而起,直指苍穹。横生的云板,更增添了凌空而上的气势。华表的上头有只瑞兽叫朝天吼,天安门里边的叫望君出,意在提醒君王不要贪恋宫中安逸的生活,要到民间了解百姓疾苦。天安门外边的叫望君归,意在提醒君王了解到情况就及时回来,不要游山玩水,赶紧回宫主理朝政。

襄汾陶寺古城墙遗迹

钦定历法推进农耕文明

《中国文化史》一书指出："古人立国,以测天为急,后世立国,以治人为重。盖后人袭前人之法,劝农教稼,已有定时。"那么,这个"定时"是从什么年代开始的?可以追溯到上古时期。

从《尚书·尧典》能够看出,帝尧选择能人组成了一个研究天象历法的班子,成员有羲叔、羲仲、和叔、和仲。尧命令羲仲住在东方的旸谷,恭敬地迎接日出,辨别测定太阳东升的时刻。昼夜长短相等,南方朱雀七宿黄昏时出现在天的正南方,这就是仲春时节。又命令羲叔住在南方的交趾,辨别测定太阳往南运行的情况,恭敬地迎接太阳从最南端回来。白昼时间最长,东方苍龙七宿中的火星黄昏出现在南方,这就是仲夏时节。再命令和仲住在西方的昧谷,恭敬地送别落日,辨别测定太阳西落的时刻。昼夜长短相等,北方玄武七宿中的虚星黄昏时出现在天的正南方,这就是仲秋时节。还命令和叔住在北方的幽都,辨别观察太阳往北运行的情况。白昼时间最短,西方白虎七宿中的昴星黄昏时出现在正南方,这就是仲冬时节。

掌握了四时的变化,帝尧确定研究成果:看来一周年是三百六十六天,多余天数可以用加闰月的办法来处理。进而,确定春夏秋冬四季,四季轮回一次就是一岁。

这就是我国最早的历法,在史书上叫作钦定历法。过去说尧时期就有了历法,不少人有怀疑,因为没有证据。近年,考古工作者在襄汾县陶寺遗址发现了古观象台,它就是用来观察日出确定节气的。而且,时间恰在帝尧那个时段。

《尚书·尧典》有"敬授民时"的记载,关于授时,《宋书·符瑞志》这么记载,"有草荚阶而生,月朔始生一荚,月半而生十五荚,十六日以后,日落一荚,及晦而尽,月小则荚焦而不落。名曰蓂荚,一曰历荚。"其意思是，蓂荚草生于台阶边，每月初一开始，每天长一个荚，半个月时长够十五个荚，十六日以后，每天落一荚，月末落尽。要是小期，则不落。名叫蓂荚，也叫历荚。

这明显带有传说性质，但古人对此却深信不疑，早先尧庙大殿前建有几个纪念亭，其中一个就是蓂荚亭。近年，史学家就此事作了探究，认为这可能是最早的仿生学，用植物的叶片长落变化，来显示日月交替。在没有数字标示的年代，这样就准确直观地告诉了人们当天日期。这或许就是那时敬授民时的最佳办法，大家就根据这蓂荚叶的变化来掌握时间。这办法有点时下气象预报的味道，只是其时只能报告日子，不能报告其他。

确定了历法，又敬授民时，各部族掌握了农时节令，就能够把握播种的正确时日。这样一来，很快就改变了过去广种薄收、有种无收的落后状况。人们收获的粮食多了，就能吃饱肚子。竺可桢先生曾说："四季之递嬗，中国知之极早，二至、二分，已见于《尚书·尧典》，即今日之春分、秋分、夏至、冬至。"意大利学者安东尼奥·阿马萨黑研读了《尚书》，也有类似的认识，《中国的传统》一书中引用了他的看法："这篇古代资料也告诉我们东南西北是与春、夏、秋、冬四季紧密相联系的。它们向森林里游牧的人民指出了什么样的运动能够保证良好的生存条件。由此

《尧颂》剧照

得知四季的主宰就是生命的创造者。"

历法的制定和传播,只是推进农耕的一个重要方面,还有一点那就是"教民稼穑"。《史记·周本纪》记有:"姜嫄出野,见巨人迹,心忻然悦,欲践之,践之而身动如孕者,居期而生子……初欲弃之,因名曰弃。弃为儿时,屹如巨人之志,其游戏,好种树麻、菽,麻、菽美。及为成人,遂好耕农,相地之宜,宜谷者稼穑焉,民皆法则之。帝尧闻之,举弃为农师……封弃于邰,号曰后稷。"简要说,姜嫄出游时踩在巨人的脚印上而怀孕,生下孩子要抛弃,因而名为弃。弃长大后善于种庄稼,帝尧封他为农官教民种地,号为后稷。《说文解字》解释,稷为"五谷之长",后来成为稻、麦、黍、菽等谷禾的代称。后作"施令以告四方",后稷即主管农耕的官员。

这些简要的史料,很难说明帝尧时期农耕文明的状况,能够印证的还是陶寺遗址的考古发现。高天麟有关于《龙山文化陶寺类型农业发展状况初探》①的论文,从中可以看到,尧时期的主要农作物是谷子,在陶寺人的食用植物中占到70%,小米成分多于仰韶、龙山时期;生产工具由石头、木头、骨头三种材料制作,多数是石头的,其中石刀最多,样式就有八九种;而且贮存粮食的用具增多了,中、晚期的圈足罐,最大的高达80.5厘米,可装近70公斤谷子。同时,贮存手段也先进了,圈足罐底部敷有石膏,明显是为了防潮湿。

从粮食的生产、储存状况,可以感知平阳一带发展较快,催化了国家雏形的形成。平阳及周边那些部落和部落联盟,已经具备了早期国家的形态。苏秉琦在《中国文明起源新探》一书中所写:"尧舜禹活动中心在晋南一带,'中国'一词的出现也正在此时,尧舜时代万邦林立,各邦的'诉讼'、'朝贺',由四面八方之'中国',出现了最初的'中国'的概念。""中国"一词最早出现在《孟子·万章上》中,"夫而后之中国,践天子位焉。"苏秉琦只是依据当代考古发现实证了典籍的记载。

这就是"中国"最早的来历。虽然这个"中国"还不是现在我们国家的名称,只是地理格局的称谓,却为后来的"中国"提供了最好的名称。国家的雏形最初形成于平阳,即今日的临汾,这里堪称"中国的摇篮"。

---

① 高天麟:《龙山文化陶寺类型农业发展状况初探》,载《襄汾陶寺遗址研究》一书,科学出版社2007年版。

开凿水井抵御大旱

帝尧时期曾经出现过一场罕见的大旱。《淮南子·本经篇》中记载："尧之时，十日并出，焦禾稼，杀草木，而民无所食。"《论衡·感应篇》也有近似的说法："尧之时，十日并出，万物焦枯，尧上射十日。""尧上射十日"是他那个时期有射日的举止，具体射日的是后羿。"羿仰射十日，中其九日，日中九乌皆死，堕其羽翼。"这便衍生出神话"后羿射日"和"嫦娥奔月"。

依靠神话解除不了旱情。临汾当地传说，大旱时众人躲在山洞一筹莫展，帝尧也同大家一样发愁。凡人发愁是没办法，圣人发愁是想办法。有一天，帝尧看见了跑来跑去的蚂蚁，从中受到启示，认为地下有水。于是带领众人开挖，还真掘出了水。

《世本》记载"化益作井"。宋衷解释"化益，伯益也，尧臣"。民间将这个简单的说法补充完善了，说是帝尧将地下有水的想法告诉随从，大家都动手挖水。伯益最聪明，他带领众人打猎时挖了不少陷阱，就从陷阱开挖，加深一点便出了水。

以上说法见于神话和传说之中，这不足为凭，能够实证的还是考古发现。陶寺遗址就发现了多眼水井，高天麟在《龙山文化陶寺类型农业发展状况初探》一文中对此这么评价："我们认为陶寺遗址的水井有可能是华北地区目前所发现的水井中时代最早的。陶寺水井有其明显特点：1.水井都比较深，一般在14米左右；2.水井底部有护井的设施或结构，有栅栏状的，也有成排木桩状的；3.水井底部往往有专门用来汲水的陶容器——扁壶，绝大部分都已成碎片，其数量之多，可至惊人的地步，表明水井使用的时间较长；4.水井的密集程度，也令人叹为观止，在不到一平方公里的范围内，竟有三座时代大致相同的水井，说明水井之密集。由此也衬托出了当时居住人口的密集，也反映了定居农业的发展。"

陶寺遗址中的水井,为尧时期的水井发明提供了佐证,而且这个"井"字的生成极有可能也在其时。上文中第二点是讲水井底部有护井的设施,有栅栏状的,也有木桩排列的。无论是栅栏,还是木桩,均有个排列形状。在上头看,其形状就是"井",因而,造字者也就以此栏杆的形状为"井"字了。

不过,在南方河姆渡遗址就有了水井,而且时间要早于帝尧时期。这该怎么解释?对此,李学勤在其主编的《中国古代文明与国家形成研究》中这么看待:"五帝时代特别是尧舜禹时期发明了凿井的传说,完全可以与考古相印证。依据考古发现,水井最初出在河姆渡遗址……即距今5700年……在水位较低的黄河流域,开凿水井难度较大,故这里到了距今4000—5000年的龙山时期才普遍发现水井。这一时期正好与传说中的尧舜禹时期相当。"

此书还进一步阐明水井的历史作用:"凿井技术的发明,大大减少了人们对江河的依赖性,使得人们可以到肥沃的冲积平原、富饶的山间盆地去生活和生产。同时,它解决了城邑的供水问题,因而,它不但增强了聚落的稳定性,而且也为城邑的形成、国家的产生创造了条件。"

水井的大规模开凿,使过去沿河居住的人们离开河流住到高地上去,在那里凿井饮水,开垦土地,种植收获。农业生产走向更为广阔的天地。同时,与河流保持一定距离,可以避免洪水灾害,住所相对安全稳

尧都区伊村尧井

定。居住的人多了便有了聚落、村落，乃至后来的乡、镇、城市。说到底，城市的根源在乡村，而生成城市的关键因素就是水井。因而，城市文化被叫作市井文化，城市文明被称为市井文明。

治理洪水与划定九州

说到上古时期的飞跃进步，需要一个词语来形容，即"多难兴邦"。是一个接一个的灾难，逼着先祖想办法去战胜。这不，刚刚开凿出水井，抵御了大旱，天下又出现了前所未有的洪水。洪水有多大？《尚书·尧典》上明确记载："汤汤洪水方割，荡荡怀山襄陵，浩浩滔天，下民其咨。"据传，这洪水真不小，遍地涌流，都城平阳也成了一片汪洋。浪涛中飘浮着一座馒头般的山头，那就是今日的浮山。

对于治理洪水，《尚书·尧典》这么记载，帝尧召集诸位大臣商讨治理洪水的事情，众臣推荐鲧担任头领。他觉得鲧主观武断，夸夸其谈，不想任用，可一时又想不出合适的人，就勉强同意了。鲧当上了治水的头领。他治水的办法是堵塞，哪里有水，他就带人抬土筑坝进行拦挡。起初，还起点作用，日子一久，水越堵越大，堤坝被洪水冲垮，四处漫溢，不少人都被淹死。

对此说法，不少史学家都很赞同，郭沫若先生主编的《中国史稿》也采用了这种观点。整整折腾了9年，洪水还是没有治住，众臣一致要求将鲧治罪，把他杀死在了羽山。那么，由谁接着治水呢？

被选中的治水头领是鲧的儿子。他叫文命，愿意子承父业，担当治水大任。帝尧和众臣见他很有志向，又有一套办法，就同意了。文命治水成功了，成了治水的英雄，后来继承了帝位，死后众人建庙祭祀他，庙号为禹。所以，祖祖辈辈流传着大禹治水的故事。

大禹治水的办法和他父亲不同，他变堵塞为疏导，让洪流成河，让河水入海。先前平阳一带的大洪水就是因为黄河水流不畅造成的。他率领治水队伍,凿开孟门,凿开石门,又凿开龙门,洪水一泻千里,流向大海,水祸解除了。接着,他逐段治理,终于驯服了遍地洪水。

治水是个很艰苦的工程,历史上有大禹三过家门而不入的故事,说他公而忘私,身先士卒。民间传说,大禹新婚后的第四天就领受命令,奔赴治水前线,一去就是13年。司马迁认可这种说法,他也写道:"禹伤先人父鲧功之不成受诛,乃劳身焦思,居外十三年,过家门不敢入。"(《史记·夏本纪》)

韩非子这样评价大禹:"身执耒锸,以为民先,股无胈,胫不生毛,虽臣虏之劳,不苦于此矣。"(《韩非子·五蠹》)耒锸是掘土用的工具。股是大腿,胫是小腿。是说大禹手拿工具,干在众人的前头,腿上摩擦得连汗毛也长不出来,被俘虏的奴隶也不过就这么辛苦罢了。《尸子》也记载:大禹"手不爪,胫不毛,生偏枯之疾,步不相过,人曰禹步。"试想,一位带领天下人治水的统帅都这么卖力,别的人还有什么苦不能吃?英雄的大禹带着英雄的治水大军舍身忘己,艰苦奋斗,治理了一条又一条河道,地上百流入海,天下万民乐业,百姓过上了幸福安康的生活。

治理洪水在中国历史上还有特别的意义,那就是紧接着的划定九州。即根据洪水退后的地理状况,划分为冀、兖、青、徐、扬、荆、豫、梁、雍这九州。需要特别提醒的是,划定九州在中国历史上又是一个里程碑式的时刻。它标志着一个决定性的转变,即由氏族部落式的管理,转变为行政区划格局的管理。

从《尚书·禹贡》中可

大禹塑像

以看到当时设立贡赋的情形,即根据各地土地的颜色和性状,将九州的土壤分为白壤、黑坟、赤埴坟、涂泥、青黎、黄壤、白坟、坟垆等类别,并以此为基础确定贡赋多少,即"任土纳贡"。这种区别对待的方式,至今也不失为管理良策。更细的规定是,离国都最近的一百里缴纳连秆的禾;二百里的缴纳禾穗;三百里的缴纳带壳的谷;四百里的缴纳粗米;五百里的缴纳精米。

之所以离国都最近的一百里缴纳连秆的禾,二百里的缴纳禾穗,三百里的缴纳带壳的谷,四百里的缴纳粗米,五百里的缴纳精米,是因为国都的人既要吃饭,就要有柴烧才能煮熟饭;国都的人既要自己生活,就要有秸秆饲养牲畜。所以,远的地方因为携带不方便只交精米,而最近的地方要交带秆的粟禾。合理性带来了可行性,中国的赋税就在这样的良好开端中推广开来。

皋陶创设刑法

皋陶是尧时期的法官,也是我国最早的法官。

洪洞县西南有个士师村,村里人说是皋陶村。据说皋陶就出生在这里,死后又归葬在故乡,40年前村南有皋陶的坟墓,村中有皋陶的祠堂,现在祠堂又修复一新。

皋陶所处的时代将要进入奴隶社会,是原始社会的末期。从陶寺遗址和下靳遗址出土的文物看,阶级分化已经明显,大墓里是很富的贵族,有很多陪葬品;小墓里是底层奴隶,不仅没有陪葬品,有的还缺胳膊少腿,甚至少了脑袋。也就是说,那时候富裕的贵族可以随意砍杀底层的穷苦贫民。此时,建立法律规范社会秩序是极为必要的。其必要性从陶寺遗址中看得更为清楚,高天麟在《龙山文化陶寺类型农业发展状况初探》一文中指出:"发掘所反映的当时业已出现的社会分工现象,虽还谈不上百业兴旺,但已具备相当的手工业生产门类,这是不容低估的

皋陶画像

……这再一次较充分地说明当时作为基础农业生产的发展水平已相当可观,非此,如此众多的专门从事手工业生产的匠人的衣食问题就难得保证。"①

由此可以看出,那个时代的手工业已经相对发达,出现了专门的从业人员。这说明农业更为发达,因为这些人的衣食用品要从中索取。在农业生产的过程中,免不了纷争。事实正是这样,生产越发达,纷争也就越多。《韩非子·难一》记载:"历山之农者侵畔,舜往耕焉,期年,甽亩正。"②在历山耕种的农民时常互相侵占别人的田地,引起纠纷。舜到了这里耕种,协调关系,平息了土地纷争。足见,生产发展,纷争难免,解决争端,离了评判不行,而要公正评判,没有一定的标准不行。这个标准,应该就是最初的法律了。法律不仅可以解决农业生产中的纠纷,也可以解决手工业生产交易中的纠纷。《国语·鲁语》记载:"尧能单均刑法以仪民。"③《夏书》的记载更加具体:"昏、墨、贼杀,皋陶之刑也。"④

据传,那时的法律是很简单的画地为牢,是象征性的刑罚。象刑是对酷刑的反叛和改变,先前的酷刑是割鼻、剁足、宫刑,甚至杀头。《尚书·吕刑》记载:"蚩尤惟始作乱,延及于平民,罔不寇贼,鸱义奸宄,夺攘矫虔。苗民弗用灵,制以刑,惟作五虐之刑,曰法。"大致意思是,蚩尤开始作乱,扩大到平民百姓。无不寇掠贼客,轻率不正,内外作乱,强取诈骗。苗民不遵守政令,就用刑罚来制服,制定了五种酷刑作为法律。五刑

① 高天麟:《龙山文化陶寺类型农业发展状况初探》,载《襄汾陶寺遗址研究》一书,科学出版社2007年版。
② 转引自石青柏:《临汾·帝尧》,山西人民出版社2006年版。
③ 转引自石青柏:《临汾·帝尧》,山西人民出版社2006年版。
④ 转引自石青柏:《临汾·帝尧》,山西人民出版社2006年版。

原来是五虐之刑的简称,即残酷刑罚的代名词。吴国桢认为:"五刑就是斩首、阉割、断足、割鼻和脑门烙字。在蚩尤灭亡之后,这些刑罚首先是被九黎所承继,其次在尧舜时代为三苗部落所接受。"

皋陶对这些酷刑做了改变,"五刑允许在法律上保留,犯人要按照他的罪行受到判处,但判处将以另外的方式实行,而不是肉体上的。那些必须在脑门烙印的,就勒令他们头戴一条黑带子;那些必须割掉鼻子的,就用带红色的泥浆涂满他们的衣服;那些必须处以断足的,就把那些犯人的一只脚全涂黑;那些必须阉割的,就用不相配的鞋子穿在他们的脚上;而那些必须斩首的,就要他们穿一件粗劣的没衣领的短上衣。"其实,这种认知,早就见诸《尚书大传》:"唐虞象刑而民不敢犯,苗民用刑而民兴犯渐。""唐虞之象刑,上刑赭衣不纯,中刑杂屦,下刑墨幪,以居州里而民耻之。"

象刑能够实行的关键在于"民耻之",让人懂得羞耻。一个人有了羞耻感,才能主动要求自己不去做危害别人的事情;众人都有了羞耻感,社会才能太平安宁。所以,象刑的作用就是让人们明白这些人违反了法律,千万不要学他们的样子。这既惩治了犯罪的人,也警示了其他人。那时的法律里既包含了法治,也包含了德治。

民间还有种说法,说皋陶是神判,他依靠獬羊断案,一断一个准。獬羊是只独角羊,据说来自洪洞羊獬村。这羊能辨是非,识忠奸,若有疑案,皋陶便牵出獬羊,獬羊会用那只独角直抵奸人歹徒。因此,皋陶断案十分公正,毫无差错。仔细一想,这是人们对执法公平的一种向往。《论衡·是应篇》对此却有记载:"獬豸者,一角之羊也,性知有罪,皋陶治狱,其罪疑者,令羊触之。有罪则触,无罪则不触。"

可见,传说的力量确实不可小觑。传说能够形成习惯,习惯是一

独角兽塑像

种思维定式。思维定式是无形的力量。这无形的力量却可以创造有形的物质。元代时重修的平阳府尧庙,其中就建有一亭:獬豸亭。当然是纪念皋陶那位神羊助手的,过去《法制日报》副刊的名称为独角兽,也是以这只神羊为公正执法的象征。而法字的繁体字为灋,水部那边是由"廌"与"去"组成的。《说文·鹿部》解释:"灋,刑也。平之如水,从水。所以触不直者去之,从去。"(《说文解字注》)从字源上看,这个字包含了两层意思,一是均平,二是正直。这就是法字的本意:公平。水,表示的是均平;而另半边表示的是正直。对于这种正直,《说文·鹿部》还有说明:"獬豸,兽也,似山牛,一角,古者决讼,令触不直。"

现今,法官戴的帽子还称作獬豸冠。中国的法制,既是历史的延续,也渗透了一定的民间文化基因。

走向文明的垂拱而治

襄汾县陶寺遗址对于上古时期的印证是多方面的,大量的出土器物,尤其是礼器,说明当时社会阶层已很分明。那些王者大墓里面,陪葬着丰富多彩、种类繁多的器物。既有生产用的工具,也有生活用的炊器、盛器、食器、酒器、饮器,还有大量的乐器、仪仗、装饰物和彩绘木器、彩绘陶器。各类器具相互配套,都有大致固定的摆放位置。最为引人注目的是,大墓中的彩绘蟠龙陶盘,蟠龙以红、白彩描绘,头在外圈,身向内卷,尾部在盘底中心,整体作蛇躯鳞身。方头,豆状圆目,巨口张开,牙齿毕露,长舌前伸,状若禾穗。它是蛇、鳄等几种动物的综合体,是一种想象中的神物,很可能是该部落的族徽。绘龙纹的陶盘烧制火候低,烧后绘彩,与其他绘彩陶器一样,仅是一种祭器。这很可能是象征王权的器物,与之类似的还有礼器玉琮、玉坠、玉瑗、玉钺、石钺,乐器特磬、鼍鼓、土鼓等。据此,考古学家推断墓主人显然是集神、王、礼三权于一体的部落首领。再与那些小墓相比,数量众多,却空无一物,说明其时贫富分化明显,等级礼制已经出现。

面对陶寺遗址的发现,高纬先生认为,礼是建立在私有制基础上宗族、宗法等级制度观念形态的集中体现,其核心是贵族的等级制度,用以调整统治阶级内部权力和财产的分配与再分配。它的成熟标志着城邦制国家的形成和文明时代的到来,由此看来当时的国家职能已趋于完备。

出土器物显示了社会的礼制秩序,这只是一个方面。另一个方面,则需要有维护社会秩序的治世方略,这些只能去典籍史料中查询。《易·系辞》记载:"黄帝、尧、舜垂衣裳而天下治。"《尚书·武成》升华了这种说法,提出"惇信明义,崇德报功,垂拱而天下治。"

彩绘龙盘(陶寺遗址出土)

垂拱而治分为两个层次。首先是垂衣裳而治。有人研究过"衣"字,说下面本是个北字,等于说最先穿衣服的是北方人,是上古时期的中原人。这固然是因为北方天寒,需要穿衣,还因为大家开始懂得羞耻。千万不要小看了羞耻,这曾经是中国传统道德十分看重的东西。过去,人们骂人喜欢说"王八",王八是乌龟的俗称。乌龟是长寿的,怎么王八是骂人呢?其实,人们骂的不是这个"王八",而是"忘八"。忘八是什么意思?古代做人必须奉行八个字:孝、悌、忠、信、礼、义、廉、耻。耻,就是羞耻。忘八,也就是忘了这第八个字:耻。等于说,此人不知道羞耻,这岂不是最深刻的责骂吗?

回想当时的象刑,无外是两种作用:一是惩罚犯人,让他们明白错误,弃旧图新;二是告诫世人,千万不要误入犯罪的歧途,要以他们为鉴。这正如《荀子·议兵》所说:"古者帝尧之治天下也,盖杀一人,刑二人,而天下治"。杀一是为了儆百,刑二也是为了儆百。换言之,杀是为了不杀,刑是为了不刑。这刑罚是建立在道德教化基础上的,所以,画地为牢般的象刑,才行之有效,才不会形同虚设。

再就是拱。拱是拱手胸前,揖礼敬拜,也就是知礼仪的行为。对于那时的礼仪,《尚书·舜典》明确写道:"慎徽五典,五典克从。"五典的内容是:父义、母慈、兄友、弟恭、子孝,这不仅是当时的道德标准,也成为我国社会长期流行的五种美德。只有美德标准不行,还要大力推广。《淮南子·修务训》写道:"尧立孝慈仁爱,使民如子弟。西教沃民,东至黑齿,北抚幽都,南到交趾。"那个时候教化的范围很大,西到沃民之地,东至黑齿之国,北面到了幽都,南面到了今日的越南。

当时,既注重对普通平民的教化,更重视对青少年的教化。为此,他还创设了最初的学校。柳诒徵先生的《中国文化史》讲:"唐、虞帝国之官,司教育者有二职,盖一司普通教育,一司专门教育也。普通教育专重理论……其施教之法不可考。专门教育则有学校,其学校曰庠,亦曰米廪。"这说明那时的学校叫作庠,或者米廪。查考米廪,是古代的粮仓。庠,是养老的地方。《礼记·明堂位》说:"米廪,有虞氏之庠也。"这有道理,有虞氏将粮仓作为养老的地方,首先保证了老者不愁食物。《礼记·王制》又说:"有虞氏养国老于上庠,养庶老于下庠。"那时老人有朝臣,有平民,将朝臣的老者养在上庠,将平民的老者养在下庠。这些老者都是历尽世事,颇有经验的人,供养着白吃饭岂不可惜?于是,便将孩童召集于此,请这些长老为之传授经验。如此一来,米廪也好,庠也罢,就兼而有了两种用项,即养老的作用未变,又增加了传授技术的功能。古代的专门学校就这么应运而生。

至于如何教育青少年,我们可以从《尚书·舜典》中舜和夔的对话中去感悟:"帝曰:'夔,命汝典乐,教胄子,直而温,宽而栗,刚而无虐,简而无傲。诗言志,歌永言,声依永,律和声。八音克谐,无相夺伦,神人以和。'夔曰:'於!予击石拊石,百兽率舞。'"大意是,舜说,夔,我任命你担任乐正,教导青少年,使他们正直而温和,宽大而谨慎,刚毅而不粗暴,简约而不傲慢。诗是思想志向的表达,歌是个人情感的语言,宫、商、角、徵、羽,这五声依照思想情感咏唱,韵律要与声音和谐。如果八类乐器演奏的声音都很一致,不互相搞乱秩序,那么,神和人都会与之相谐而歌。

夔按照虞舜的指示,敲击石磬,使各种野兽都随着节奏舞蹈。

夔是乐正,也负责教育后代,他击打石头,百兽就随即起舞。显然,那时的驯兽还发展不到这种程序。他所说的兽,是化妆的,是那些演艺的青少年。他们按夔的教导,随音乐的节奏,起舞而歌,这可以说是那时音乐课程的体现。当然,上这音乐课不是为了演艺,而是为了陶冶青少年的性情,为了使他们"直而温,宽而栗,刚而无虐,简而无傲",提高他们的礼仪风尚。

《中国教育思想史》这么评价那时的社会教化现象:它表明,教育已开始成为一种专门的人类社会实践活动,显示了华夏民族早期教育实践水平的飞跃。教育实践水平的提高也意味着教育认识水平的提高。尧舜时代的传说反映了人们更自觉地认识了教育的作用,而主动地去加以实施。

尧舜禅让

在中国的典籍记载中,帝尧是一位创造上古文明的杰出领袖。孔子赞颂他,"大哉!尧之为君也。巍巍乎!唯天为大,唯尧则之。荡荡乎!民无能名焉。"帝尧到了晚年,四处访贤,发现了贤德智慧的舜,试用培养,最后将帝位让给他,开启了古老的禅让制。对于选拔继任者,《史记·五帝本纪》如此记载:

尧曰:"谁可顺此事?"

放齐曰:"嗣子丹朱开明。"

尧曰:"吁!顽凶,不用。"

帝尧让朝臣推荐顺应天理的人继承帝位。放齐立即推荐帝尧的儿子丹朱。尧认为丹朱生性顽劣,又好争斗,不可任用。对于丹朱,《尚书·益稷》这么认为:"无若丹朱傲,惟漫游是好,傲虐是作,罔昼夜额额,罔水行舟,朋淫于家,用殄厥世。"

《尚书·益稷》的记载与民间传说多有相似。据传,丹朱生性傲慢,特好游玩。洪水泛滥,遍地灾祸,帝尧四处察看水情,抢险救灾。他却呼朋唤友,划船玩闹,还在家中肆意挥霍。帝尧闻知,十分生气,决心教育他。苦思冥想,发明了围棋,与丹朱对弈,陶冶其性情。《博物志》一书有"尧造围棋,以教子丹朱"的说法。

经过教化,丹朱虽然改变不少,但是,要管理天下大事,帝尧觉得难以胜任。所以,放齐推荐丹朱继位,帝尧否定了他,让在更大的范围内举荐人才,《尚书·尧典》的记载是:

帝曰:"明明扬侧陋。"

师锡帝曰:"有鳏在下,曰虞舜。"

帝曰:"俞?予闻,如何?"

岳曰:"瞽子,父顽,母嚚,象傲,克谐。以孝烝烝,乂不格奸。"

帝尧告诉朝臣,可以选择贵戚中的贤良,也可以推荐地位卑微的能者。众臣推荐说,下面有个穷困的子弟,名叫虞舜。帝尧也听说过,问他怎么样?四岳告诉他,虞舜是瞽瞍的儿子,父亲心术不正,继母存心不诚,弟弟象傲慢骄横,而虞舜能与他们和谐相处。他以孝行美德感化他们,严于律己,不流于奸邪。记载舜的不只是《尚书》,《荀子》《淮南子》《尸子》也多有记载。尽管舜逆来顺受,但还是被赶出家门,《墨子·尚贤》中说:"昔者舜耕于历山。"《韩非子·说难一》把此事向前演进了一步:"历山之农者侵畔,舜往耕焉,期年,畎亩正。"

对于舜耕历山,民间的说法总是和帝尧访贤联系在一起。帝尧来到历山,碰见舜正耕田,只打犁后的簸箕,不打牛。问之原因,答是牛耕田很辛苦,我不忍心打它们。再者,我一鞭下去打不到两头牛身上,打黄牛,黄牛用劲;打黑牛,黑牛用劲。用劲不匀,地难耕平。帝尧认为舜既仁爱,又聪慧,就有心让他继位。但是,这毕竟是关系部

《史记·五帝本纪》书影

族兴衰的大事，帝尧对此非常谨慎，他将两个女儿娥皇、女英嫁给舜，进一步考察他。

舜带着娥皇、女英回到家里，继母和弟弟象合谋害他，引出了上屋抽梯和落井下石的故事。孟子这么写道："父母使舜完廪，捐阶，瞽瞍焚廪。使浚井，出，从而掩之。象曰：'谟盖都君咸我绩，牛羊父母，仓廪父母，干戈朕，琴朕，弤朕。二嫂使治朕栖。'象往入舜宫，舜在床琴。象曰：'郁陶思君尔。'忸怩。舜曰：'惟兹臣庶，汝其于予治。'"（《孟子·万章上》）

帝尧画像

父母命舜去修粮仓，他爬上屋顶就被抽掉了梯子。父亲放火烧掉了粮仓。又让舜淘井，用土堵住井，舜从旁边逃出来了，象说，谋害舜全是我的功绩，牛羊、仓廪归父母，干戈、琴以及弓归我，还要二位嫂嫂照料我睡觉。象走进舜的房间，见他在床上弹琴，便说，我好想念你呀！但愧容满脸。舜说，我心里想的是那些臣子，你替我管理他们吧。对于这段情节，《史

帝舜画像

记》也有简要叙述，刘向《列女传》还有这样的故事，两次没有谋害死舜，象请舜喝酒赔礼，其实想将他灌醉杀死。多亏娥皇、女英识破了，提前让舜喝了醒酒药才免去一死。舜不计前嫌，一如既往善待父母及弟弟，终于感化了他们。经过一番考察，帝尧确认了舜的道德才能，"令舜摄行天子之政，荐之于天。"（《史记·五帝本纪》）也就是让舜担任部落，或部落联盟的首领，代替他管理天下事情。

舜没有令帝尧失望。他"慎和五典，五典能从"，传播道德，众生都能遵从；他"遍入百官，百官时序"，和百官一起处理事情，百官尽心尽力，

事事井然有序;他"宾于四门,四门穆穆",迎接四方诸侯,庄重而合乎礼仪;他"纳于大麓,烈风雷雨弗迷",管理深山老林,气候再恶劣也能保持冷静头脑。

20年后,帝尧放心地将帝位禅让给了舜。《孟子·万章上》记载:"舜相尧二十有八载,非人之所能为也,天也。尧崩,三年之丧毕,舜避尧之子于南河之南。天下诸侯朝觐者,不之尧之子而之舜;讼狱者,不之尧之子而之舜;讴歌者,不讴歌尧之子而讴歌舜,故曰天也。夫然后之中国,践天子位焉。"

舜继位后,继续发扬善良、宽容、勤政的美德,保持了社会的稳定和发展。这就是尧舜禅让的千秋美谈。多数史学家认可这种说法,以为当时的社会形态为部落联盟的氏族社会,也就是形成国家雏形的时期。此时,头领还不是世袭制,而是带有军事民主色彩的推举,禅让也就是很正常的现象。

也有另一种说法,认为禅让不可能,是舜篡夺了帝尧的位置。《竹书纪年》写道:"舜囚尧,复偃塞丹朱,使不与父相见也。"舜将帝尧囚禁起来,使其与丹朱无法相见,而夺取其位置。这也不失为一种见识,但是,认同这种观点的人很少。鉴于人们对上古时期的"尧天舜日"的赞誉,认为尧舜禅让的还是主流。

尧都区北郊村尧陵全景图

《击壤歌》与小康社会

日出而作，
日入而息。
凿井而饮，
耕田而食。
帝力于我何有哉。

这是《击壤歌》。先前人们都说中国最早的诗歌是《诗经》，后来翻开《古诗源》一看，还有比《诗经》更早的诗歌，而开篇第一首就是《击壤歌》。

据传，《击壤歌》诞生在临汾市尧都区康庄。晋代皇甫谧在《帝王世纪》中写道："帝尧之世，天下大和，百姓无事，有八九十老人击壤而歌。"何为击壤？《太平御览》中引《风土记》作了解释："壤者，以木作，前广后锐,长尺三四寸,其形如履节,僮少以为戏也。""先侧一壤于地,遥于三四十步,以手中壤击之,中者为上。"简单说,就是地上立一块木板,做游戏的人手中拿一块木板,用手中的木板扔出去击打地上的木板。木板打中了,就为胜者。

这击壤而歌的地方就在康庄。如今村里高耸着一块民国年间的碑石,上面镌刻的就是《击壤歌》。临汾人盛传,帝尧寻访来到康庄时,正遇到大伙儿击壤游戏,见众人这么快乐,他看得很高兴。这时一位白发老头跳上前去,捡起木板,也要击掷。看上去老人有八十多岁,却满面红光,动作迅捷,一点也不迟钝。一边击掷,一边歌唱,唱的正是《击壤歌》。帝尧看得高兴了,也为他们鼓掌加油。谁料,随从的大臣放齐不高兴了,是呀,帝尧整天为大家费心操力,怎么能说"帝力于我何有哉"?

帝尧则认为,我们就是为大伙儿创造一个良好的生活环境。如果大伙儿一刻也离不开我们,时刻想着我们,那只能说明我们没有把事情办好!这倒有些无为而治的意思。之后,人们将帝尧走过的这条路,称作"康庄大道",将和谐安康的人家称作"小康人家"。

从此,康庄大道、小康人家的美誉就随着《击壤歌》流传开去,一直流传到了今天。如今,举国上下正在为全面建成小康社会而奋斗,而小康的源头就在康庄,就在临汾。

尧都区康庄击壤歌碑

第三章

辉煌的晋国霸业

（西周春秋时期）

■ 概述

尧舜禹的辉煌历史过去后，平阳大地的再次辉煌要等到晋国建都。

晋国是西周时的一个同姓诸侯国，最强盛时陕西、河南、河北、内蒙古的部分地区也纳入其疆域之中。山西简称为"晋"，就是因为有晋国这段辉煌历史。从公元前1040年左右周成王封其同母弟叔虞于唐，一直到公元前376年韩、赵、魏废晋静公为庶人，"晋绝不祀"，共历660年，37位晋公。此间，晋国先后兼并周边20多个诸侯国，并收纳北方邻近的戎狄部落，统一了汾河流域，国土跨过黄河。

晋国最辉煌的时期是晋文公称霸诸侯，而且，这种辉煌延续了约150年。回眸晋国兴衰，有人曾叹，若要三家不分晋，统一天下的未必就是秦。《战国策》言："三晋合则秦弱，三晋离则秦强。"

品味这段历史，在晋国崛起之初就预示着衰亡的危机。晋国的崛起得益于晋献公，晋国衰亡的伏笔也由他写就。众所周知，晋国始于唐叔虞，初建的国都在今翼城。后来经过67年的争斗，曲沃武公战胜翼城的正枝，以旁系代翼。晋献公吸取历史的教训，导演了在车厢城诛杀群公子的血腥惨剧,消除了旁系的威胁,却招致骊姬之乱。后来晋文公几经周折才回国主政,登上盟主的霸坛。"晋无公族"的负面效应是之后晋国的旁系再没壮大,可是主政的卿大夫却渐趋壮大。卿大夫壮大的不只是地盘,还有心志,三家分晋就成为必然的走势。当然,一部晋国史,绝非这么简单,仅就晋文公出逃,到归国,再到称霸,那里面就蕴含着对国家混乱与兴盛的经验教训。这对于今人治国仍有教育意义。

周成王桐叶封弟

晋国开国时并不称晋而称唐。

周武王去世后周成王即位,因为年幼由周公旦摄政。此间发生"三监之乱",唐国也趁机作乱,周公旦断然出兵将之灭掉,并把唐国的国君迁到今陕西省长安县东南的杜地,称"唐杜氏"。之后,进行了继武王之后的第二次大分封,将叔虞封于唐国,因而称为唐叔虞。对于叔虞,《史记·晋世家》这么记载:周武王与妻子邑姜欢会时,曾梦见天帝对他说,我让你生个儿子,名字叫虞,将来可把唐国封给他。后来胎儿出生了,手心果然有个"虞"字,故起名为虞,人称叔虞。至于封唐,最早见于《吕氏春秋·重言》:"成王与唐叔虞燕居,援梧叶以为珪,而授唐叔虞曰:'余以此封汝。'叔虞喜,以告周公。周公以请曰:'天子其封虞邪?'成王曰:'余一人与虞戏也。'周公对曰:'臣闻之,天子无戏言。天子言,则史书之,工诵之,士称之。'于是遂封叔虞于晋。"

司马迁在《史记》中也有相同的记载:"成王与叔虞戏,削桐叶为珪以与叔虞,曰:'以此封若。'史佚因请择日立叔虞。成王曰:'吾与之戏耳。'史佚曰:'天子无戏言。言则史书之,礼成之,乐歌之。'于是遂封叔虞于唐。唐在河、汾之东,方百里,故曰唐叔虞。"写下了关于周成王桐叶封弟的史话。

两部典籍对于桐叶封弟的记载几近相同,区别在于《吕氏春秋》里

翼城故城村"剪桐封国"门额石(清)

是周公说"天子无戏言",而《史记》则写史官说"天子无戏言"。对于这段历史,临汾市翼城县民间传说更为生动,据说那里就是叔虞的始封地,至今翼城县的故城村还遗留着往日的门额石,上面的大字就是"桐城",县城遗存的清代门楼还有"剪桐封国"门额。将民间的传说简述出来是:

周成王名叫姬诵,是周武王的儿子。

周武王病重的时候,在身边照料他的是弟弟周公旦。他卧床难起,明白很快就要辞别人世,可儿子姬诵才13岁。他不放心年少的儿子当国君,主宰天下,便将周公旦叫到身边,告诉他:"我就要去见先王了,别无遗憾,唯一担心的是姬诵年少,难以执掌国事,在兄弟们里面,你最有才干,我就把姬诵和国家托付给你。"

周武王死后,儿子姬诵继位,史称周成王。成王年幼,缺乏成年人的耐久力,每日理政搞得心神乏昧。这日走出殿来,看见弟弟叔虞在花园里玩耍,喊他过来。叔虞听见他的叫声,撒开腿就朝他跑来。一见弟弟那急火火的样子,周成王想起了急报军情的将领,就笑着问:"有何敌情,如此慌张?"

叔虞听了,稍一怔,明白了兄长是和自己开玩笑。于是,便模仿将领的样子跪在地上报告:"敌人来抢东西,天子快想办法!"

周成王上前扶起弟弟,顺手捡起一片落在地上的桐树叶,三揪两扯,撕成了个玉圭形状,递给弟弟郑重其事地告诉他:"我封你为侯,火速带兵击败敌人。"

说到这里,兄弟俩会心地笑了。一场玩笑本来到此就应该结束了,哪里想到周成王身后紧随着史官,史官如实记载了兄弟两人的对话。隔过一天,兄弟俩可能都忘记了这场玩笑,史官却来催问封侯的事情,周成王辩解:"我是开玩笑呀!"史官却坚持要封,理由是天子嘴里无戏言。周成王只好下令封弟弟叔虞为侯,就这样,叔虞成了唐叔虞。

过了几日,一班老成持重的大臣簇拥着唐叔虞从周朝镐京到了唐地。他们带来了周成王赐给的金银财宝,车辆马匹,还有属吏杂役,落地生根,将都城选在现今的翼城县,在那里建宗庙,盖宫室,颁布政令,安抚百姓,开启了平阳历史上绚烂的一页。

这个故事多年流传,不知是民间故事丰满了司马迁的文章,还是司马迁简略了民间传说。历史学家对此多有疑义,认为叔虞被封于唐地时已经成年。其时,叔虞不仅年龄不小,而且德行好,武艺高强,能一箭射死犀牛。晋定公时所作的《晋公午盨铭》称赞说,他助武王"平定百蛮,广治四方"。这也可备一说。

叔虞来到唐国,还带来周公指示的治国方针——"启以夏政,疆以戎索",就是用夏政教导夏民,以戎法治理戎人。这是由唐国的特殊环境决定的,这里曾是夏人古墟,保留着往日的许多制度和习惯。周边地区又与戎狄

晋侯鸟尊(晋侯墓地出土)

接壤,不少地方还相互杂居,若是一味按照夏时的规矩制度行事,必然会引起戎狄不满,可能会引发动乱。因而要区别人群,分别对待。唐叔虞虽然年少,难理政事,大臣们却竭尽心力,操劳国政。唐国这地方土地肥沃,水源充足,浇灌便利,连年都有好收成。粮食充足,国家太平,日渐兴旺起来。第二年,唐国出现了"异母同颖"的粟禾,叔虞将之献给成王,成王命叔虞送给正在东土作战的周公。成王和周公皆以为是祥瑞之兆,非常高兴,称为"嘉禾",并赋诗唱和,赞颂叔虞的功绩。

唐叔虞在位 20 年左右,唐国不仅农业飞速发展,而且商业也相应发展,可以说是沿袭了唐地古风。唐叔虞去世后,他的儿子燮父继承了父亲的位置,当了唐侯。唐侯出巡察访时,看到了山脚下流出的泉水汇聚成湖,山清水秀,更宜五谷生长,便将行宫建在了这里。此时,这里的平水已被称为晋水了,因而燮父改唐国为晋国,他也就变唐侯为晋侯。

天马遗址里的晋国

在临汾市曲沃和翼城两县的交界处,有个西周早期的晋侯墓地——天马遗址,已发掘出9组19座晋侯及其夫人墓葬、4座陪葬墓、数十处祭祀坑,并探明车马坑5处。出土有华丽精美的随葬品,铜器、金器、蚌器、骨器、漆器、陶器、玉器和原始瓷器,计有遗物万余件。仅玉器而言,就有玉佩、玉串、玉环、玉龙、玉立人、玉覆面,种类繁多,装饰华美,是迄今为止发现的西周时期等级最高的玉器。一个墓葬的随葬品少者数百件,多者上千件,最为丰赡的是M92号墓,随葬的石器、玉器多达4000余件。这些都在实证晋国前期的发展历程。

燮父之后是武侯宁族、成侯服人、厉侯福、靖侯宜臼。靖侯以前没有

确切纪年,靖侯开始才可以推算年代。釐侯之后是献侯稣、穆侯费、文侯仇。虽然从武侯宁族到献侯稣这六代国君,历史记载很少,但从晋国不断壮大的发展历程中,可以确定他们依然贯彻执行"启以夏政、疆以戎索"的治国方针。励精图治,居安思危,不仅使晋国站住了脚、扎下了根,而且还使晋国逐渐走上了强国之路。

其间,值得铭记的是晋文侯,他以勤王的功绩闪耀在史册之中。文侯在位时,天子周幽王荒淫无道,宠爱褒姒。褒姒生下伯服后,幽王废申后和太子宜臼。不久,申后之父申侯联合缯侯和西方犬戎,杀死了幽王和伯服,拥立原太子宜臼,是为周平王。周平王决定把都城迁到河南洛阳,却无法完成迁都之事。公元前770年,晋文侯、郑武公、秦襄公合力勤王,共同护卫平王完成东迁,开启了东周历史。十年后,晋文侯为维护周平王,杀死了非正统的携王余臣。携王余臣是当年幽王死后,由虢石父拥立为王的,公然与周平王分庭抗争。杀死携王,就彻底结束了周王室二王并立的混乱局面,晋文侯成为再造周王朝的特等功臣。

天马遗址的车马坑,里面的马匹是活活覆土掩埋的,白骨累累,互相叠压,可以看出那些骏马在死亡前拼命地挣扎。不过,这与晋国曲沃、翼城长达67年的君位争夺和车厢城诛杀群公子的血雨腥风相比,实在

晋侯编钟(晋侯墓地出土)

曲沃晋国墓地车马坑

没有什么值得大惊小怪。

曲翼争位是晋国历史上一次时间最长，杀伐最残酷的权力之争。曲翼之争，发生在曲沃和翼城之间，争斗的起点在晋昭侯时。晋昭侯元年（前745），晋昭侯将他的叔父成师封于曲沃，位于今曲沃县西南五里的凤城村，史称曲沃桓叔，辅佐曲沃桓叔的是他的叔祖栾宾。

当时，曲沃的面积比国都翼城的面积还大。这就犯了一个很大的忌讳，历史上封侯，天子都要大于公侯好多。按周代规定，最大的诸侯国其都城不能超过周王国都的三分之一，中等诸侯国不能超过国都的五分之一，小诸侯国不能超过国都的九分之一。晋国大夫师服当即上奏，此事欠妥，建立国家，君主的力量地盘应该明显大于臣属，这才便于统治地位的巩固。可惜晋昭侯置之不理，这就种下了血腥祸根。

与晋昭侯相比，曲沃桓叔年过知天命，阅历颇丰富，可以说是匹识途老马。这样一位长辈怎么肯在侄儿的属下屈就，他悄悄谋划夺取君位，取而代之。仅仅过了6年，晋国大臣潘父将晋昭侯杀死，公然迎纳曲沃桓叔继承侯位。桓叔喜不自禁，匆匆打点人马赴晋都翼城就位，没有料到翼城父老不服，纷纷起来抵抗。桓叔措手不及，败退回了曲沃。翼城人杀了潘父,拥立晋昭侯的儿子平为侯,这就是晋孝侯。

此后历史没有给曲沃桓叔轻易得势的机遇。晋孝侯八年(前731),曲沃桓叔抱憾去世。按说,这场争斗应该结束了吧?没有,而且在其后代中继续展开。桓叔去世,其子继位,这就是曲沃庄伯。7年以后,庄伯派人杀死了晋孝侯,像他父亲一样赶紧前往都城抢占侯位。说也有趣,历史有时惊人地相似,庄伯同他父亲一样受到翼城人的阻止,被迫退回曲沃。晋孝侯的弟弟危继位了,这就是晋鄂侯。

庄伯不甘心这么失败,联合郑国、邢国进攻晋都,一举将晋鄂侯赶往介休以北。庄伯以为得逞了,连忙占据了晋都。可是,周平王派人来攻打曲沃,庄伯慌忙退兵回救。鄂侯的儿子光趁机即位,史称晋哀侯。庄伯没能战胜晋哀侯,将这笔遗产传给了继位的儿子武公。

激烈的争斗在晋哀侯和武公之间继续进行。晋哀侯被武公赶出晋都,逃跑途中马挂住树枝,车子翻了。武公兵卒一拥而上,俘虏了晋哀侯。曲沃武公杀了晋哀侯,又杀死刚刚被拥立的晋缗侯,稳坐都城,号令晋国。后来得到周天子承认,曲沃武公成为晋武公。

曲沃晋国墓地车马坑(局部)

这场历经祖孙三代，长达67年的斗争终于结束了，是非曲直已如云烟消散在历史中，让人难以忘记的是战争令生灵涂炭，民不聊生。"曲沃代翼，是春秋时代绵延时间最长、弑君最多的诸侯国公室家族内部为争夺权位而进行的流血斗争。"①

这够残忍了吧，不过，车厢城诛杀群公子比这还要残忍。诛杀群公子的是晋献公。曲沃武公杀伐格斗好不容易变成了晋武公，能号令整个晋国了，可是第二年就死了。其子诡诸继位，这就是晋献公。

晋献公继位吸取了他们这旁系夺取晋国位置的教训，决心不能让那些公族势力强盛，对自己构成威胁。潜在威胁晋献公的是两种人，一种是原来居住于翼地的"故晋之群公子"，他们的势力没有减弱，随时有造反的可能；另一种是先祖桓叔和祖父庄伯的其他子孙，他们若是图谋不轨，自己的位置就难以坐稳。如何剪除这种威胁？这就该聚焦车厢城了。车厢城是晋献公要把旁系公子一网打尽的那张大网。晋献公是个聪明人，他做了一张蜘蛛网，这网不抛不撒，等待愿者自投。

车厢城建造得美若玉宇琼宫，是当时谁都垂涎的别墅。然而，绝不是谁也可以住的。晋献公颁令只有自家亲族的公子可住。晋国公子无不感恩戴德，欣喜万状地搬了进去。

天上掉馅饼的好事多是靠不住的，住进车厢城的公子们却忘了这点。他们在那天堂般的别墅里欢呼雀跃。只是不多时声音变了，欢呼声变成了哭喊声。忽一天，晋献公眨个眼，一队兵马扑杀进去，挥刀即砍，把里面住的人杀了个一干二净。车厢城血流成河，尸骨碎裂！车马坑活埋的是马，车厢城诛杀的是人，而且还是自己家族的亲人。晋献公开创了"晋国无公族"的历史，稳定了自己的地位，却也为晋国衰亡埋下伏笔。

---

①原燕文：《曲沃代翼》，载《山西历代纪事本末》，商务印书馆1999年。

强晋乱国的晋献公

晋献公稳定国内后,就要向外扩展。先从何处下手?他瞄准的目标是虢国,理由有二,一是车厢城屠杀群公子,有个别公子逃到了虢国;二是当初曲沃每次进攻国都翼城,虢国都代表周天子出兵前来镇压,结下了冤仇。

晋献公十九年(前658),晋国出兵讨伐虢国。讨伐虢国,军队必须从虞国土地上经过。如果虞国不同意,那这事还真有难度。晋献公正为此事焦急,大夫荀息给他出了个主意,献出垂棘之璧和屈产之乘贿赂虞公。

晋献公答应了。宝玉、名马献给虞公后,荀息到虞国请求借道。虞国大夫宫之奇闻知,当即进谏说,晋国送来这么重的厚礼,必然另有所图,千万当心!

虞公不听宫之奇劝告,收下礼物,当然也就难以回绝晋国的请求,就答应借路。

第一次出兵,晋军进兵快速,退兵也快速,大将里克、大夫荀息,率军占领了虢国的下阳,虢公在乱战中逃到了卫国。晋军不再追击,很快收兵,退回国内。

没有灭了虢国,难解晋献公的心头大患。时过三秋,晋献公又要伐虢,又要从虞国经过,虞国大夫宫之奇又去劝谏虞公,千万不要再借给晋国道路,谚语说:"辅车相依,唇亡齿寒,虢国灭亡,虞国就危险了!"虞公听了不以为然,照借不误。

晋国大军顺利从虞国通过。这一次进军,晋军消灭了虢国,不再给虞公留情面,回师途中,顺便消灭了虞国,俘虏了虞公。大夫荀息还惦记着献给虞国的宝玉、名马,就在宫中找来。他牵着马,向晋献公呈上宝玉,晋献公得意地说,玉璧还是老样子,只是马齿长了!这就是"假途伐虢"、"唇亡齿寒"典故的由来。

晋献公没有陶醉在灭亡虢国、虞国的喜悦中,他继续举兵扩张。到了晋献公二十五年(前652),已消灭了诸多戎狄和姬姓小国,大大扩大了晋国的疆域。《史记·晋世家》记载:"当此时,晋强,西有河西(今山西、陕西之间黄河南段以西),与秦接境,北边翟,东至河内(今河南沁阳一带)",为后来称霸奠定了疆域辽阔的基础。

可就在晋国的强大中,乱晋的祸根也埋下了。晋献公打败骊戎后,娶了骊戎国君的两个女儿,史称骊姬、少姬。骊姬年轻貌美,深得晋献公宠爱,就想把自己的儿子奚齐立为世子,继承国君之位。这可不是件容易事,先前申生已被立为世子了呀!不过,骊姬却一意孤行,竟将这件难事办成了,她采取了三步走的战略。

第一步,骊姬把世子申生赶出了都城。她通过近臣告诫晋献公,曲沃是晋国祖庙所在的宗邑,蒲(今隰县)和屈(今吉县东北)是边疆。宗邑没有主,难以安定民心;边疆没有主,难以守卫国土。晋献公觉得有道理,就派申生前往曲沃,派重耳前往蒲地,派夷吾前往屈地。这么一来,都城只有骊姬和少姬的儿子奚齐和卓子。冬天祭祀先君,晋献公就让奚齐主持。显然,这是在树立奚齐的威望。

骊姬的第二步是挑拨离间。她问晋献公,这么长时间了为何不召世子回都?你不想念他吗?

晋献公当然不明白骊姬的心思,这话却勾起了他对儿子的思念,就下令召申生回都城相见。申生不明白骊姬的祸心,便从命进宫。按常理进宫要去参见骊姬,骊姬分外热情,让申生大为感动。她还热情地留下申生吃饭。可是,当天晚上骊姬就在晋献公的怀抱里哭诉申生调戏她!晋献公不信,骊姬自有让他相信的办法。

传说次日一早,骊姬约申生一块到后花园游玩。花园中百花盛开,蜂蝶纷飞。骊姬进来,那些飞舞的蜜蜂冲着她的头脸扑来。原来,骊姬悄悄在头发上抹了蜜汁,甜美的味道吸引了群蜂。申生哪里知道这其中的祸心,只知道骊姬喊他驱赶蜜蜂,连忙近前抬手在骊姬头上舞动。这一幕被躲在树丛中的晋献公看见了,他十分恼火,以为申生调戏骊姬是真的了。对于他来说这是个很敏感的问题,当初他就是用这种手段搞到了父亲的少妾,他不会容忍这样的事情重演,怒从心生,决计要杀申生。

骊姬立即跪地求情,她真是个聪明人,一说完晋献公就放了申生。她怎么说呢?话里大致是两层意思,一是申生是世子,千万不要杀了,杀了无人继位;二是宫中这暧昧事情本来无人知道,一杀世子,外人必然知晓,那不是朝自己脸上抹灰吗?这么一说,晋献公感念她考虑的周全,连申生可能也感激她的仁慈心肠。

此时,骊姬的第三步战略成熟了。她假借晋献公的名义命令申生说,国君梦见你的母亲齐姜,你快去祭祀吧!这其中有个规矩,祭祀后的

晋侯苏鼎(晋侯墓地出土)

酒肉要献给国君,骊姬便在这酒肉上做了手脚。晋献公见了申生呈献的酒肉就要食用,骊姬当即拦住。她将酒往地上一倒,地上隆起了土包;将肉扔给狗吃,狗吃下去倒地即死。晋献公勃然大怒,好个申生,我饶你小子不死,你竟敢毒杀我!当即命令斩杀世子。可怜的申生自知这一关逃不脱了,只好上吊自杀。申生死后,骊姬的儿子奚齐便被立为世子,等着继位。

可是,晋献公余怒未消,以为重耳和夷吾也是申生的同党,就派兵讨伐、刺杀,重耳跳墙逃跑,还被来人斩断了一段衣袖,所幸他逃脱了,夷吾也逃脱了。

晋献公在位二十六年。病危之际,他将骊姬母子托付给大夫荀息。荀息一诺千金,拥立11岁的世子奚齐继位。大夫里克早就不满骊姬的行为,拔剑而起杀死奚齐,还不解恨,用鞭子抽死了祸国殃民的骊姬。国中总不能没有君王吧?荀息又拥立少姬9岁的儿子卓子继位,里克一不作二不休又杀死卓子。晋国陷入混乱之中。

可以说,兴晋有功的晋献公由于被骊姬惑乱心智,错杀世子,因而犯下了乱晋的过错。晋国之乱,连当时的霸主都惊动了。《史记·晋世家》记载:"齐桓公闻晋内乱,亦率诸侯如晋。秦兵与夷吾亦至晋,齐乃使隰朋会秦俱入夷吾,立为晋君,是为惠公。"

重耳去国受历练

晋献公二十一年(前656),世子申生遭骊姬谋害被迫自杀。晋献公听信骊姬谗言,以为重耳和申生是同党,便派出宦官勃鞮去蒲城斩杀他。勃鞮带人攻入城中,包围了重耳的住宅。重耳慌忙躲进后院,勃鞮持剑赶来搜索。眼看就要被发现,从人慌忙推倒围墙,重耳才逃了出去。就在跳墙的一瞬间,勃鞮扑上来斩断了重耳的袍袖。所幸,勃鞮没有再追,重耳逃脱了。

逃出晋国,重耳带着从人来到了戎狄群居的翟国。戎狄与晋国虽然邻近,却风习不同,从不往来,晋国将士很难追杀到那里。骊姬得知重耳逃到翟国,就向献公进言追杀。晋献公派出的大将是里克,里克又和重耳志同道合,因而只率兵虚晃一枪,便打着胜利的幌子回国交差。

过了不久,晋献公去世,国内发生变乱,里克杀了继位的奚齐,又杀了准备继位的卓子。这时,拥立重耳归国继位的大夫不少,连秦穆公也派公子絷去见重耳,名义上是向他吊孝,实际是告诉他归国为君的机会来了。重耳和从人商量,考虑到国内尚不安定,机会不够成熟,欲速则不达,便打消了归国的念头。

和重耳同时外逃的夷吾却急不可待,他赶回国中继位,成为历史上的晋惠公。晋惠公当了国君,首先想到的就是重耳。重耳是和他一起落难出逃的,似乎能被他记起是好事。然而不是这样,晋惠公心胸狭小,意识到重耳是他的政治对手,便派人去除掉他。派出去的杀手竟然还是上次斩断重耳袍袖的勃鞮。这日,重耳正在打猎,忽然收到国内的书信,说是又有刺客要追来。重耳连忙命从人收拾东西,准备逃离翟国。约定时间到了,从人都来了,唯有掌管财帛的头须不见。左等不来,右等不见,原来头须私带财帛早溜走了,多亏重耳一行不再久等,仓皇上路。重耳走了,勃鞮到后扑了个空。

重耳一行沿黄河南下,又折往东行,进入卫国地界。忍饥挨饿赶到卫国都城,门吏问过其身份、姓名,报告给卫君。卫君不予理睬,连城门也不让进,重耳和随从只好忍饥挨饿继续前行。好不容易走到五鹿这地方,见田里有农人吃饭,狐偃厚着脸皮上前讨要。农人不给,还训斥他们:"堂堂男子,为啥不自食其力?我们靠耕田吃饭,哪有余食给你们?"

狐偃看他们不给吃的,想借个食器去讨饭。农夫也不给,还捡起一个土块扔过来戏弄他们。重耳大怒,赵衰连忙劝说,得饭易,得土难,土地是国家的基业,这是上天送给我们社稷江山的吉兆,赶快拜受。司马迁在《史记·晋世家》中写道:"重耳怒。赵衰曰:'土者,有土也,君其拜受之。'"

重耳及从人转怒为喜,勒紧腰带,继续赶路。行过一程,实在无力再走,聚在大树下歇息。据说,这时介子推捧着一盂肉汤过来,重耳狼吞虎咽,只觉味道香美。吃罢才问是什么肉?介子推如实相告,是臣腿上的一

晋文公复国图

块肉。重耳感动地流下泪水,这就是有名的故事介子推"割股奉君"。

经历千辛万苦,到达了齐国。齐桓公贤能豁达,很痛快地收留了重耳一行。供给他们衣食,供给他们车马,听说重耳匆忙出逃没带夫人,还将国中宗室的美女送给他为妻。从此,重耳衣食无虑,出入有车,日子过得清闲安逸,不觉就是7年。这么下去,必然会在温柔享受中丧失归国成就事业的志向。从人一合计,趁秋夜饮酒把重耳灌醉,抱上车拉走。驰出齐国,踏上新的流浪路途。

途经曹国,重耳遭受了一次侮辱。曹共公本来不乐意收留重耳,但听说重耳是骈肋,就留了下来安排他洗澡。一路风尘,浑身燥痒,重耳正急于洗浴。进入浴盆,舒展肢体,一伙人突然闯了进来,是曹共公和他的宠臣,来观看重耳的骈肋。重耳怎么能忍受这种奇耻大辱?顿时生怒,勉强歇了一宿,次日一早就离开曹国。

从曹国来到宋国,重耳受到宋襄公的礼遇。此时,宋襄公和楚国交战大败回来,自己也受了伤。他希望能联合更多诸侯对抗楚国,当然也不怠慢重耳,又见重耳气度不凡,举止文雅,很有可能回国主政,便盛情接待，还赠送给他20匹骏马。住了些日子，重耳离开宋国进入郑国地界，郑文公认为重耳叛父出逃，是个逆子，不予理睬。

郑国都城，城门紧闭，不给重耳打开。他们又讨了个没趣，连夜赶路，直奔楚国。真没想到在楚国受到了流亡以来最高的礼遇，楚成王以国君之礼接待重耳。让重耳享受到了罕见的体面，激起了他归国主政的雄心。重耳在楚国安心住下，楚成王每日好酒好饭招待，时常还邀他同去围猎，他与随从心情都很愉悦。

一日，秦穆公派使臣到楚国来见重耳。原来在秦国当人质的世子圉偷偷逃回晋国去了，这令秦穆公十分恼火。世子圉逃走不无道理，他闻知父亲晋惠公病重，唯恐不在国内被其他公子抢走君位，因而，连妻子也没告诉就悄悄溜走了。秦穆公恼火当然也有道理，晋惠公就是个忘恩负义的小人，他立的世子还没继位就不把秦国放在眼中，要是继承了君位那该会多么狂妄？因而便另作打算，计划护送重耳回国。对重耳来说这是求之不得的好事，于是他决定到秦国去。重耳向成王话别，楚王要他说说若是归晋，如何报答楚国。

重耳不知如何回答，俊男、美女、宝玉、丝帛，这些楚国都有。珍贵的鸟羽、皮毛、象牙、犀牛革，这些都是楚国特产，一时哑言。楚成王见重耳这么诚恳，很受感动，却还想听听他怎么答谢。重耳想想说，如果真能回国，两国将来在中原交兵，我就避君三舍。

避君三舍，后来演变为成语退避三舍，当时一舍为三十里，三舍为九十里，没想到日后交兵重耳还真一诺千金，这是后话了。

重耳到了秦国，秦穆公待他比别国更好。实际是期望他回国主政，重结秦晋之好。重耳自然心知肚明，只有借助秦国的势力，他才有登上君位的可能。身居秦国，心想晋国，时刻图谋返回故土。机会终于来临了，公元前637年，晋惠公死了，世子圉果然如愿以偿继承君位，史称晋怀公。秦穆公最担心的事情发生了，当然不乐意让这个不义的小人随意妄为，经过一番准备，护送重耳归国。

公元前636年，晋惠公死后不到半年，秦穆公率兵亲自将重耳送到黄河岸边，然后语重心长地话别。接着，秦国将士渡过黄河，护送重耳向绛都挺进。在外流亡19年的重耳终于踏上晋国的土地，开始实现自己的政治抱负。

晋文公称霸诸侯

公元前 636 年，重耳回到晋国继承国君的位置。但是，国君的位置上坐着晋怀公啊！这当然有一场争斗，要不为什么重耳归国必须借助秦穆公呢，就是要依靠秦国的势力，夺取晋怀公的位置。

别看晋怀公坐在国君位上很是体面风光，此时的晋国却是个烂摊子。烂就烂在他那个当了国君的父亲晋惠公忘恩负义，不再把护送他归国的秦国当回事。原来答应回国后，送给人家黄河以西的城市，背信弃义不给啦！这还不说，竟然好意思在灾荒年厚着脸皮向秦穆公借粮。秦穆公还算大度，不计前嫌，慷慨借给。岂料，晋国度过灾荒，秦国却遭了灾荒。反过来秦国向晋国借粮，晋惠公却粒米不给。这就引发了秦晋大战，打来打去，晋国大败，折腾得国家不成样子。晋怀公要收拾这烂摊子还真不是短期内能够见效的。偏偏秦穆公不给他时间，就率兵护送重耳归国了。

一国当然不能有二主，秦国的兵士簇拥着重耳气势汹汹地来了，晋怀公一看大事不妙。和人家打，显然不是对手，打不过就会丢了性命，干脆带着勃鞮跑到高粱城躲难。哪能躲过呢，重耳派去追杀的人多，几经搏斗勃鞮险些丧生，撂下晋怀公逃走。晋怀公只能束手就擒，亡命于利刃之下。

此时，晋国并不太平，形势还很严峻。晋惠公时，为了巩固自己的地位，排除异己，乱加诛杀，弄得人心惶惶。重耳在国外流亡期间，随从人员忠心耿耿，誓死追随，基本形成了他的领导核心。如果他杀了晋怀公后，再清理惩肃晋怀公的近臣，会导致国中人人自危，永无宁日。晋文公没有这样做，他决定宽怀对待过去的大臣。其中有一个前面提到过的人物，这就是勃鞮。他可是晋文公的仇敌呀，重耳两次遭他追杀，如丧家之犬。如今成了国君，掌握了生杀大权，自然不应放过这个仇敌。然而，晋文公放过了，而且由于他的宽怀，无形中救了自己的性命。勃鞮向他告发了大夫郤芮企图焚烧宫殿加害于他的密谋，晋文公赶紧出逃才躲过一难。

对待以往的旧臣，晋文公不计前嫌，继续任用。对悖逆过自己的人他也宽恕见谅，重新起用。流亡时重耳一行之所以能沦落到讨饭的地步，全怪头须。他看见重耳归国无望，便携带着银两偷跑了。按说，对这样见利忘义的小人应该立即正法，就地诛杀。晋文公没有这样做，谅解了头须的过错，还让头须为自己驾着车在城中漫游。这一来，百姓大夫都明白晋文公宽怀大度，可以安心地生活供职了。

社会稳定后，晋文公如何运筹国事？《国语·晋语四》写道："公属百官，赋职任功。弃责薄敛，施舍分寡。救乏振滞，匡困资无。轻关易道，通商宽农。懋穑劝分，省用足财。利器明德，以厚民性。举善援能，官方定

侯马晋文公塑像

物,正名育类。昭旧族,爱亲戚,明贤良,尊贵宠,赏功劳,事耇老,礼宾旅,友故旧……"可以说,他通盘考虑,全面运作,关注到社会各个层次的生存发展。既重视农业耕种,也重视商业流通;既重视发展经济,也重视勤俭节约;既重视百姓生活,也重视弱势群体。晋国很快出现了五谷丰登,天下太平的盛景。

就在晋国社会稳定,民生殷实的时候,周襄王却被驱逐出了国都。其时,虽然周王朝已经衰微,但是,周襄王仍然是主管诸侯的天子,天下还是少不了这个幌子的。既然这个幌子有用,就有人想当这个幌子。周襄王的异母兄弟叔带跳出来争夺天子的位子,发动叛乱,将周襄王赶到了郑国。晋文公抓住这个机遇,派出两支大军声援天子,一路围攻叔带,将其击败,俘杀,平息了内乱;一路前往郑国,护送周襄王归都。经过一个多月的征战,安定了周朝王室。周襄王大为感动,设宴款待文公,除赐给大量金帛外,还把温、原、阳樊、攒矛四个地方划归晋国。

晋国的领地从此扩展到太行山以南的地区。其实,这次勤王晋国扩大的不仅是地盘,更重要的是扩大了声望。晋国以一国之军迅速平息叛乱,威望大为提高。这为晋国称霸奠定了基础,但还不是霸主。要成为霸主,还有新的争战。争战的对象是当时实力最强的楚国。

晋文公不会向楚国挑衅,因为,流亡时他在楚国受到礼遇。不过,晋国和楚国还是斗起来了,争斗的起因是宋国。宋国原先归顺楚国,晋国强大后宋国亲晋疏楚,这便引起楚国的不满,立即发兵大举进攻。宋国因亲晋惹起了祸事,晋国应该出兵救宋,可是,晋文公不愿意和楚国兵戎相见。于是,就派兵攻打曹国和卫国,这两个国家都是楚国大旗下的盟国。晋兵攻击,楚军理应还击,如此一来,便解了宋国之围。偏偏楚国围定宋国,誓不撤兵,眼看着晋国就要灭掉曹国和卫国也见死不救,逼着晋国和楚国交战。

晋文公还是不愿意和楚国弄翻。他让宋国贿赂齐国和秦国,请他们劝楚国撤兵。如果楚国不听,这两个国家会举戈反楚,那么,晋国和楚国反目也就成为义举。楚成王真有些为难,本来,他也不乐意与晋国交战,就命令撤除围宋的军队。如果真这么撤军,晋国也不足以展示他强大的实力。偏偏楚国大将子玉自恃兵力强大,誓与晋军决一雌雄,历史上有名的"城濮之战"就这么打响了。

两军对峙,晋文公履行诺言。当初他在楚国曾对楚成王说,如两军在中原相遇,当避君三舍。如今真的相遇了,晋文公下令军队后撤三十里,再后撤三十里,一连撤了九十里,正好为三舍。晋军本是礼貌的后撤,楚军却以为是害怕他们,更为骄横,大举进攻。自古骄兵多败,这一回楚军也没能幸免。

晋军后撤既是出于信诺,又是避其锋芒。在撤退中,晋军做好了破敌的准备。接着,大举进军,分路攻击楚兵,将之一路一路歼灭。楚国大败,连将军子玉也狼狈逃窜了。晋文公本来可以乘胜追击,将之俘杀,但是他仍施仁义,命令停止追杀。只是,晋文公饶恕了子玉,楚成王却不饶恕他,他只得自杀。

强大的楚国败于晋国,自然晋国要称雄列国了。《左传·僖公二十八年》记载,晋军胜利归来,在践土向周襄王举行献俘礼,将所俘楚国的"驷介百乘"和步兵千人献上。周襄王大宴晋文公,并赏赐各种高级马车、弓矢,美酒一卣,以及虎贲等。而且,授命晋国"敬服王命,以绥四国,纠逖王慝"。要求晋文公恭敬地服从王命,安定治理四方诸侯,纠察整治危害周王的恶人。这等于授予晋国,用王命讨伐不轨诸侯的大权,诸侯当然听命于强大的晋国。

公元前632年,城濮大战胜利后的当年冬天,晋文公召开盟主大会,齐、宋、鲁、蔡、郑、陈、莒、邾、秦等国的国君都如约前来,会议专门讨论制裁不顺服的卫国和许国,还把周襄王也请来同各国诸侯会面。从此,晋文公成为名正言顺的霸主。

介子推避世隐居

在中国的隐士之中,介子推不是最早的,结局却是最悲壮的。

介子推是重耳流亡团队的一员。这个团队的主要成员有5人,一说是狐偃、赵衰、魏武子、司空季子及介子推。也有说是赵衰、狐偃、贾佗、魏武子和介子推的。不论哪种说法，介子推都是其中之一。关于介子推的事迹，前面我们曾经提到。他追随重耳在外逃亡19年，风餐露宿，饥寒交迫，备尝"险阻艰难"。更为重要的是，在重耳饿得饥肠辘辘，几乎晕厥时，介子推将自己大腿上的肉割下一块，熬成肉汤，端给他食用。重耳狼吞虎咽下去，一问才知道实情，感动得热泪盈眶。

重耳归国为君后，当然应该赏赐这样忠诚于自己的人。可是，成为国君的重耳偏偏冷落了介子推。

从史书记载看，跟随流亡的人都受到了赏赐，功劳大的封给城邑，功劳小的封给爵位，唯有介子推什么也没有得到。晋文公在历史上名声很好，不报答介子推的大恩实在不应当。司马迁在《史记·晋世家》给出的说法是，晋文公还没有赏赐完毕，就得知周襄王弟弟王子带（叔带）作乱的消息。天子外逃，国家动乱，事情紧急，因此晋文公放下赏封之事，带领兵士开赴前线，勤王平乱。这一来，介子推受了冷落。这个说法确有道理，完全可以替晋文公遮掩失误。不过，智者千虑也有一失，大可不必为之开脱。

介子推没有计较这种不公，母亲却觉得有点亏待儿子。他给母亲解释，晋文公返国，实为天意。我忠心追随发自本心，没

介子推和母亲的雕像

翼城绵山山门

第三章 辉煌的晋国霸业

翼城绵山全景

有贪图富贵的意思。而且,他对于狐偃贪图利益的做法甚为不屑。这就需要说说狐偃的行为。

当初,秦穆公大军送重耳归国,到了黄河边,随从将用过的旧物一件一件往船上搬,重耳则不以为然地说,归国为君,什么宝物没有,何必再要那些破东西。话音刚落,就有人放声大哭,边哭边说,今日扔掉旧物,明天就该抛弃我们这些旧人了。重耳马上醒悟,赶紧帮助将旧物全部搬上船。那位放声大哭的人就是狐偃。介子推认为狐偃这是贪天之功为己有,无异于"窃人之财"的盗贼,故"难与处矣"。介子推想避居深山,母亲同意儿子的决定。于是,他背着母亲离开闹市,隐居到绵山深处。

介子推不争功邀赏,可是有人为他鸣不平。邻居解张赋诗一首,夜里写好挂在城门上:有龙于飞,走遍天下。五蛇从之,为之丞辅。龙反其乡,得其处所。四蛇从之,得其露雨。一蛇羞之,死于中野。

晋文公看到这首诗后,猛然醒悟慢待了介子推,赶紧派人召他受封,才知道他早已隐入绵山。晋文公便亲自前去寻访,绵山重峦叠嶂,谷深林密,哪里找得见?晋文公急于见到恩人,就下令三面烧山,留一面供介子推出来。没料到大火烧了三天,也没有看到介子推露面。大火熄灭后,晋文公在一棵烧干的树下发现了介子推母子的尸骨。传说晋文公悲痛万分,便将一段烧焦的柳木,带回宫中做了一双木屐,每天望着它叹道:"悲哉,足下。"此后"足下"就成为下级对上级或同辈之间相互尊敬的称呼。而且,命人将介子推母子葬于绵山。为纪念他的恩德,每逢介子推遇害之日,家家不准用火,这便有了寒食节。此说,当然有些牵强附会,经不起推敲,但是,由此可见民间对耿介之士是何等尊敬。

对于介子推的家乡,有说是闻喜户头村的;还有说是夏县裴介村的。翼城县则说,介子推姓王,名光,家乡就在绵山脚下的王庄。当然,此绵山不是介休的绵山,而是翼城的绵山。翼城人以为,介子推背着年迈的母亲不可能行走那么远,只能是晋国腹地的绵山。与翼城人认识接近的是卫聚贤先生,他也认为背着老母负重前行的介子推不会隐居介休绵山,不过,他以为应该隐居的是他的家乡万荣县的孤山(古称介山)。历史又为世人留下一个疑团。

晋襄公崤山破秦

公元前 628 年冬天,晋文公病逝,世子骧即位,是为晋襄公。

晋襄公为父主办丧事,扶灵柩至曲沃安葬,忽然听到秦军通过晋国东去的消息。

原来是秦国的军队去征讨郑国。晋文公初丧,秦国不来吊唁而袭击盟国,当然是对晋国新君的轻视,大夫近臣都愤愤不平。

秦国军力强盛,击败郑国易如反掌,但是,却没有如愿。半路遇见郑国贩牛的商人弦高,得知秦军要去袭击自己的国家,弦高派人火速回国通报郑君。自己则假冒郑国使者献肥牛于秦军。秦将孟明以为郑国早有准备,只好中途罢兵。回师途中,秦军顺道将滑国灭掉,虏获了大量财宝美女,得意而行。秦军绝不会想到一场恶战正等待着他们。

等待秦军的是晋军。晋襄公和诸位大夫商量,此战要打掉秦军的威风。否则,秦国日益强大,图谋向东扩张,恐怕河东诸国今后难有安宁日子。何况,秦国极有可能取代晋国的霸主地位。商量稳妥,晋军悄悄埋伏在崤山。

此役即著名的"崤之战"。关于战争过程,有一段鲜活的传说。

毫无戒备的秦军分四队朝崤山走来,为首的一队是骁将褒蛮子。他率军到达崤山口,被晋军莱驹拦住去路。褒蛮子挺戟来战,很快击败莱驹,乘胜进军。再往前行,来到"文王避雨处"。

此时,呐喊声四起,晋军从密林中、悬崖上冲杀出来!秦军往前有阻,只好后退,岂料后面也杀来了晋军。孟明命令将士向左向右爬山越溪,稳定阵脚,等待褒蛮子回头来救。哪里知道,此时褒蛮子已掉进晋军的陷阱被活捉了。晋军将褒蛮子绑上囚车,推出来示众,完全动摇了秦兵的军心。兵卒们看看不再有取胜的希望,纷纷逃命。最后,秦军大将孟明、西乞术、白乙丙都成了晋军的俘虏。

所幸,晋襄公仍然不忘秦穆公护送先父回国的厚恩,放归了秦国的三员大将。秦穆公听说败将回来,穿着白色衣服迎接他们,恳切地将过错揽在自己身上。当然,他怎么也咽不下这口恶气。时隔三秋,亲率大军前来讨伐晋国。渡过黄河,焚烧渡船,表示了此战必胜的雄心。但是,晋军拒不出战,弄得他们孤掌难鸣,又不敢贸然乱打,唯恐中了敌计,只好继续前行,去崤山掩埋了死难将士的遗骨。发丧完毕,秦军转道归国。

自此,秦国看到向东扩展没有希望,就向西发展。晋襄公发起的崤山大战,遏止了秦国东进的势头,稳定了晋国的霸主地位。

千秋大义救孤儿

灭除赵族,是晋国历史上的一件大事情。这事发生在晋景公时,由于这次诛杀未能斩草除根,给赵家留下了一个孤儿,而且这个孤儿赵武后来为国屡建勋劳,就使这次政治斗争有了一些传奇色彩。此事《左传》《国语》均未记载,但可见于《史记》,后世广为流传。元代杂剧家纪君祥将之搬上了戏剧舞台,剧名就是《赵氏孤儿》。《赵氏孤儿》走出国门,传到海外,深受文士的青睐,屡次被改编演出。1755年,法国大文豪伏尔泰将《赵氏孤儿》改编为新剧《中国孤儿》,在巴黎各剧院上演。随后,英国谐剧作家默非又据伏尔泰及马约瑟的本子,重新改编《中国孤儿》,在伦敦演出。德国诗人、剧作家歌德根据后半部内容改编出剧本《埃尔泊若》,于1783年出版。意大利诗人、歌剧作家塔斯塔齐奥将《赵氏孤儿》改编为《中国英雄》。

据说,事件的起点是因为赵氏家族日渐强大,以至权倾朝野,威胁到了国君。其时执掌国政的是赵朔,他的父亲是赵盾,祖父是随从重耳逃亡的赵衰。赵朔的权位自然是一代一代世袭过来的。赵朔执掌国政时,兄弟赵同、赵括都在朝内担任要职。此时,晋景公游猎饮酒,很少过问国事,却宠用司寇屠岸贾。屠岸贾施展权势时常受到赵氏干预,因而试图要消除他们的势力。

要灭除赵氏家族,总该找点过错吧!欲加之罪,何患无辞。屠岸贾找到的借口是赵盾弑君。被弑的君主是晋灵公,即晋襄公的儿子夷皋。晋襄公去世时,夷皋还是个婴儿,婴儿继位必须有人辅政。晋襄公选中的辅政大臣是赵盾。晋襄公死后,赵盾为立新君十分为难,国内大夫主张立公子雍。晋襄公的夫人、夷皋的母亲穆嬴得知,勃然生怒,跑到宫殿中大哭大闹,还抱着夷皋跑到赵盾家中下跪磕头。这么一纠缠,赵盾只好按照晋襄公的遗嘱立夷皋为君,史称晋灵公。

晋灵公继位后,尽干坏事。他十分凶残,经常站在花园的高台上用弹弓打人,人们慌慌张张逃避,他则放声大笑。更为可怕的是,他随意杀人。一天,厨师做饭没有把熊掌炖烂,他下令马上把厨师杀死,还将尸体装入筐内,让宫女们抬上朝廷,吓唬大臣。赵盾三番五次规劝他。晋灵公不但不听,反而十分恼恨赵盾,竟然派人去刺杀他。赵盾只好逃到偏远小村,好久不敢回来。从弟赵穿大怒,趁晋灵公在桃园游乐时将他杀掉。

晋灵公死后,继位的晋成公没有追究这件事。后来晋成公也死了,晋景公继位已经17年了却要清算灵公之死这笔旧账,而且当事人赵盾早在晋成公六年就已经去世。很明显,是晋景公感到赵氏家族势力过大,不利于他。

大夫韩厥最先得知了消息,连忙去找赵朔,要他逃跑。赵朔不逃,认为他父亲因为诛杀君王而得了个恶名,他要是跑了岂不名声更坏。这个死心眼竟然甘心受诛。好在赵朔还不甘心家族从此覆灭,想留下个东山再起的根苗,将怀孕的妻子托付给韩厥照料。赵朔之妻是晋成公的女儿,韩厥将她送进宫中保护起来。分别时,赵朔告诉妻子庄姬,若是生下女孩叫文,合该赵家绝根;若是生下男孩叫武,为我赵家报仇。

第二天,屠岸贾手持晋景公诏令,带兵包围了赵家。赵朔、赵同、赵括、赵婴各家老幼男女,除赵婴儿子赵胜在邯郸留下一命,全被杀害。屠岸贾清点尸体,唯独不见庄姬,才知道她连夜躲进宫中,又听说庄姬身怀有孕,便设法要除掉这棵根苗。

庄姬生了个男孩子,对外谎称是个女儿,已经死了。屠岸贾不会轻信,派人去宫中察看,庄姬把婴儿藏在裤裆里,那孩子竟然不吱一声,好歹躲过一关。从人回报,屠岸贾仍然不信,以为赵氏孤儿已流落民间,便

《赵氏孤儿》剧照

《赵氏孤儿》剧照

张贴告示悬赏,检举孤儿者,赏金千斤。知情不报,与窝藏者一样,全家处斩。这场风波闹得城中人心惶惶。

最为恐慌的是赵家的两个门客,一位是公孙杵臼,一位是程婴。这两位贤人都不甘赵家这么灭亡,一心要救孤儿。二人密商,程婴说找个新生婴儿,代替孤儿,公孙杵臼则乐意为救孤儿慷慨捐躯。当然,要从宫中救出孤儿,还要大夫韩厥做内应。

合议成计,程婴前去向屠岸贾告发,若给他千金,他便说出孤儿的下落。屠岸贾求之不得,哪能不答应,立即让程婴带路前往首阳山搜查孤儿。上到山间,没费多少劲,公孙杵臼和婴儿都被搜了出来。

公孙杵臼大怒,指着程婴破口大骂他是无耻的小人!你我共同商定救孤儿,为何贪生怕死前去告密?骂得程婴满脸羞愧,屠岸贾则夺过婴儿扔进山间,当即摔死。回头一顿乱棍打死了公孙杵臼。这边屠岸贾得意赵家从此绝了后代,岂不知那边韩厥已悄悄从庄姬手中接过孤儿带出城去。

回到都城,屠岸贾奖赏程婴。程婴推辞不要,告诉他:我原来为了领赏,今天杀了孤儿,自己解脱了,却受世人唾骂,哪里还好意思拿钱?我只请大人宽恩,将赵家尸骨收起,减少我的骂名。

屠岸贾准许,并给了些钱资,程婴置棺木埋葬了赵氏族人。事后,屠岸贾要封程婴官职,程婴不受,对他说:小人作了不义之事,在朝中会受人唾骂,愿远走山野,糊口度生。

程婴辞别屠岸贾来见韩厥。韩厥将孤儿悄悄送给他,他携着孤儿,躲进偏僻的山野。

15年后,即晋景公十八年(前583),晋景公得了重病,医治无效,痛苦难熬。韩厥趁机进谏,说发病的原因是有功劳的家族断了香火。晋景公问及情况,韩厥说这是灭除赵氏家族的报应。时过境迁,晋景公也觉得此事有些过头,连忙问:赵家有无子孙?赶快请回来。

韩厥如实相告。于是,程婴带着孤儿赵武回到朝中。晋景公任命了赵武职位,退还了封地。后来,这位赵武还真为晋国建功立业。《左传》上称赞他:辅佐晋国做盟主,七年间两次会合诸侯,三次会合大夫,使齐国、狄人归服,使华夏东方安宁,平定秦国造成的动乱,在淳于修筑城墙,军队不劳烦,国家不疲乏,百姓没有诽谤,诸侯没有怨恨,上天没有灾害。这是赵武的很大功劳呀!

赵武复位后,带兵攻杀了屠岸贾一族,为赵家洗雪了前仇。据说赵朔、屠岸贾的家乡都在今襄汾县,赵家在汾阳村,屠岸家在永固村,至今这两个村庄的人们都不结亲。

这段悲壮的历史写成戏剧后,程婴更见义气,因为屠岸贾摔死的那个孩子被改写成他的亲生儿子。这更增添了悲剧效果,尤其能震撼人心。因而,该剧从古代一直演到了今天。

晋国迁都新田

侯马晋国故城遗址,是晋国历史的重大考古发现。古城址南北长约1400米,东西宽约1200米。城址内发现了制造铜器、陶器、石器、骨器的手工业作坊的遗迹。其中铸铜遗址的面积达3000余平方米,出土文物非常丰富,包括100多块铜锭、铅锭、铸铜生产工具及3万余件陶范。考古学家认定,从晋景公十五年,到晋静公二年,晋都新田经历了209年的风雨侵蚀。在长达两个世纪的时间里,这里是晋国的政治、经济、文化中心。

那时候,侯马以新田为名。晋国迁都新田,是因为晋景公十四年(前586),发生了一次山崩大灾。崩裂的是梁山,在今陕西省韩城市的黄河岸边。梁山崩塌后堵塞了黄河,"雍河三日不流"。这梁山可不是普通山峦,是"晋望"之山,即晋国祭祀的名山。梁山的崩塌惊动了晋景公,他召见大夫伯宗查找忌讳。伯宗寻访绛人,绛人告诉他:山崩无法改变,但国主山川,为不祥之兆,要扭转这种局面,国君必须"为之不举、降服、乘缦、彻乐、出次、祝币"。也就是要求国君不吃肉食,减少饭菜,不穿盛装,不彩饰车辆,不听音乐,要祭祀神灵,还要离开住的地方。

前几项晋景公都一一照办了,唯有这离开住的地方不好办,但也得办呀!于是,便有了迁都新田的动议。

其实，迁都新田的根本原因是晋国考量时局，调整发展战略。先前，晋国联合鲁、卫、曹三国打败了齐国。晋国征讨齐国，是因为齐国侵吞鲁国，这是主持公道。战事一完，晋景公派上军大夫巩朔"献齐捷于周"，向周天子定王去报告胜利。这是有先例的，当年晋文公城濮之战打败楚国，报捷后周襄王还亲自迎接过。遗憾的是，时过境迁，今非昔比，周天子不是周襄王，晋国也不再是往昔那如日中天的晋国。周定王不屑一顾，居然不见这位晋国大夫。只命王室大臣单襄公转告晋使巩朔，晋齐之争属于兄弟间的争斗，没有什么功劳可言。况且，晋国大夫巩朔不是天子任命的卿，级别低微，不值得接见。本来晋国想讨个奖赏，没想到却弄了个没趣。

说到底，还是晋国日渐衰弱了，最为丢脸的是被楚国打败。晋景公三年（前579），楚国公然侵犯晋国的同盟国郑国，一连围困了三个月。晋国虽然不及从前强盛，但还想顾全面子。只好出兵伐楚，在黄河南岸摆开战场。结果，这场战斗不仅没有顾全面子，还大伤了自己的元气，晋军被打得落花流水。

侯马晋国古都博物馆

玉神人面像（羊舌墓地出土）

玉饰（羊舌墓地出土）

晋国战胜齐国，并没有吓住楚国。他们从齐国回师没多少日子，楚国的援兵就赶到了，并联合齐国征讨卫国和鲁国。卫国和鲁国是刚刚和晋国战胜齐国分得战利品的国家，楚国这样大肆讨伐无疑是向晋国示威。而且，很快把鲁国打了个大败。鲁国被迫向楚国奉献上百名木工、织工、缝纫工，还将公子衡作为人质送到楚地。按说晋国应该出兵援鲁吧，可是，晋国记着曾被楚国打败的教训，畏之如虎，龟缩不出。楚国更加有恃无恐，在鲁国召开盟会，把鲁、蔡、许、秦、宋、陈、郑、卫、齐9个诸侯都纠集到自己的旗下。此时，晋国的霸主地位岌岌可危。

晋景公不甘心就这么下去，梦想恢复以往的盟主地位。待楚国管束稍松，他便要出兵伐郑。郑国不吃眼前亏，连忙向晋国屈服。晋国看还能吓唬住这些弱小国家，就又将齐、宋、卫、郑、曹、邾、杞、鲁等国召集到一块儿开盟主会议。会议是如期开了，但是，破镜难圆，覆水难收。会后，各国依然各行其是，宋国还图谋不轨。晋国赶紧联合卫国、郑国去讨伐宋国，这样的结盟形同虚设。

这时，偏巧晋国祭祀的梁山突然崩塌了。面对这不祥的自然征兆，晋景公不得不慎重考虑国家的处境。楚国在东面已将多国联合在一起，时刻准备进犯晋国，要图安全不如迁移都城。

在迁往何地上，大夫们意见不一。不少大夫建议迁到郇、瑕之间，也就是现今临猗县西南方。大夫韩厥不同意，他认为郇、瑕那地方土薄水浅，易积污物，而新田土厚水深，居之不疾。韩厥陈述过理由，晋景公很高兴,当即决定:迁都新田。

新田就这么成了晋国的都城。《左传·成公六年》载:"夏四月丁丑,晋迁于新田。"也就是晋景公十五年(前585)的农历四月十三日,晋国将都城迁至新田(今侯马市)。从此,晋国定都新田,直到公元前376年,前后209年。

1952年,考古工作者在侯马市发现了晋国遗址。经过了几十年的调查、发掘、研究,将平望、牛村、台神三座大型古城连在一起,构成了一个"品"字形状的独特的城址,这应该就是晋景公迁都新田后营建的宫城。宫城的东西,分别是宗庙和社稷地,符合《周礼》中记载的营建城市"左祖右社"的规制。宫城的南边和东边是手工业作坊区,有铸铜、制陶、制骨和石圭等作坊,面积达20万平方米。

晋都新田并没有建造城郭,因为北面、西面、南面分别有汾河和浍河流过,构成了一个天然屏障;东面又有马庄、北坞、呈王三座卿城,已经具备了军事上的防御功能,没有必要再建城郭。晋都新田的城市布局,突破了以往方块城市的模式,突出宫城,合理安排手工业作坊区、祭祀地、墓地,具有很高的规划水平,学者们称之为"新田模式"。

迁都新田后不久,晋景公去世,其子寿曼即位,这就是晋厉公。晋厉公即位后念念不忘的是稳固晋国的霸主地位,这就必须打败最具威胁的楚国。可是,晋国没有去打楚国,竟然先出兵讨伐秦国。这么做是因为秦国一直想向东扩张,首先危及的就是晋国。这次出兵联合了齐、宋、卫、鲁、郑、曹、邾、滕等9国,还真把秦国打得一败涂地。

伐秦虽然取胜,可还有楚国这把利剑高悬在晋国的头上,若不洗掉被楚国打败的耻辱,晋国就难以成为名副其实的霸主。不过,晋国要战胜楚国,还是有些底气不足。

很快,晋楚两国摆开了阵势。战争的起因是争夺郑国。曾经与晋国结盟的郑国,易帜归顺楚国,这令晋厉公大为恼火,于是出兵讨伐。晋国的大兵刚到,支持郑国的楚军也到了,晋厉公六年(前575),晋、楚两军在郑国的鄢陵遭遇了。战斗一开始并不顺利,晋厉公的战车陷进了泥沼,怎么也弄不出来了。两军交战,无帅则乱。危机时刻,楚共王的左眼被晋将吕锜一箭射中,他疼痛难忍,勉强指挥,各路兵马难以配合成阵。晋军俘虏了他的儿子,略占上风。

战到天黑,双方收兵回营,准备明日继续厮杀。岂知楚军元帅子反夜里贪杯,醉得一塌糊涂,不省人事。眼看时过四更,天色泛亮,子反仍然昏睡不醒。一时间,楚共王慌了手脚,将元帅子反绑上战车,趁着夜色未消,快速撤退。

貌似强大的楚军就这么逃跑了,鄢陵战役晋军取胜了。晋国又可以威服诸侯、称霸各国了。

晋悼公中兴复霸

晋国在鄢陵战胜楚国,霸主地位相对稳定,可惜,一场内乱动摇了这种根基。

鄢陵之战的胜利冲昏了晋厉公的头脑。当初,晋军与楚军在鄢陵遭遇,晋将范文子主张退兵,固然有害怕楚国的一面,更主要的原因是他看出了潜在的祸事。如果外忧尚存,内患暂时表现不出来。一旦外忧去除,内患就在眼前。果然,晋厉公认为战胜楚国,可以高枕无忧,再也听不进忠臣良将的进谏,在一帮小人的阿谀奉承下过着骄奢淫逸的生活。在国内这样,会见各诸侯国则趾高气扬。

晋厉公七年(前574),晋厉公在柯陵会见同盟各国君,他"视远足高,狂傲自大"。周襄王的卿士单襄公说:"视远,日绝其义;足高,日弃其德。"①

晋厉公目空一切,大臣郤至也目空一切。鄢陵大捷后,他被派往周王那里报告喜讯,碰到大臣即夸夸其谈自己的谋略,把鄢陵大战的功劳全部归于自己的名下,根本不把晋厉公放在眼中。

果然,郤至在晋厉公面前杀人了,而且,杀的是晋厉公的宦官。说来也不全是郤至的过错。

---

① 转引自《山西历代纪事本末》,商务印书馆1999年版。

一天，晋厉公带着众臣去田间狩猎，按照当时晋国的礼制，女人不应该随行。但是，晋厉公不仅带了宫女，而且，还寻欢作乐。他和宫女喝酒贪杯，却让大夫射箭捕猎。郤至自恃功大，装了一肚子气，好不容易猎到一头野猪，拖到营前要献给晋厉公交差。猛然闯出个宦官孟张，夺了野猪就要给晋厉公奉献。这真是火上浇油，郤至气急了，挽弓搭箭追进营帐，当着晋厉公的面射死孟张。大夫这么胆大妄为，晋厉公实在生气。

不仅郤至随意妄为，郤家其他大夫也横行霸道。郤锜公然强夺夷阳五家的土地，而这位夷阳五还是晋厉公的嬖臣。这边风波刚平，那边郤犨将长鱼矫抓了起来，而且还把长鱼矫的父母和妻子拴在一根车辕上示众，起因也是为了争夺土地。长鱼矫是何人？也是晋厉公的嬖臣。这些嬖臣在晋厉公面前每天念叨郤至的不是，他肯定没有好果子吃。

最可怕的是栾书，当初鄢陵之战，他主张推迟三日，观察楚军，再行战斗。郤至却反驳了他的意见，要求立即出击，让栾书很没面子。战后郤至还贪天之功为己有，到处炫耀自己的功劳，弄得他矮了三分。栾书也要下手整郤至了。他串通被俘的楚国公子发钩，向晋厉公密报战场上郤至放走楚共王，这样的大罪当然非杀不可。

捕杀郤氏的手法十分高明，原计划由夷阳五带领800名甲士进攻郤氏，长鱼矫认为不必兴师动众。他让晋厉公给了他一名亲信，二人手持戈矛争吵起来，互相扯着衣袖，红着脸脖来府中找三郤评理。三郤将他们唤到台榭准备调解纠纷。哪料二人手起戈至，立即把郤锜、郤犨刺死，郤至转身逃跑，还没跳上车子，也被长鱼矫刺死。一时间，骄横无忌的三郤全成了刀下鬼。晋厉

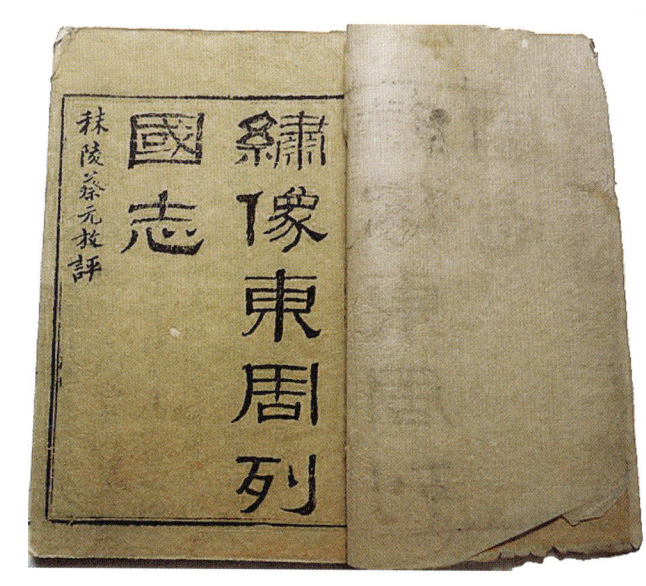

《东周列国志》书影

公还算给郤氏留点情面,没有剿灭郤族。

岂料杀死三郤的长鱼矫、夷阳五杀红了眼睛,竟然把握有重权的栾书、荀偃也抓了起来,并报告二人和三郤是同党,也要诛杀。晋厉公当然明白是怎么回事,心里一软,放了这二人。

荀偃觉得虽然躲过了这一劫,但是,谁敢保证晋厉公不再听信谗言?因而,去找栾书密谋要杀晋厉公。

晋厉公就要大祸临头,却全然不知,仍然寻欢作乐。一次出游到嬖臣匠丽氏家,竟然三宿不归。机不可失,荀偃和栾书在途中埋伏了300名兵士,然后来请晋厉公回宫。晋厉公不知何事,匆忙起驾。行至途中,伏兵齐出,杀死护卫,将他劫持到军中。是夜,给他一杯毒酒,逼迫他饮下中毒而死。这么一折腾,刚刚聚拢在一起的诸侯国看着晋国内乱,无法依赖,纷纷寻找新的靠山,晋国的霸主地位动摇了。

再度恢复霸权,是在晋襄公的曾孙晋悼公手中。

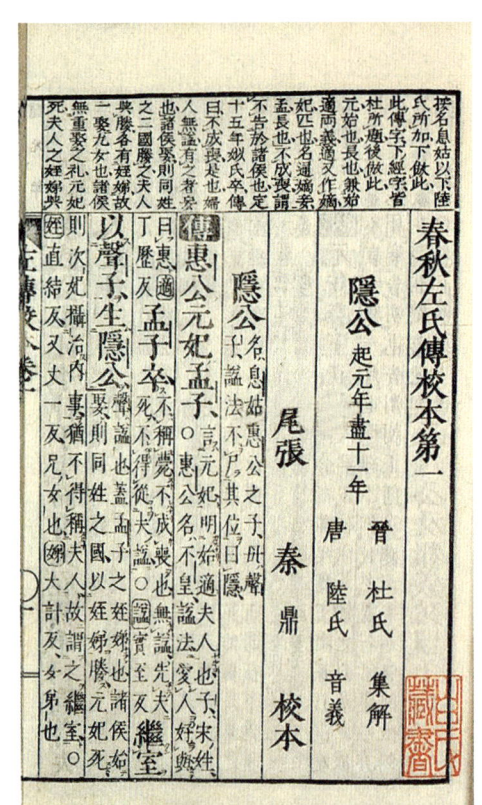

《春秋左氏传》书影

晋厉公毙命,国中不可无君。晋国执政的栾书、上军佐荀偃就派下军佐荀莹、大夫士鲂前往京师洛邑去迎接周子即位,这就是晋悼公。

这位周子可不是个等闲之人,当时他只有14岁,却少年老成。公元前573年,周子归晋途中行至清原,在这里与晋国前来迎接他的大夫们相遇。周子对他们讲:

"孤始愿不及此,虽及此,岂非天乎!抑人之求君,使出命也。立而不从,将安用君?二三子用我今日;否亦今日。共而从君,神之所福也。"(杨伯峻《春秋左传注》)

从他的话中可以看出,他不想当晋君,今天当了晋君,是天意,对迎立者并不领情。而且告诫大夫们说,众人立君,是要君王发布命令,如果你们拥戴我,我干;不拥戴,我就不干了。当然,若是你们服从君王,神灵会赐给你们福气。这一席话说得得体周全,完全把自己摆到了国君的位置。

晋悼公是位有谋略,有作为的国君。晋悼公四年(前570)六月,晋军出征,晋悼公的弟弟扬干年轻气盛,求战心切,不服指挥,扰乱了军队的行列。当时主管军法的中军司马魏绛,秉公执法,碍于扬干是悼公弟弟,只杀了为之驾车的仆人。扬干认为受到侮辱,哭着去见悼公。晋悼公顿时火起,命令新中军尉羊舌赤杀死魏绛,给自己挽回面子。

命令刚下,魏绛来了,交给仆人一信,即要拔剑自杀,一旁的几位大夫匆忙拦住劝阻,并将书信呈给晋悼公。魏绛在信中写道:"我作为中军司马,知道军人服从军纪为武,宁死不犯军纪为敬。君主要举兵,我哪敢不敬。如果使您的军队不武,领军不敬,那罪过就太大了。我因维护军纪,触犯了扬干,也怪我事先没能教好全军,以致临阵杀人。我的罪过很重,请交司寇处死。"

晋悼公读过魏绛的信,明白了真情,大为感动,光着脚跑出寝宫,向魏绛道歉,还提拔他为新军佐。君明臣忠,晋国局势空前稳定。这才有了祁奚"外举不避仇,内举不避亲"的千古美谈。

晋悼公四年(前570),晋国中军尉祁奚年迈退休。晋悼公问他谁可以接替你的职务?祁奚回答:解狐。

晋悼公不无好奇,解狐是他仇人呀!问他为何推荐解狐。祁奚答,君王要我推荐中军尉,没说和我有仇怨的不行呀!晋悼公深为敬仰祁奚的人品,当即决定任命解狐。不料,命令刚颁解狐却急病身亡。悼公又让祁奚推荐人选。祁奚推荐的是祁午。晋悼公更为好奇,因为祁午是祁奚的儿子。问他为何推荐自己的儿子?祁奚答,君王要我荐人,没说我的儿子不行呀!

晋悼公更为敬慕祁奚的耿直,即任命祁午接替父亲的职务。果然,祁午不负父望,精心治军,40年没有出过差错。

治理国内的同时,晋悼公和睦戎狄,稳固边塞。晋国周边,众戎杂居,以往纷争时起,难以安宁。自晋献公到晋悼公的100多年间,始终是晋国北方的一大隐患。晋悼公以德义治国,名播四邻,戎狄中最强大的

无终部落愿意与晋国缔结友好。公元前569年冬天,无终的酋长嘉父派使臣孟乐到晋国朝见晋悼公,请求议和。不少人认为北方戎狄无亲而贪,不如伐之。魏绛却力排众议,建议"和戎",并列举了五大好处。其一,"戎狄荐居,贵货易土,土可贾焉";其二,"边鄙不耸,民狎其野,穑人成功";其三,"戎狄事晋,四邻振动,诸侯威怀";其四,"以德绥戎,师徒不勤,甲兵不顿";其五,"鉴于后羿,而用德度,远至迩安"。(《左传全译》)晋悼公经过考虑,采纳了魏绛的意见,并派他前往戎狄,谈判交流,保证了边地的安稳。

恢复和巩固霸主地位,关键是要遏制楚国。晋悼公采取了联吴御楚,争郑疲楚,救宋弱楚的战略。吴国在南面与楚国相邻,联合吴国就等于牵制住楚国。郑国为中原要冲,却多年来变幻不定,楚来服楚,晋来服晋,为晋楚必争之国。晋悼公将军队分为三支,轮流出征郑国,弄得楚国疲于奔命,甘拜下风。同时,宋国遇有战事,晋国立即出兵救助,盟国阵营复又壮大,楚国的威势明显得到削弱。

要当霸主还有一件重要事情,就是辅助王室,尽力王事。晋悼公像齐桓公、晋文公一样,始终把王室的大事放在心上。这期间最重要的事是巧妙协调了周灵王和王叔陈生的关系。晋悼公十年(前563),王叔陈生和伯舆争权发生内斗。周灵王支持伯舆,引起王叔陈生不满,跑到黄河岸边久不回来。这一使性子,周灵王很没面子。于是,晋悼公差人出面周旋,将王叔陈生劝到晋国,实际是巧妙撤掉他的职务,让"单襄公以相王室",取而代之。这一来,双方皆大欢喜。

晋悼公每隔一年多时间就要召开一次盟国会议。从公元前571年,到公元前558年,13年间晋悼公就会集盟主9次,参加者有鲁襄公、宋平公、陈成公、卫献公、曹成公等14国诸侯,据说这是霸主结盟聚会最为频繁有序的时期。继晋文公之后,晋悼公又一次将晋国的历史推向辉煌。

晋国铸造刑鼎

晋顷公十三年（前513），晋国发生了一件影响各国的事件，铸造了一口铭载刑法的铁鼎。这年冬天，率军在汝城修筑工事的赵鞅和荀寅，向民间征收了480斤铁，铸成了刑鼎。刑鼎上铸的是《范宣子刑书》。（杨伯峻《春秋左传注》）

之前，晋国已经有过几部法典。第一部法典是唐叔虞立国之初所授的法度。春秋时期当属奴隶社会，其时没有成文字的法律，王权至上，王命为法。晋国此时也一样，只是按照开国君主的旨意评判是非功过，使用久了算是法律，这可以视作习惯法。

如果一直依据这部法典，晋国很难发展壮大，更谈不到称霸。好在晋国有了第二部法典，即"执秩之法"。这部法典是晋文公主持制订的。他分析总结了晋国上百年分裂、内战、统一的过程，按照唐叔虞所授的

叔矢方鼎（晋侯墓地出土）

椭方鼎（晋侯墓地出土）

第三章 辉煌的晋国霸业

法律，进行了适当改革，这是部修明政治、施惠百姓、尊王攘夷的法律，加速了晋文公称霸。历史学家称之为"执秩之法"，是晋国的第一次法治变革。这部法律是公元前633年，晋文公在被庐检阅军队时宣布的，也称"被庐之法"。

晋国的第三部法典是在"被庐之法"基础上修订完善的，主持修订的是赵盾。此法由太傅阳处父和大师贾佗实行，有利于保持晋国的霸主地位。这部法典不仅维护君主的利益，而且维护私家利益，也是社会的一大进步，又称"赵宣子之法"。

第四部法典是"范武子之法"。这部法典应是"赵宣子之法"的继续和完善，但是晋景公对赵盾专权不满，就命令范武子按照《周礼》"强公室而抑强家"，以此削弱卿大夫权力。法律虽然颁布了，但是，没有稳定了政局，反而激化了矛盾。

晋平公即位后，国内矛盾加剧，为维护六卿联合专政，范武子之孙范宣子制定了著名的《范宣子刑书》，也就是文初铸于刑鼎上的法律条文。晋国铸造刑鼎，将法律公诸社会，无疑也是一种进步。而且，晋铸刑鼎不是首例，在郑简公三十年（前536），郑国就曾铸造刑鼎，将法律公布于众。奇怪的是，郑国铸刑鼎引起各国的称颂，而晋国的同样举动却遭到非议，孔子说这是亡国之举。

孔子认为，晋文公之前一直恪守始祖法度，所以民众尊敬贵族。贵族保护了祖宗基业，贵贱差别不乱，晋文公因此作了盟主。如今，废掉前法，将法律公诸众人，人们怎么尊敬贵族？贵族怎么守护祖业？老百姓也会根据此法议论政事，如何保证贵族的特权？后来晋国的局势变化，完全被孔子言中。从此，晋国的大权很难掌握在君主手中，卿大夫的势力日益壮大，矛盾日益尖锐，国势日趋衰弱。公元前482年，吴王夫差率军北上，在黄池会合诸侯，实际是争夺霸权。晋定公迫于吴国的强势不得不去，去了又不甘放弃盟主地位。但是，吴王略施小计，四处陈兵，在黎明前呼叫吼喊，就吓住了晋定公。结果，吴王成为霸主。自此，晋国结束了长达150年的霸主历史。

不过，若是站在历史的进程中去看晋铸刑鼎，它打破了统治者专断法律，随意妄为的局面，对于开启民智，唤醒自我意识是有一定的积极作用的。因而，虽然晋国走向衰败，但是，文明的脚步却在延伸。

侯马盟书

侯马盟书是侯马盟誓的产物。

侯马盟誓是晋国卿大夫间斗争的产物。

1965年,考古工作者在侯马发掘出晋国时期的盟书。盟书又称"载书"。《周礼·司盟》有"掌盟载之法"的记载。郑玄注:"载,盟誓也,盟者书其辞于策,杀牲取血,坎其牲,加书于上而埋之,谓之载书。"当时的诸侯和卿大夫为了巩固内部的团结,打击敌对势力,经常举行这种盟誓活动。侯马盟书是用笔将盟辞书写在玉石片上,字迹一般为朱红色,少数为黑色,字体与春秋晚期的铜器铭文相近。

发掘出的"盟誓遗址"在侯马晋城遗址的东南部,面积约3800平方米,分"埋书区"和"埋牲区"两部分,埋书区集中在西北部。共发现埋牲的土坑400余个,底部一般都瘗埋有牺牲。这土坑也被称作坎,大坎埋牛、马、羊,小坎埋羊或盟书。绝大部分坎的北壁底部还有一个小龛,其中放一件古时称为"币"的祭玉,个别坑还有瘗埋数件的。不过,瘗埋盟书的坑内没有龛和玉币。可以看出,这些玉币和牺牲都是盟誓时奉献给神灵或祖先的祭品。用作祭祀的玉币有璧、璜、瑗、玦、珑、璋、圭,样样雕琢纤细,件件制作精美。书写盟书的玉石片,多数呈圭形,最大的长32厘米,宽近4厘米;小的长18厘米,宽不到2厘米。这些盟书,将晋国血雨腥风的历史展示在世人的面前。

其时,晋定公很难主宰国运大势,韩、赵、魏、中行、智、范,这六卿权势过大,经常仗势欺人,因而爆发了内乱。公元前497年至公元前490年,进行了长达8年的混战,混战的起因是争夺500户家奴。

晋定公十八年(前494),赵鞅率兵攻打卫国。卫国献给他500户家奴,先安置在邯郸赵午那里。这年,他讨还500户人家,要置放于其采邑晋阳。赵午却不答应,赵鞅大怒,便将赵午杀死。赵午的儿子赵稷闻知,怒火中烧，便和家臣一起发动叛乱。

当年夏天，晋定公命令包围邯郸，平息叛乱。这一下情况复杂了，赵午是荀寅的外甥，荀寅又是范吉射的亲家，几家姻亲，相处和睦，不仅不去攻打邯郸，反而联合起兵包围了赵鞅的官邸。见势不妙，赵鞅匆忙逃到晋阳，晋国局面大乱。

按照当时的盟誓，发动叛乱者要驱除出国。晋定公认为祸事起于赵鞅，就要驱除他。可是，荀、范两家中也有心怀异志者，荀跞便想让他的宠信梁婴父代替荀寅。因而，他奏请晋定公："三个大臣祸乱国家，只驱除赵鞅难以服人，应该将荀寅和范吉射一起驱除"，得到了晋定公的同意。

这年冬天，荀跞、韩简子、魏襄子便打着晋定公的旗号攻打荀寅和范吉射，荀、范早有准备，打了胜仗。胜利后的二卿，竟然要攻打晋定公。尽管有个叫高强的大夫劝谏他们不要攻打国君，他们却听不进去。结果，众叛亲离，国人帮助晋侯，三卿奋力作战，荀、范大败，只得逃出晋国。

荀寅、范吉射败逃后，三卿应该进攻赵鞅，岂料他们非但不进攻，反而替他说情。晋定公耳朵一软，赦免了赵鞅。赵鞅从晋阳回到绛邑，感谢

侯马盟书

他们的深情,便与韩、魏等结成同盟。1965年考古发现的盟书便是这一事件引起的一系列盟誓的结果。

之后,晋定公命令晋国军队进攻荀、范逃亡的朝歌。这本是晋国内部的事情,没有想到原盟国的诸侯都支持荀、范两卿,鲁定公、齐景公、卫灵公和宋景公先后会面商讨援救荀、范的大计。这一来,晋国面对的敌人就不只是二卿,而是多位诸侯。

晋国奋勇作战,在洛地击败荀、范,在石泉击败赶来援助的郑国军队。但是,诸国仍然不遗余力地支持荀、范,鲁、齐、卫、鲜虞等国先后出兵伐晋。面对强大的敌人,晋国坚持抗击。公元前493年秋八月,赵鞅的军队同齐国给范卿送粮的军队遭遇,敌强我弱,如何战胜?关键时刻,赵鞅率军盟誓,声讨敌人的罪行,表达胜利的决心,更重要的是公布了奖赏的办法:

"克敌者,上大夫受县,下大夫受郡,士田十万,庶人工商遂,人臣隶圉免。"(《左传全译》)

也就是下令:战胜敌人者,上大夫赏给县,下大夫赏给郡,士赏给十万亩土地,庶人工商做官,奴隶获得自由。这样奖赏,使得军队士气高涨,奋勇杀敌,荀、范两卿盘踞的朝歌被攻破了,他们只好逃亡到齐国。晋国历时8年的战乱结束了。

从这段历史可以看出,盟誓是当时的普遍现象。据说这是当时诸侯、卿大夫结盟联合,打击对方的重要手段。一般盟书为两份,一份存于盟誓者的机构,即存档;一份或沉于河中,或埋于地下,侯马出土的盟书就是埋在地下的那一份。这些珍贵文物的出土,再现了历史风云,是难得的历史资料。"侯马盟誓反映了公元前5世纪初中国政治舞台上发生的重大历史事件,它处于晋国由'六卿'专权逐渐演变成'四卿'专权的时刻,折射出晋国公室日益衰微的社会现实。"①

---

①李模:《侯马盟誓》,载《山西历代纪事本末》,商务印书馆1999年版。

名垂青史的师旷

师旷原名范旷,春秋时期晋国人,家乡是今洪洞县师村。他是个盲人,虽然眼睛看不见,可是听力极好,音乐造诣极高。在晋悼公和晋平公时他都担任掌乐太师,而这样的职务只有乐技出众、德行超群的贤人才能受任。范旷长期担任掌乐太师,便被称为师旷。

师旷对我国音乐发展贡献极大,马融《长笛赋》说:"夔襄比律,子野协吕,十二毕具,黄钟为主"①,这里说的子野就是师旷的字。马融评价,十二律的形成开始于舜的乐官夔,完成于师旷。从原始的三声音阶,到五声音阶,到七声音阶,再到把一个音阶分辨成十二个半音,经过了长时间的摸索总结。师旷吸取前人经验,大胆进行创新,终于把音乐发展推向一个新阶段。师旷的音乐才能是多方面的,韩非对师旷的古琴演奏给予了极高的评价,说他奏《清征》,玄鹤云集,列队鸣舞;他奏《清角》,风雨暴至,裂帷飞瓦。

师旷的演奏技艺炉火纯青,出神入化。而且,还可以通过声音判断人体是否健康,国运能否顺畅。典籍中有不少关于他的轶事,这里仅说几件。

有一次,晋平公铸了一口大钟,命令乐工听声辨音,鉴别是否协调。钟声响起,清脆悦耳,乐工们都觉得和谐,唯有师旷认为不和谐,需要重铸。晋平公正陶醉在乐声中,听到师旷的话,很不高兴,就没有当一回事。过了不久,卫灵公来访,带来他的乐官师涓。晋平公让乐工击钟奏乐,师涓听了也说不协调。晋平公这才明白师旷是正确的,对他的音乐才能大为赏识。(《吕氏春秋·长见篇》)由此可以看出,晋国后期的乐器制作水平,与师旷关系很大。在晋国新田遗址出土的编钟、石磬形制优

---

①转引自李孟存、李尚师:《晋国人物评传》,延边大学出版社2006年版。

美,音调精准,不是无源之水。

那时候,晋国实力还不小,出兵占领了周天子的两座城市。周灵王缺乏兵力无法讨还,晋国占就占了。可是,周灵王立了个太子晋,极为聪明,胆识过人,十三四岁大胆诤谏国事,在诸侯间传为美谈。晋平公闻知心中不安,要是日后太子晋即位还有晋国的好果子吃?归还这两座城市吧,又不甘心,思来想去,晋平公就派叔向前往周都探听虚实。

叔向见过周灵王后,去见太子晋,和他一起谈论国家兴亡的大计。太子晋思维敏捷,侃侃而谈,他们说到五个问题,倒有三个叔向无言对答。小小年纪,实在聪明,叔向归国连忙向晋平公奏报:"太子非常聪明,我与之交谈,不是对手,我们还是归还其城,以图平安。"

晋平公同意了。师旷闻知,对晋平公说先不要归还城市,我去见一下太子晋。晋平公当然不愿意归还周城,就派他去了。

师旷以习乐为名来到周都,前去拜见太子晋。时值隆冬,那日正下着鹅毛大雪,太子晋坐在殿堂上,师旷站在殿堂下,二人一见如故,开口叙谈。太子晋果然名不虚传,见地非凡。太子晋请师旷弹琴,他弹唱了一首《无射》。他精湛的技艺打动了太子,太子还赠了一曲《峤》。宾主交流

师旷塑像

得十分融洽,很快到了辞行的时候,师旷诚恳地问太子:"你的面色是不是很红,像烤过火似的?"

太子晋惊奇地答是,问师旷是如何知道的?这当然是从他的话音里分辨出的。师旷回答说,你的声音虽然响亮,却带着痰音,你要保重身体。太子晋非常感激。

师旷回到晋国禀报晋平公,太子晋虽然聪明绝世,可是体质病弱,我估计他活不过三年,归还城池的事可以从缓考虑。

晋平公依从了师旷的建议。时过三年,太子晋患病身亡,可见师旷听音察事的能力是何等精到。

说到师旷,不能不说成语"秉烛之明"。有一天,晋平公问师旷:"我已经70岁了,还想学习,恐怕已'暮'了,先生你看呢?"师旷没有正面回答,而是接过晋平公的"暮"字说道:"何不秉烛乎?"

晋平公听后说:"你怎么能戏弄君王?"

师旷一本正经地回答:"盲臣安敢戏其君乎!臣闻之:'少而好学,如日出之阳;壮而好学,如日中之光;老而好学,如秉烛之明。秉烛之明,孰与昧行乎?'"

晋平公听了恍然大悟,找到了晚年的求学之路。

师旷不仅是一位名传千秋的音乐家,也是一位审时度势的政治家,还是一位博学多能的学问家。这位通达事理的音乐大师,终因直言上谏得罪了国君,晋平公将他削职为民。据《平阳府志》记载,师旷家乡在今洪洞县,回到故里,他和乡亲们办起了鼓乐班。谁家举办红白之事,都有鼓乐演奏,这风习一直延续到现在。如今,洪洞县师村仍然存留着师旷墓。

第四章

古都人杰　名垂青史
（战国时期）

■ 概述

　　一个新的历史时期，在平阳拉开了序幕。这就是司马光在《资治通鉴》开篇写到的战国时期。

　　战国时期的序幕是由三家分晋拉开的。三家分晋使强大的晋国裂变为韩、魏、赵，一国分为三国，还要个个挺立于战国七雄之中，足见晋国曾经怎样显赫于世。无论如何显赫那都是往事，这一时期活跃在平阳大地的只有韩国和魏国，赵国已经不在这个区域之内。而且，韩国的疆域逐渐扩张到太行山外，迁都新郑。魏国最终也迁都到大梁，今河南开封市。

　　此间征战频仍，疆域屡次变迁。总体说，临汾、洪洞、襄汾北部、浮山、翼城一带属于韩国；襄汾南部、侯马、曲沃，以及乡宁、吉县西山一带属于魏国；霍州、古县、安泽一带及东部山区，先属于韩国，后归属赵国。

　　此间，尧都与晋国的辉煌不见了。但是，这方水土上的文化基因，却不会就此终结。辉煌的历史，厚重的文化，在孕育着一个又一个名士脱颖、成长。翻开史书，蔺相如完璧归赵，不辱使命；李牧镇守边关，固若金汤；荀子著书立说，名传千秋；韩非光大法家，名垂青史。而且,他们的作为没有拘泥于诞生的土地,而是四海为家,搏击风云,用生命谱写出一曲曲感天动地的浩歌。诚可谓,地灵人杰也!

三家分晋拉开战国序幕

三家分晋首先是三家灭掉智氏，起因是智氏想要一步步吞掉其他三家。

荀、范两卿逃往齐国之后，晋国还剩下智、韩、赵、魏四大家。在这四大家中，智家最强，因为智家的智瑶担任着执政卿。史称智瑶为智伯，他独揽大权，早把晋出公给架空了。对于智伯，族人智果评价他有五长一短。五长是：仪表堂堂、精于骑射、才艺双全、能言善辩、坚强果断，基本具备了一个贤才应有的优点。但他有致命的一短：居心不仁。这个短处足以抵消他的全部优点。

晋出公被架空了，还不甘于被架空，想要控制四卿，又没有实力，竟然想借助齐国和鲁国的力量来恢复权势。不料，齐、鲁两国不但不予支持，还将他出卖了。公元前458年，智伯联合韩、赵、魏三家讨伐晋出公。晋出公一见大势已去，只能外逃，仓皇出逃死在途中。

晋出公死了，四家都知道逼死君主，名声不好，就急忙寻找新的晋侯，立晋昭公的曾孙骄即位，这就是晋哀公。

晋哀公只是挂了个名，根本主宰不了国家大事。他大权旁落，忍气吞声，维持着气息衰微的晋国。

晋哀公大权落在了四卿手中，而四卿之中又数智伯最强。居心不仁的智伯变着法子向其他三家勒索土地，不过他还给自己找了个理由：晋国历来是中原霸主，没想到在黄池大会上让吴国占了先，在徐州大会上又让越国占了先，这是晋国的耻辱，也是我们几家的耻辱。我们应该打败越国，恢复霸主地位，这当然需要实力。咱们每家拿出一百里土地和人户交给公室，晋国强大了，我们就可以出兵讨伐越国。

这话说得冠冕堂皇，其实是要中饱私囊，壮大智家，逐步吃掉那三家。那三家不是傻瓜，自然明白智伯的伎俩。因而，谁也不想给。如果三家联合起来,共同反对,这事也就流产了,只是各自心知肚明,都不吱声,这就为智伯留下可乘之机。

智伯首先敲诈韩家的土地。韩康子不想给,谋臣段规劝说,智伯贪得不义,咱要不给土地,必然会出兵打来。我们给了,他还会敲诈别家,别家不给,就会兵戎相见,到时我们再作商议。韩康子听段规说得有理,一咬牙划出百里之地送给智伯。

智伯得到韩家的土地,更为骄横,又向魏家敲诈。魏桓子起初不答应,经家臣任章相劝,也忍痛割爱献出了土地。

智伯越发得志,故伎重演,敲诈赵家。没料到赵襄子不吃这一套,把智伯顶了回去。智伯大怒,出兵讨伐赵襄子,而且命令韩、魏两家一起出兵。两家不敢不从,只得答应。于是,三家军队浩浩荡荡进攻赵襄子。赵襄子眼见难以战胜,躲进晋阳城中坚守不出。

三家军队包围了晋阳城,攻打了两年也没有得手。时值雨季,河水

太原晋祠智伯渠

暴涨,智伯命令将士扒开晋水河堤,大水滔滔不绝流进晋阳城中。很快晋阳城泡在水中了,军民巢居而住,悬锅而炊,形势十分危急。

赵襄子焦虑不安,同谋士张孟谈商议。张孟谈主张劝说韩、魏反戈破赵。赵襄子应允,他连夜潜出城去,面见韩康子和魏桓子。张孟谈告诫两家:智伯能引晋水灌晋阳,也可以引绛水灌平阳,决汾水灌安邑。

平阳是韩家都城,安邑是魏家都城。二位一听,都认为打败赵家就轮到自己倒霉了。与其联合破赵,还不如三家联合起来将智伯消灭掉。当下约定,共同破智。

传说战争的场景是:约期到了,韩、魏两家兵士挖破河堤,流往晋阳城的大水反而向智伯营中肆横流荡。赵家大军从城中冲杀出来,直奔智伯营帐。韩、魏两家也从两翼夹攻,智伯根本抵挡不住,忙乱之中,向西逃窜,钻进天龙山。回头看看追兵未到,正要歇脚喘息,前面却杀出一军,为首的正是赵襄子。赵襄子预料智伯会从天龙山逃跑,便埋伏在此地,等他钻进圈子,来个瓮中捉鳖,逮个正着,手起刀落,将智伯杀死。随后三家瓜分了智家的土地田宅。

从此,晋国四家卿大夫,就剩下韩、魏、赵三家了,这就是三家灭智。本来,灭掉智伯三卿应该更好地辅佐晋室,可是,此时再没人把晋哀公放在眼里。实际上从智伯被杀,三家分晋就成为事实。不过,晋国还苟延残喘了50年,经历了晋哀公、晋幽公、晋烈公、晋孝公、晋静公5个君主。到了公元前403年,魏、韩、赵联合上奏周天子,公然要求称侯。此时的天子周威王,早已成为摆设,只好批准韩、魏、赵为诸侯。韩国建都平阳,魏国建都大梁,赵国建都邯郸,三家的历史地位此时才算名正言顺。

三家为侯,晋静公尚在,与之并存。可是,这三家还不甘心,公元前376年,晋静公被赶到屯留,降为庶民,从此晋国退出历史舞台。

自此,春秋时期结束,历史进入战国时代。司马光编撰《资治通鉴》就从三家分晋写起,由此作为分水岭,中国历史的一个新时期开始了。

韩国初都平阳城

前面已经提到,韩国都城最初设在平阳。

韩国的祖先是韩万,原来与周皇族同姓,姓姬。当年侍奉叔虞来到唐国,也就是后来的晋国,被封到韩原,叫作韩万,也称韩武子。从此,他和他的后人为晋国的发展立下了不小的功劳,其中最有名气的要数韩厥。

回首晋国的历史,曾经发生过赵氏孤儿的风波。里面有两位义士,一位是公孙杵臼,为救孤儿献出了他的生命;另一位是程婴,隐居深山十多年,含辛茹苦,拉扯大了孤儿。但是,我们还应该记住一位关键人物,没有他,赵氏孤儿难以得救,即使逃脱虎口,日后也难有出头之日。这位关键人物就是韩厥。

韩厥的功绩有三点:一是在司寇屠岸贾要杀赵朔时,他偷递风声劝赵逃跑;赵朔不跑,被杀,他的妻子进宫生下一子,而屠岸贾要斩草除根,谋杀孤儿。程婴和公孙杵臼谋好救孤大计后,又是韩厥将孤儿从宫中偷偷带出去的,这是第二点功劳;第三点功劳是十多年后韩厥仍然铭记着孤儿。此时,因为率军伐齐有功,他被晋景公列为六卿之一,恰逢景公患病,占卜有鬼魂作祟,韩厥趁机言明赵朔的冤屈,孤儿才被迎回朝中,重食祖上田邑,重袭祖上官职,重又光门耀祖。

可以说,韩厥是一位主张正义的大臣,也是一位知恩图报的君子。韩厥是韩子舆的儿子,他早年丧父,由赵盾抚养长大。他担任晋国司马,也是赵盾推荐的。在危急关头他挺身而出救赵家,正是知恩图报。

韩厥去世后,他的儿子韩起继承爵位,史称韩宣子。韩宣子是一位杰出的军事家,也是一位杰出的外交家。他曾任上军佐,掌握晋国的军政大权,他与赵孟率军打到齐国的潍水和沂水,后再度伐齐又取得胜利。而且,在国内诛灭过栾盈的叛乱。他出使鲁国、卫国、齐国都深受欢迎。最有意思的是他妥善处理了一件十分棘手的事情。

晋平公的小妾少姜死后,齐国为讨好晋国又送一小妾,而且是齐侯的女儿。公元前539年,韩宣子奉命去齐国代晋平公迎亲,小妾却被更换了。齐国宠臣子尾将小妾换成了自己的女儿,而将齐侯的女儿嫁给别人。这种蝇营狗苟的事情实在难以容忍,但是,韩宣子忍了,他以为要缓和与齐国的关系,连他的宠臣也不能得罪。韩宣子的宽容,维护了两国间的和谐局面。

韩宣子去世后,他的儿子韩须袭代父亲的爵位,史称韩贞子。司马迁在《史记·韩世家》中写道,贞子迁居于平阳。可知,韩居平阳应

韩厥塑像

该是韩贞子时的事情。而且,经历了韩简子、韩庄子、韩康子几代。

那时的韩国,以平阳为中心控制着上党、豫西一带,在此联合赵、魏消灭了智伯,完成了三家分晋的关键一举。之后"进行了一些封建的经济改革,实行新的田亩制和租税制,国力很快强盛起来。"继而,"不断向中原扩展,取得郑、宋二国的不少土地。到韩武子时(前424—前409),韩国势力已达洛水流域。韩武子于公元前416年把国都由平阳(今山西临汾市西北)迁到宜阳(今河南宜阳县西)。"①可以说,平阳是韩国发育成长的摇篮。

---

①张纪仲:《山西历史政区地理》,山西古籍出版社2005年版。

申不害变法强盛韩国

三家分晋后,韩国独立为一国,但是,要挺立于战国七雄之中还必须强盛。说到强盛,离不开一个人,这就是申不害,他是战国中期法家的代表人物。

公元前375年,郑国被韩国灭亡,其地纳入韩国版图。此时,各国相继变法,不变就会落后,甚至成为别人的盘中餐。与韩国相邻的魏国已经变法,实行变法的是李悝。受魏国的启发,韩昭侯也在物色人物,主持变法。最后,他选择了申不害。

申不害原是郑国小吏,韩国灭掉郑国,遂成为韩人,并做了韩国的低级官员。韩昭侯四年(前354),魏国出兵伐韩,包围了宅阳。重兵压境,形势严峻,韩昭侯束手无策,他手下的那些大臣也束手无策。唯有低级官员申不害想出个办法,他请韩昭侯执圭去见魏惠王。这是上古臣下朝见天子时的礼仪。这么屈身拜见,韩昭侯有些犹豫。申不害劝说,"我们非好卑而恶尊",也"非虑过而议失",是要解国家危难,除了示弱别无良策。"故降心以相从,屈己以求存也"。(《战国策全译》)韩昭侯思考再三,采纳了申不害的建议,亲自执圭去朝见魏惠王,表示敬畏之意。魏惠王果然十分高兴,立即下令撤兵,并与韩国约为友邦。这一来韩昭侯对申不害刮目相看,日渐重用,逐步成为韩国的重要谋臣。

韩昭侯五年(前353),魏国起兵伐赵,包围了赵国都城邯郸。赵成侯派人向韩国求援。到底该不该出兵?韩昭侯一时拿不定主意,就询问申不害。申不害进谏说应当联合齐国伐魏救赵。韩昭侯便发兵讨魏,迫使魏军回师自救,从而解除了赵国之围。这就是历史上著名的"围魏救赵"。

韩昭侯从申不害处理外交事务的独到见解,发现这位"郑之贱臣",原来是难得的治国人才,于是便力排众议,破格拜申不害为相,以求变革图强。

申不害主张以法治国,提出了一整套"修术行道"、"内修政教"的"术"治方略。得到韩昭侯的允许,即大刀阔斧实施。最关键的一步是大胆整顿吏治,强化君主的集权统治。当时韩国的侠氏、公厘和段氏地盘过大,拥有人口众多,大有架空国君的趋势。他果断收回侠氏、公厘和段氏三家的特权,毁掉他们的城堡,将他们府库的财富充盈国库。这既稳固了韩昭侯的统治,又增强了韩国的实力。

这一次快刀斩乱麻,斩出了韩昭侯的声威,也斩出了申不害变法的声威。接下来的变法,是针对众多的官吏。申不害大行"术"治,整顿官吏队伍,加强考核和监督,《韩非子·外储说左上》评价,"见功而与赏,因能而授官"。官吏虽然很多,可是哪一个也没有那三家的脖子硬,乖乖听命,不敢违抗。变法顺利实行,大大提高了国家的办事效率,韩国一改往日的暮气,顿现勃勃生机。

变法的第三步是强军。申不害建议整肃军兵,并主动请命,担任上将军。韩昭侯看到了变法的希望,对申不害大为赏识,哪能不准?于是,申不害成为上将军。申不害上任,首先将贵族的军队收为国有,接着将贵族的私家亲兵收编为国有。而且,这些军队不能独立成军,一律与原有的国兵混编,重新整合成军。整合完毕,随即进行严格的军事训练,不听令者立斩。军风军纪,大为改观,一支战斗力极强的军队很快形成了。

这为强大韩国奠定了基础。申不害没有罢手,他认为要强大不光要强兵,还要富国。富国必须开发土地,发展生产,《太平御览》记载其言:"四海之内,六合之间,曰'奚贵,土,食之本也。'"他还说,"必当国富而

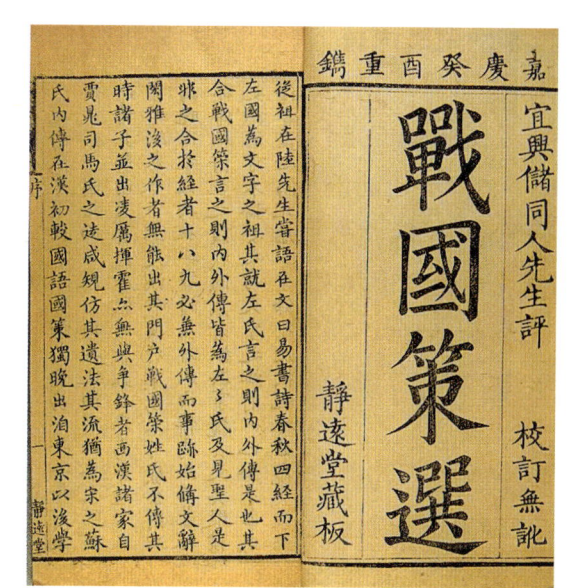

《战国策》书影

粟多也。"可以看出，他极力主张百姓多开荒地，多种粮食。国有存粮后，申不害又大力鼓励发展手工业，特别是制造兵器。所以战国时代，韩国冶炼铸造业比较发达。有如《战国策·韩策一》所说，"天下之宝剑韩为众"、"天下强弓劲弩，皆自韩出"。

申不害变法之后，韩国迅速强大。由于他"内修政教，外应诸侯"，巩固了韩昭侯的专制地位，富裕了百姓生活，强大了军事力量。诚如《史记·老子韩非子列传》所称："终申子之身，国治兵强，无侵韩者。"这说明韩国处于强国的包围之中，却能安然无事。因为他们完全可以和齐、楚、燕、赵、魏、秦抗衡，站立于战国七雄之中毫无愧色。

智勇双全的蔺相如

蔺相如是赵国的宰相，今临汾市古县蔺子坪即有他的坟墓。缘此，不少人认为这里是他的家乡。蔺相如的家乡有多种说法，有人说是河北邯郸的蔺家河村，有人说是河南安阳县许家沟乡古相村，有人说是泽州人，古县人则说是在蔺子坪村。司马迁在《史记》中仅仅简单写道"蔺相如者，赵人也"，这就给后世留下了争端。无论怎么说，蔺相如刚从家乡走出去时，他的地位很低下，只是宦官缪贤的舍人。舍人多是闲人，直到缪贤犯了罪，这才给了蔺相如出头的机会。

事情还得从和氏璧说起。和氏璧是一块闻名各国的美玉，缪贤竟然得到了。他喜不自禁，到处吹嘘。赵惠文王得知了，就要缪贤将和氏璧献给他。缪贤怎么舍得将这么心爱的宝物送给别人呢？他正犹豫，赵惠文王已等不及了，借打猎为名出了宫殿，突然车头一转来到缪家。将士们翻箱倒柜一阵搜索，和氏璧到了赵惠文王的手中。

和氏璧被搜走了，缪贤还惹下杀身之祸。他要投奔燕国，认为当年他出使时燕王待他极好，蔺相如却说不妥。蔺相如认为，当年缪贤出使燕国，燕王亲近他，是因为赵强燕弱，为的是讨好赵王。"如今您犯了罪，逃亡而去，说不定为了讨好赵王，燕王会把您绑缚送回赵国。"这番话说得缪贤茅塞顿开。他慌忙袒露上体，伏在铡刀上前去请罪，这才得到赵惠文王的赦免。

缪贤的大难过去了，赵惠文王的祸事来临了。祸因还是和氏璧。秦昭襄王听说赵王得到和氏璧，就来信要用15座城市换这块宝玉。这可难住了赵王。不给，秦强赵弱，惹不起；要给，明明知道秦王不会给15座城市，只能是拱手相送。怎么办？就在这时，缪贤将蔺相如推荐给赵惠文王。于是，舍人蔺相如变成使臣，临危受命，携带和氏璧前往秦国。

古县蔺子坪蔺相如塑像

秦王在章台宫接见蔺相如，拿过和氏璧欣喜若狂，反复玩赏，还送给后宫美人玩赏。早忘了蔺相如，自然闭口不提割让城市的事情。见状，蔺相如对秦王说，和氏璧有个毛病，我指给你看。接过宝玉，他双手握紧，连退数步，靠近殿中的一根柱子，声色俱厉地说："大王去信要这块美玉，赵国文武大臣都不主张给您，认为您贪婪无度，又十分强横，不会给15座城市。我则对他们说，秦王不会为一块玉石而影响自己的声誉吧！于是，赵王斋戒5日，郑重将和氏璧交给我献给大王。没想到大王真的不讲信义，那我只好和这块美玉一块儿撞碎在柱子上。"

秦王怕他撞碎美玉，连声道歉。当即摊开地图，指划割让的城市。蔺相如却要他斋戒5日，方才交给。5日后，秦王斋戒完备再索要美玉，岂料蔺相如怕他再食言,早就派人将美玉送回了赵国。

这就是完璧归赵的故事。蔺相如智慧过人,立了大功,赵惠文王提拔他为上大夫。

时隔3年,秦王派使者请赵王去渑池参加盟会。赵王害怕,不敢去。大将廉颇说,君王若是不去,各国都认为赵国弱小,对我们不利。

赵王只好硬着头皮前去,好在身边跟着蔺相如,多少壮些胆子。到了会上,秦王同赵王饮酒,喝了几杯,乘着酒兴,秦王说赵王精通音乐,请他弹奏一曲。

赵王不好意思违拗秦王就弹奏了一曲。哪知秦国的史官上来记道:某年某月某日,秦王命赵王弹琴。

这显然是有意侮辱赵王。蔺相如马上前去,端起一个瓦缶要秦王敲打。秦王不肯,蔺相如怒声呵斥:"大王若是不奏,我的颈血马上会溅在你身上!"

秦王迫不得已,只好轻声敲了一下。蔺相如立即回头告诉赵国的史官:"请记下,某年某月某日,秦王为赵王击缶。"

蔺相如在关键时刻,维护了赵王的尊严,也维护了赵国的尊严。回国后,赵王封他为上卿,蔺相如当上了赵国的宰相。

这一来,惹怒了大将廉颇。廉颇是位老将,出生入死,屡建勋劳,官职却没有蔺相如大,心里愤愤不平,公开宣扬要给他难看。蔺相如知道后,有意避免和廉颇正面接触。可是,这一天乘车外出,偏偏碰上廉颇骑着高头大马威风凛凛地走过来。蔺相如赶紧命车夫调头,躲进了一条小巷。这事惹怒了他门下的舍人,都觉得这样太丢脸面,要辞他而去。蔺相如劝慰大家:"诸位说,廉将军和秦王相比谁厉害?"众舍人说当然是秦王。蔺相如问他们:"那么,我不怕秦王为啥怕廉将军?"舍人哑口无言。他告诉舍人,当今赵国安定是因为有廉将军和我共同辅政,若是我们相斗,秦军就会趁乱而入。

众舍人点头称是,对蔺相如更为敬重。

这话传到廉颇耳朵中,他猛然醒悟,大受感动。于是,就背负荆杖前来蔺相如府中认错,这便有了"负荆请罪"的故事。

蔺相如智勇过人,胸襟博大,成为战国时期的一代名相。

"集大成"的荀子

春秋战国时期各种思想流派纷纷登场,道家、儒家、法家、纵横家,百家争鸣。在这闪亮的群星之中,荀子被誉为"集百家之大成者"。

据说荀子是现今安泽县人,山谷里有先辈搭起的茅庐,叫作荀庐。青少年时代,他阅读圣贤竹简,游遍家乡山川。

后来,饱读诗书的荀子远道来到齐国的稷下学宫。这是战国时的学术中心,孟子、邹衍都曾在这里讲学,荀子也登上这里的讲坛,韩非和李斯都是他的学生。荀子很有学问,齐湣王闻知,就召他进宫叙谈。

当时,在列国中齐国是个强国,作为强国之君的齐湣王向荀子请教治国之道。荀子对他说:"处圣人之势,行圣人之道,天下莫忿,汤武是也……"

他谈论这一切时,还是对齐国充满希望。希望齐湣王能够结束纷争,统一天下,重现昔年的尧天舜日。然而,荀子的谈论没能说服傲慢的齐王。荀子离开齐国,另择良君。

荀子来到秦国,宰相范雎会见了他,问他沿途看见了什么,荀子高兴地回答:"秦国边塞险固,形势便利,山川秀美,资源丰富,更重要的是民风淳朴,社会太平。"

范雎看荀子见地不凡,出语惊人,就向秦昭王推举了他。秦昭王见到荀子,向他讨教治国之道。荀子告诉他:"用国者,义立而王,信立而霸,权谋立而亡。"

他告诫秦昭王,治国家的君王,用礼义可以称王天下,靠信用可以称霸诸侯,如果玩弄权术那是自取灭亡。秦昭王也想称霸天下,可是,他急需的是直接称王的谋略,荀子的一番论理没有激发他的热情。

荀子又一次失望了。他离开秦国,来到楚国。楚国宰相春申君和荀子一见如故,就委任他担任兰陵令。兰陵令不是什么大官,荀子却可以

安泽荀子塑像

施展自己的政见。他欣然受命,满腔热情治理兰陵。兰陵很快变了面貌,有了起色。后世有个传说,说是恰在此时,春申君差人辞谢了荀子,原因是他听了别人的流言,恐怕荀子搞乱兰陵。

荀子忧心忡忡走出了兰陵,不知天地间哪里是他施展才干的地方?只好回到赵国。出人意料的是,赵孝成王十分赏识他。他和赵王议论兵法,大谈"用兵攻战之本,在乎壹民",在于争取民心,谈得赵孝王点头称是。当即任他为上卿。赵孝成王用人心切,可是,荀子尚无寸功难以站稳脚跟。朝中怨气冲天,都在诽谤荀子。荀子又一次陷入了迷惘。

正在此时,春申君了解到兰陵情况,明白辞去荀子是错误的,立即派人来请他重赴兰陵。荀子本想为自己的国家贡献才智,以图复兴,可此时怨声载道,指骂他的话语不绝于耳,他只好重返兰陵。

天有不测风云,人有旦夕祸福。正当荀子尽心供职兰陵时,春申君被人杀害。他受到牵连,被免除了兰陵令的职务。

风烛残年的荀子开始著书立说,用心血写成了一部重要著作。他主张治国要隆礼重法,注重民生,要以民为本,并且以水喻民,以舟喻君,指出:"水则载舟,水则覆舟。"一节成了又写一节,一篇成了又写一篇。荀子一气写成了32篇,这些华章流传开去,就是今日的《荀子》。

荀子用一生的风云奔波,生命体悟凝结成了《荀子》。2000多年后,史学家郭沫若回望历史,感慨地说:"荀子是先秦诸子的最后一位大师,他会集百家之成,融会贯通百家之学。"

法家代表韩非

战国时期有个重要的思想流派——法家。

法家可以分为前期和后期,前期的代表人物是商鞅和申不害,后期的代表人物是韩非和李斯。这法家后期的两个代表人物,韩非和李斯都是荀子的弟子。这里所以要写韩非,是因为临汾曾是韩国都城,现今尧

韩非子画像

都区屯里镇有个韩村,据说那里曾是韩国君主的后裔居所。也有人说,作为韩国公子的韩非是从这里走出的。当然,韩非故里还有河南省西平县韩堂村之说,这里不作辨析,只作为一种见解将之列入。

据说韩非就读于稷下学宫时便不同于他人。他勤思多想,经常提出一些新问题,他学到荀子的不少思想观点,又有不少想法和先生大不相同。作为先生的荀子,虽然对孔孟思想提出不少的疑点,对尧、舜、禹却还是颂扬有加。韩非则不同,主张厉行法制,贬斥儒学。他认为:在上古时,人们要躲避野兽的伤害,有人带头在树上作巢,让大家住到树上去,众人推拥他为王,尊为有巢氏。人们吃生食经常生病,有人带头钻木取火,让大家能吃到熟食,众人推拥他为王,尊为燧人氏。中古时,天下洪水成灾,大禹出来治水,人们尊他为英雄。近古时,桀、纣暴虐,商汤、武王率众讨伐,人们尊他们为君王。由此可以知道,各个时代有不同的特点。如果在夏代迷信上古,还要人们在树上筑巢,用钻木取火,那不让大禹笑话吗?如果在商周还迷信大禹治水,那不让商汤、武王笑破肚子吗?同样,在当今完全模仿尧、舜、禹、汤的治世办法,那也是可笑的。

那么,什么是合乎时宜的治世方略?韩非经过反复思考,形成独特见识。他将法家的观点梳理成三派:一派是商鞅,主张法治,也就是用法令来治国;一派是申不害,主张术治,也就是用措施权术治世;另一派是慎到,强调靠威势号令天下。韩非则要求国君将法、术、势结合在一起,统领天下。

韩非是韩国人,他的思想应该先为韩国所用,他也甘为自己的国家贡献才智。韩非将自己的主张书写出来献给韩王安。第一次投书,如石沉大海;第二次投书,如石沉大海;三番五次,仍如石沉大海,韩王安根本没有将韩非的见解当成一回事。韩非没有灰心,他伏案将自己的思想写了下来,写成《说难》,写成《孤愤》,又写成《五蠹》和《说林》,据说韩非先后写成了50万字。这些著作传抄开去,在各国中产生了不小的影响。

很快韩非的著作得到一个人的关注,这个人就是后来统一各国的秦王嬴政,也就是后来的秦始皇。秦王读到韩非的文章拍案叫好,高兴地说:"我要能见到这个人就好了,和他一起相处,死也值得。"

秦王一冲动,竟然出兵攻打韩国。韩国弱小,一听说秦国出兵,韩王慌了手脚。这时,韩非站了出来,说自己有办法说服秦王退兵,韩王没有别的办法,只好请韩非出使秦国。

秦王政十四年(前233),韩非来到秦国。秦王大喜,立即召见。韩非先请求秦王退兵。秦王答应了韩非的请求。韩非见秦王说:"臣有计可以遂秦并天下的心愿,大王用之若不成,请斩臣之头!"

韩非说得斩钉截铁,秦王岂能不信?当即留用韩非为客卿,时不时召他议论国事。

秦王如此喜欢韩非,这便惹恼了韩非的同学李斯。李斯先于韩非来到秦国,经吕不韦举荐作了客卿。后来吕不韦被处死,秦王驱逐吕不韦推荐的客卿,李斯当然也在其中。好不容易有了个客卿的位置,就这么丢掉,李斯实在不甘心。于是,李斯离开咸阳后给秦王写了封《谏逐客书》,托邮使传上。书信中说要建非凡之业,不可只用本国之士,必须用天下人才,而自己就是这样的贤士。秦王看后,突然醒悟,立即派车追回李斯,复位如初。

李斯自以为聪明过人,客卿中唯他最贤,可以深得秦王厚爱,哪里想到老同学韩非猛然插了一杠子。眼看秦王对他的厚爱就要被韩非取代,他妒火中烧,如坐针毡。思来想去,心生一计,立即前去告诉秦王:"各国的公子都亲其主,韩非是韩国的公子,肯定不会一心事秦。莫不是大王攻韩,韩国让他来施离间计?请大王三思。"

这说法引发了秦王对韩非的怀疑。李斯怕此计不成,又怂恿姚贾前去陷害韩非,秦王心鼓又重重敲了一下。第二天,秦王召李斯议事,说:"那么,放韩非归国。"李斯却说:"归国是留后患,不如杀之。"

韩非万万没有想到刚刚有了施展政治抱负的机遇,就要走到生命的终点。是夜,韩非被囚禁在云阳之地,他不解地问狱吏:"我有何罪?"

狱吏回答:"当今之世,有才者非用即杀,何必有罪?"

他绝望了,明白自己难以逃脱虎口,因而自缢身亡。韩非至死也没能明白,是嫉妒置他于死地,而燃起嫉妒怒火的竟是他的同窗好友。

韩非虽然死了,但他的思想通过他的著作《韩非子》流传开去,成为秦王统一中国的严刑峻法的指导思想。

赵国名将李牧

李牧是赵国名将,家乡却是现今的临汾市襄汾县孝村。另有一说是河北省邢台市隆尧人。

他的事迹司马迁《史记·李牧列传》中有记载。司马迁评价李牧是赵国镇守北部边境的优秀将领。李牧长年驻扎在代地的雁门郡,防御匈奴。他也是一位地方官员,有权任命官吏,还有权收取城市的税金,用于士兵们的军费开支。他为士兵们配备了最好的武器,严格训练射箭、骑马。要求他们谨慎地把守烽火台,并不断派出侦察人员去匈奴打探情况。他善待将士,下令每天杀牛犒劳士兵。李牧的部队装备精良,训练有素,打败匈奴胜券在握。令人不解的是,李牧却坚守不出,从不与匈奴交战。而且严令将士:匈奴如果侵入边境抢掠,应当立即进入营垒坚守,有胆敢擅自出战者处斩。

因此匈奴每次入侵,守城的兵士就及时点燃烽火报警,看到烽火后,战士们立即进入营垒防

李牧画像

守,没有一个人敢于应战。

这样过了好几年,守城的将士没有丝毫伤亡和损失。匈奴认为李牧怯战,赵国的边防兵也觉得他胆小怕事。

赵王闻知责备李牧,要他振奋精神,打击来犯之敌。李牧不敢抗命,可回到前线仍然如同往常一样。赵王发怒了,便调他回京,派别人接替他的职务。

新任将领对赵王的命令言听计从,匈奴每次来侵犯,他都贸然领兵出战。但是,每战都败,伤亡损失很多。兵士流血丧命,还不能保证边境上老百姓的安全,土地不能耕种,牲畜不能放牧,边地雁门人心惶惶。这时,大伙儿无不想念李牧。

忻州雁门关

这么过了一年多,雁门越来越混乱,弄得民不聊生。赵王不得不请李牧出山。李牧闭门不出,声称自己有病。赵王知道李牧有情绪,就强迫他领命守边,再次统率军队。这时李牧才说:"大王一定要我去,那要准许我像以前那样用兵,我才敢接受命令。"赵王只得答应他。

李牧到达边境,继续按照原来的策略行事。匈奴前来侵犯,他们仍然坚守不出。一连过了好几年,匈奴一无所得,人们却又安居乐业了。众人都说李牧的办法好。不过日子久了,守边的士兵还是有了怨气,长期不打仗,得不到奖赏,也得不到提拔重用,都希望与匈奴决一死战。这时,李牧让侦探了解匈奴的情况,回报说,匈奴认为李将军胆小如鼠。

李牧觉得战机到了,就挑选了兵车1300辆,精选出战马13000匹,还有曾经获得百金奖赏的5万勇士,能拉硬弓的10万优秀射手,全部组织起来进行军事演习。李牧先组织众人去放牧,满山遍野都是牧民。匈奴派出小股兵力入侵,李牧部众一交手就往后败逃,匈奴俘虏了几千人。匈奴单于听到这个消息,更觉得李牧胆小如鼠,立即率领大批军队浩荡开进。此时,李牧早就布下灵活奇特的战阵,从左右两边包抄猛击,打得匈奴措手不及,仓皇逃窜,十几万人马被斩杀。这一来,李牧的大军士气大振,乘胜出击,终于消灭了襜褴,打败了东胡,迫使林胡投降,单于则逃跑到了很远的地方。匈奴胆战心惊,再没有人说李牧胆小如鼠。这次战役以后的十几年,匈奴不敢骚扰赵国边境。

赵王迁七年(前229),秦国派遣王翦攻打赵国,赵王派李牧、司马尚抵抗秦军。秦国知道难以战胜李牧,不惜用大笔金钱贿赂赵王的宠臣郭开,施行反间计,污蔑李牧和司马尚想要谋反。赵王迁竟然轻易听信谗言,派赵葱和颜聚接替李牧与司马尚。大敌当前,李牧不接受命令,赵王迁就派人秘密逮捕了李牧,把他杀死。接着,撤销司马尚的职务。李牧被杀,王翦大喜过望,率兵长驱直入,攻打进赵国。大败赵军,杀死赵葱,俘虏了颜聚不说,还俘虏了赵王迁。赵国在李牧冤死后灭亡了。

其实,李牧的死不仅加快了赵国的灭亡,也加剧了东方诸国的灭亡。赵国既亡,再没有抵抗秦国的主力,秦军像秋风扫落叶一般向东挺进,秦王政二十六年(前221),秦国荡平六国,建起统一的中央集权帝国。

第五章

走上朝堂的平阳儿女
（秦汉三国时期）

■ 概述

秦始皇统一中国后，建立了中央集权制度，把全国划分为36郡，以后又不断增设，达到48郡，平阳隶属河东郡。境内置平阳（今尧都区金殿镇）、北屈（吉县东北）、绛（曲沃县西南）、临汾（襄汾县西南）、杨（洪洞县西南）、彘（霍州市）、蒲子（隰县北部）等县。西汉取代秦后，市域分属2郡，狐讘（永和县西南）、骐（乡宁县东南）属于司隶校尉部河东郡，猗氏县（安泽县南）属于并州刺史部上党郡。三国时期，全境属于魏国。

纵观这个时段，与建都有关的也可以钩沉出一次，那就是西魏王魏豹建都平阳。可惜，这次建都像流星划过夜空，倏尔便成往事。放在中国历史的长河中观望，几乎可以说是短暂的一瞬。

如此考量平阳，确切的词汇似乎是沉寂。但是，就是在这个时段，从平阳走出去的志士仁人，一次又一次活跃在政治舞台。西汉的开国谋士张良，抗击匈奴拓展疆土的卫青，百战不败的常胜将军霍去病，忠心辅佐幼主的霍光，以及治世能臣张敞、尹翁归，无一不用生命华光照耀历史的册简。当然，他们的生命华光在照耀历史册简的同时，也装点了自己的家乡，为平阳书写了光荣，书写了自豪。

在这光荣和自豪里,平阳人吸取着精神的能源,反哺着自己生活的时代。无疑,这些精神能源,也是后人取之不尽、用之不竭的财富。

西汉开国谋士张良

运筹于帷幄之中,决胜于千里之外。

汉高祖刘邦一句名言,传播九州,名扬千秋。至今,人们评价多谋善战的将领仍然沿用此语。其实,这话原本是汉高祖评价谋士张良的。回望历史,追溯往事,中国历史上不乏胸富韬略的谋士,但像张良那样既能辅主得天下,又能安身保晚节的人确实太少了。

司马迁在《史记》中写道:"留侯张良者,其先韩人也。"韩人自然是韩国之人。韩国疆域博大,何处是张良祖居之地?河南新郑、禹州、郏县,安徽亳县的人都认为张良是当地人。临汾市襄汾县张相村民则认为这里才是张良的故里。而且,东面不远的龟山上还有张良墓。关于张良故里和墓地,《襄汾县志》也有记载。我们不妨站在张相村回望一下与张良有关的历史。秦末起义大军推翻秦暴政后,被灭掉的韩国又复国了。韩国的复国就得益于张良。

公元前218年,当上始皇帝的嬴政又一次东巡出游。行至博浪沙时,青松掩道,绿荫清凉,正悠闲地观赏轿外风光,突然发出一声巨响。他探头看时,只见碎片乱飞,副车被砸乱了。不多时,武士扛来一个铁椎,禀报这就是击碎副车的凶器。秦始皇大惊失色,面容惨白,很明显这铁椎是冲他来的。顿时,他怒目圆睁,青筋暴起,下令:"捉拿凶手,将他碎尸万段!"

凶手早就跑了。就在这逃跑途中,一个千古流传的名字生成了,这就是张良。张良本来姓姬,祖父和父亲都担任过韩国的丞相。韩国的灭亡让他怒火中烧,时刻都想用这把怒火烧死秦始皇,恢复自己的国家。于是,他收买了一位力士,铸造了百斤铁椎,准备让秦始皇粉身碎骨。哪料到,忙中出错,力士击中的只是副车,秦始皇逃过一劫。秦始皇逃过一劫,他却在劫难逃。难逃也得逃,只好改换姓名,就这么变成了张良。

张良画像

在历史上再看到张良时,他也领着一支人马,也是去攻打秦国都城的。他的人马不多,势力不大,就投奔刘邦,为之出谋效力。以致后来收复韩地,得以复国,他也当上了韩国的丞相。

随着南北转战,张良的心胸不断开阔,视野不再局限于韩国,而是要安天下。《襄汾县志》寥寥几笔就刻画了张良安天下的壮举:"乃侯以亡匿之人,佐一泗上亭长,不阶尺土,五载而成一统之业,何功之伟且速哉。"乃侯以亡匿之人,正好记载了张良在同刘邦相遇之前的境况,他刺杀秦始皇未遂,到处躲逃的境遇。他辅佐的还不是什么豪杰志士,不过是泗水一个小小的亭长。一个小小的亭长,只五年,乃侯就将其扶上了天子的宝座,试想乃侯岂是凡人?真让人对张良刮目相看。

首先,张良的成功在于志向远大。张良的远大志向不是远大到一起步就要一统天下,而是随着步履所至,"欲穷千里目,更上一层楼"。韩国被秦灭掉,他的远大志向就是要报亡国之仇。之后,才有了安定天下的抱负。前面已经涉及,这里不再赘述。

胆识超群是张良的第二个特点。这从张良的行迹中可以一目了然,若不是胆识超群,肯定不敢冒险刺杀秦始皇。不过,更能体现其胆识的事情当属鸿门宴。鸿门宴尽人皆知,西楚霸王的利剑高悬在刘邦的头上,稍一挥动,他便会身首异处。若是再一抡,那随从也会血溅几案。这时候,敢为刘邦出谋,又敢陪同他赴宴的当数张良了。而且,让刘邦化险为夷,死里逃生。

胸富韬略可以说是张良的过人之处。张良聪明过人,韬略满腹,这是世所公认的。观览刘邦发迹的脚印,每一个都踩在张良智慧的鼓点上。火烧栈道,令项羽放心刘邦,是张良的主意;下邑之谋,壮大刘邦势力,分化项羽盟友,是张良的主意;假王真封,笼络韩信,是张良的主意;四面楚歌,瓦解项羽部卒,是张良的主意。刘邦得天下,张良起到了决定性的作用。

不贪富贵更是张良难得的品质。毋庸置疑,张良是依靠智谋成就刘邦,成就西汉的。但是,他的智谋全靠精神品格的运载和施行,倘若他没有高贵的人格,那再高的智谋也难免会陷于不仁不义。在诸多品格中,不贪富贵是张良精神品质的根本一点。话说项羽自命西楚霸王,定都彭城,计功割地,一下分封了18位诸侯王。按照原先的约定,谁攻入关中谁做关中王,那刘邦自然应占据这优越地盘。然而,霸王只封了他个汉王,统辖偏僻荒凉的巴蜀。分封大势已定,各路诸侯即要返回封地。这时候张良已是韩国的司徒,也要归国,等于就要和刘邦分别。刘邦还算仗义,不忘张良在鸿门宴中的大恩,赐给他百镒金,二斗珠。镒是古代的重量单位,有说一镒等于二十两的,也有说一镒等于二十四两的。百镒黄金不是个小数目,何况还有二斗价值连城的珍珠呢!若是换个人真是求之不得呀!偏偏,张良谢绝了。刘邦坚决要赏赐,不收下两人都有点下不了台的架势。转念一想,张良收下了;转身一送,张良将这黄金和珍珠如数送给项伯了。

项伯是张良的好友,又在项羽大操干戈要进攻刘邦时通风报信,转送他有报恩的意思。张良在送礼时还给项伯送了句话,说是刘邦的封地小些,有点亏待。这项伯也够哥们儿义气,收了礼物,也收下了张良的意思。转身一送,就把张良的意思变成自己的意思送给项羽,不过,却留下了礼物。项羽碍于项伯的面子,大发慈悲,把汉中也封给了刘邦。这百镒金和二斗珠用的真是地方,用得值!如果张良要是见财眼开,慷慨收下,挥霍享用,那刘邦可能深陷巴蜀,能不能出川还真难说,哪里还敢奢望当皇帝。

张良不贪富,也不贪贵。不贪富,用自己应得的财富给刘邦兑换了一块丰满羽翼的根据地;不贪贵,为自己留得了安度晚年善始善终的万世美名。不居功自傲,甘于清贫,这是何等高尚的人格啊!

魏豹建都古平阳

秦汉交替之际，西魏王魏豹曾在平阳建立都城。

论及这次建都，应该从魏咎说起。战国时期，魏咎被魏王封为宁陵君。可惜好景不长，秦始皇灭掉了魏国，统一了各国，魏咎也失去了他那及时行乐的领地，无疑他胸中憋着一股仇秦的火气。秦末农民战争爆发了，陈胜、吴广揭竿而起，魏咎正好发泄这股恶气。于是，他就追从了起义队伍。不久，陈胜派遣周市攻打原魏国的地方，很快战斗告捷。这时，大家推举周市为魏王，周市坚辞不受，主张拥立原先魏王的后代，因而，魏咎趁机当上了魏王。只是立足未稳，秦将章邯率兵攻打魏地，魏咎兵力不足，陷入重围走投无路，自焚而死。

混乱中只逃走了一支人马，这就是魏豹带走的那支。魏豹逃到楚地，楚怀王支持他收复魏国地盘，拨给几千人马，他卷土重来。也该魏豹出头露脸，他返回魏地，恰逢项羽打败了章邯，章邯投降了。兵败如山倒，将领投降，兵卒再没有守城卫土之心。魏豹轻轻松松占领了魏国20余座城池，算起来地盘不小，兵力不少，也就以魏王相称。

项羽入关时，魏豹也随之征战，攻下咸阳后，项羽无心居留，执意回返，自称"西楚霸王"。随即大封诸王，一共封了18位，魏豹就是其中的一位，只是原来的魏王被封为西魏王，也只占有魏国的一部分地盘。史书记载，这一年为公元前206年，西魏王定都平阳。

平阳这次建都时间太短了，仅仅一年多。虽然时间不长，却经历了几次风云变幻。

霸王项羽分封诸王后，率兵东征，节节胜利。但是由于军纪不严，兵士扰民，弄得百姓惶恐，纷纷抵抗，很久难以平息各地战火。此时，汉王刘邦明修栈道，暗度陈仓，一举占领关中。接着，挥师东进，攻下韩国不少地盘，又挺进西魏国。西魏都城平阳危在旦夕。西魏王魏豹眼见大事不妙，干脆挂起白旗投降。

投降就投降吧，历史上的降将又不是一位，能过安稳日子就行了。历史却没有给魏豹这种福气。魏豹投降后，汉王趁机抢占地盘，钻进彭城过起安乐日子。魏豹也居住在那里，过得逍遥太平。哪知，霸王项羽闻知彭城失守，当下大怒，立即领兵杀来。项羽气盛，勇不可敌，扑进城中，连续斩杀几员大将，常山王申阳出来抵挡也被杀死！汉王刘邦慌了，催促魏豹出营上阵。魏豹哪里是项羽的对手，项羽大喝一声，魏豹的马磕绊一下与项羽撞了个对脸。多亏距离过近，项羽的长戟无法施展，只用戟杆打掉他的头盔。魏豹吓得魂不附体，慌忙勒马逃命。项羽一心要拿汉王，不去追他，他才捡回一条小命。

彭城之战，虽然没有杀死汉王刘邦，刘邦却被打得落花流水。还算侥幸，刘邦逃了出来。逃到下邑安定惊魂，收拾残兵，准备报仇雪耻。诸将到齐后，听候命令，打算反击。唯有魏豹声称母亲有病要归里探视，也算汉王刘邦宽宏大度，答应他回去。哪知，魏豹回到平阳立刻变成另一副嘴脸。他审时度势，以为霸王势大力强，胜于汉王，于是就宣布叛汉联楚。项羽当然高兴，只是惹怒了刘邦。这个反复无常的小人，实在可恶，刘邦就想出兵讨伐。不过，当今的主要对手是楚王，若是能劝服魏豹最好，因而派郦食其去当说客。条件还很优惠，只要魏豹归顺，"吾以万户封若。"（《史记·魏豹彭越列传》）

郦食其到了平阳，见了魏豹，仗着三寸不烂之舌，反复陈情，言明祸福，魏豹却如秋风过耳般听不进去。也许，他真被霸王那杆长戟吓破了胆，真怕撞在他的手里成为冤鬼。任凭郦食其说得天花乱坠，魏豹绝不归顺，回答是："人生一世间，如白驹过隙耳。今汉王慢而侮人，骂詈诸侯群臣如骂奴耳，非有上下礼节也，吾不忍复见也。"（《史记·魏豹彭越列传》）劝降无效，郦食其告败而归。

郦食其归汉报明情况，刘邦大怒，马上命令韩信为左丞相，率领曹参和灌婴二将讨伐魏豹。韩信领兵来到临晋渡口，向对岸一看，遍地都是西魏兵，防守十分严密。眼前的黄河又波浪汹涌，怎么过去呢？

韩信派出兵士打探，回报说夏阳地面魏兵较少。当下传命，令曹参引兵入山，砍伐树木，不论大小，均扛回来。令灌婴领兵入市，购买瓦罂，每罂要能纳粟二石，至少购买上千件。过了几日，木料、瓦罂均已备齐，

吉县壶口瀑布

河津龙门古渡口

韩信又命令用绳索将木料和瓦罂捆绑起来,名为木罂。又过了几日,木罂准备齐全,韩信命令渡河。

这是个黄昏,灌婴在临晋渡口摇旗擂鼓,却不发一兵一卒。韩信、曹参带领兵士,携了木罂直奔夏阳。到了渡口,将木罂放入水中,每个木罂坐二三个兵士,用长枪划动,向对岸漂去。等到西魏兵发觉时,汉兵已经登上河岸,冲杀过来。西魏兵大败,仓皇逃窜。

魏豹听说韩信率汉兵渡过黄河,连忙领军堵截,汉兵虽少,自知背后就是黄河,有进无退,拼命冲杀。魏兵不是对手,抵挡不住,节节败退。几经转战,韩信将士将魏豹团团围住,将士正要冲杀,韩信传令喊话逼魏豹投降。魏豹眼见胜利无望,抵挡无用,只好下马伏地,束手受擒。

韩信将魏豹押上囚车,同往平阳,到了城下,魏兵见魏豹已经投降,无心再战,打开城门,迎接汉军将士入城。

平阳,作为西魏都城的短暂历史就这么结束了。

曹参受封平阳侯

前面说过,曹参是同韩信一起征讨西魏王魏豹的大将,由于他功劳颇大,刘邦就封他为侯,而且是平阳侯。曹参原籍沛县,是汉高祖刘邦的同乡,从刘邦反秦即起兵追随,屡建战功,他被封为平阳侯,便使一批平阳人在汉朝政治舞台上有了施展才能的机遇。

曹参所以被封为平阳侯,首先是因为随同韩信打败魏豹。曹参是一位猛将,又极具谋略。韩信和曹参、灌婴率兵到了临晋渡口,看见对岸防备森严,就命令他们二人分别带兵伐木、买罂。灌婴不解其意就问曹参,曹参明白这是秘密不好直言,就婉言说,元帅命我们置办,自有用处,我们尽快准备就是。

由此可以看出,曹参对于用兵的谋略机密十分通达,又能巧妙理事,分寸得当。

按照韩信的运筹,灌婴在临晋渡口击鼓呐喊迷惑敌人,韩信和曹参乘坐他们自制的木罂漂渡到夏阳对岸。突然上岸,向西魏兵发动攻击,为首的大将当然就是曹参。魏豹在此陈兵本就弱小,根本不是曹参的对手。曹参一路突进,势如破竹,很快杀到安邑城下。守将王襄,连忙迎战,曹参挥戈,与之厮杀。稍战几个回合,曹参佯装不支,留个破绽。王襄见有机可乘便抢刀劈来,曹参轻身一闪,王襄便扑在面前。曹参顺手扯住丝绦,将他拽下马来,活活擒拿。西魏兵见主将被俘,不敢再战,有的投降了,有的逃跑了,安邑城被曹参攻破占领。继而,韩信和曹参大举进攻,生擒魏豹,攻取了西魏都城平阳。接着,曹参和灌婴分头行动,将魏豹所属地方一一收取归汉。刘邦为了表彰曹参的功绩,就将平阳赐给他作为食邑。

曹参在历史上名声颇好。他战功赫赫,决不居功自傲,一旦需要出征,立即上马攻杀,这里仅举几例:

曹参画像

占据平阳后,韩信要扩大领地,进攻代郡,曹参领命,充当先锋,率军进击。刚到代郡,守将夏说便出来迎战。曹参跃马持刀,直指夏说,两人挥动兵器战了二十回合,不分胜败。就在此时,曹参虚晃一刀,拍马逃走。夏说哪里肯放,死死追赶,寸步不离,一直追了二十多里。忽然,两边杀声喊起,汉兵包围了夏说。夏说拨马要逃,却已没有退路。曹参上前劝他投降,他非但不听,还大骂汉军。曹参飞刀砍去,正中夏说马臀,他当即坠落,被曹参一刀砍死。就这样曹参攻占了代郡。

几乎韩信所打的大战,都能看到曹参拼杀的身影。韩信曾被封为齐王,那是由于他攻占了齐地。攻占齐地的战役曹参也参加了。那时坚守齐地的是楚将龙且。在韩信眼中,龙且是位劲敌。在战胜这位劲敌上,他颇费了些心思。他在潍水西岸,龙且在东岸,于是他便在水上做文章。他命将士赶办布囊,装土堵塞河道,水流一小,他便率军过河与龙且厮杀。战不多时,他即败退,龙且不知是计,紧随其后追杀而来。此时,一声炮响汉兵揪掉布囊土袋,大水横流,淹死了不少楚兵。已杀过岸来的龙且和少数兵士侥幸活命,但被切断后援,孤立无助。曹参率兵杀了过来,龙且顿时陷入天罗地网,无法逃脱。战不多时,曹参就斩了龙且。接着,大军过河,所向披靡,就这么攻克了齐地。

如果说,这些战斗都是韩信指挥的,那进攻胶东却是曹参独立作战。史书记载,曹参兵进胶东,勇猛无比,攻下城池,杀了守将田既,又立下一功。

正由于曹参战功卓著,汉高祖六年(前201),刘邦封他为平阳侯,食邑10630户。

韩信以谋反的罪名被杀后,众大臣一致推举曹参出任丞相,认为他

"身被七十创,攻城略地,功最多,宜第一"。(《史记·曹相国世家》)但是,汉高祖刘邦更宠信萧何,就任用他为丞相。曹参毫无怨言,干脆辞去左丞相,专意给刘邦的长子齐王做相国。公元前193年,萧何去世,曹参顺理成章当了丞相。朝野上下都认为曹参会有大的举措,要废除萧何时的规矩礼法,重新实施新政。然而,曹参整日饮酒,几乎不理政事。有人前来劝说,曹参不停敬酒,直到灌醉对方为止。

汉惠帝埋怨曹相国不理政事,对曹参的儿子曹窋说:"你回家后,试着私下问问你父亲,高帝永别了群臣,皇上又很年轻,您身为相国,为啥整天喝酒,不考虑国家大事呢?但不要说这是我的意思。"

曹窋趁假日休息回家,闲暇时把惠帝的意思变成自己的话规劝曹参。曹参听了大怒,打了曹窋200板子,还告诉他,快点儿进宫侍奉皇上,国家大事不是你应该说的。

后来曹参上朝,惠帝责备他不应惩治曹窋,说明是自己让曹窋规劝他。

曹参谢罪后问:"请陛下自己仔细考虑一下,您和高帝谁强?"惠帝答:"我怎么敢跟先帝相比呢?"曹参又问:"陛下看我和萧何谁更贤能?"惠帝答:"您好像不如萧何。"曹参说:"陛下说得对,高帝与萧何平定了天下,法令已经明确,如今陛下垂衣拱手,我等谨守遵循不就很好吗?"惠帝笑而曰善。曹参为相,正如司马迁评价的那样,"举事无所变更,一遵萧何约束"(《史记·曹相国世家》),使百姓安居乐业。这便有了成语:萧规曹随。

曹参出任丞相三年后去世了,死后谥为懿侯。

歌女皇后卫子夫

公元前139年,汉武帝去渭河边主持祓礼,也就是过上巳节。礼毕,他去看望姐姐平阳公主。在平阳公主家中,他看上了一位歌女——卫子夫,回宫时把她带走了。对于皇家来说,选中一位嫔妃不是什么大事,但对于平阳人来说,却是跨上政治舞台的极好跳板。

要说卫子夫进宫的事情,还需要从平阳侯家中说起。前面已经说过,曹参因为功德卓著被封为平阳侯。他去世后,儿子曹窋承袭了平阳侯。汉惠帝时,曹窋担任过中大夫,吕后专权时还做过御史大夫。他去世后其子曹奇继承了平阳侯。7年后,曹奇去世了,他的儿子曹畴继承了平阳侯。汉景帝将女儿阳信公主嫁给曹畴,从此阳信公主改称平阳公主。卫子夫入宫的事情就是这位平阳公主精心策划的。

不过,平阳公主一开始没有把眼睛盯在卫子夫身上。她的目光盯在弟弟刘彻身上。刘彻是后世谥为汉武帝的皇帝,皇后是和他两小无猜的陈阿娇。不知为何,好些年了阿娇没有生育,这对皇家来说可是关乎祖宗基业的大事。平阳公主注意到这事,而且悄悄做起手脚。她秘密收养了一些大户人家的美貌娇娘,在府中教歌训舞,盼望汉武帝能选中一两个带回宫中。那她就为皇弟,也为汉室立下了不小的功劳。

应该说,汉武帝刘彻在上巳节走进姐姐平阳公主府中,就是她一番苦心的良好开端。她不失时机地讨好皇弟,要这良好开端有个良好结果。她宴请皇弟,席间把她精心训练的美女队叫出来歌舞助兴。当然,助兴只是礼貌的说词,实际目的却只有她心知肚明。一个美女上来了,又一个美女上来了,眼看美女们都露面了,皇弟只管饮酒没有看中一位。这实在有些意外。

平阳公主当然不愿意就这么罢手。忽然,灵机一动把自家的歌女卫子夫唤上场来。世界上的事情就这么奇怪,往往是有意栽花花不开,无心插柳柳成荫。卫子夫一亮相,就吸引住了汉武帝的目光。他酒不喝了,菜不吃了,直勾勾盯着这位歌女。一曲歌罢,汉武帝说要更衣,平阳公主自然明白他的意思,立即让卫子夫前去侍奉。更衣出来,汉武帝神情兴奋,卫子夫云鬓发散,平阳公主好不喜欢。果然,汉武帝对卫子夫一见倾心,回宫时带走了她,并赏赐平阳公主黄金千斤。

世界上没有一条笔直的路可走,卫子夫入宫也不一帆风顺。汉武帝带着卫子夫进宫迎面碰到一张冷脸,皇后陈阿娇的脸好不难看。说起来,皇后的母亲是汉武帝的姑母,当初为了能立他当太子,他的母亲极力讨好姑母,姑母也确实起了重要作用。他登上皇位其中有姑母的汗水和心血,姑母对他恩重如山。况且,他和阿娇从小在宫中长大,儿时常在一起玩耍,还有点青梅竹马的意思。有一次,姑母问他长大娶媳妇吗?他说娶。姑母说让阿娇给你当媳妇行吗?他说好。姑母说,那你给阿娇个什么礼物呢?他顺口就答盖一座黄金屋。成语"金屋藏娇"就是这么来的。所以,当汉武帝跨进宫殿门看见陈皇后时嘴顿时软了。陈皇后问他带回来的卫子夫是什么人?他只能搪塞是歌女。就这么,卫子夫被列入另册。

时光飞驰,不知不觉卫子夫被冷落了一年。这一天,汉武帝要放还宫中的嫔妃歌女,行前当然要一个一个过目。无意间他看到一双令他心动神颤的目光,这是卫子夫的双眼。这双眼睛流着泪,那泪水一下打动了汉武帝的心。

卫子夫被继续留在宫中,并很快得到汉武帝的宠爱。从此,两人如胶似漆,再也难以分离。这事自然逃不过皇后陈阿娇的眼睛,她和汉武帝吵闹,还叫嚷到母亲那里,母亲又闹到皇太后那里。皇太后叫来皇儿问话,汉武帝只说,我怕皇家断了根呀!

是啊,不孝有三,无后为大,普通子民尚是这般,何况皇家呢!皇太后无话可说,姑母也无话可说,谁叫皇后不生育呢!陈阿娇有气归有气,也不敢明目张胆撒气,自知不能生育缺个理呢!

陈皇后不撒气是没有找到撒气的茬口。有一天,她听说卫子夫的弟弟卫青当了宫卫,立刻想要耍威风,很快派人抓住他要杀,未待下手,却被人抢走了。事情重大,卫子夫连忙禀报汉武帝。武帝认为一定是皇后搞的鬼,他没有收拾陈阿娇,却比收拾陈阿娇还要厉害。他知道,阿娇这是打击卫子夫,于是就传令后宫,封卫子夫为夫人,夫人的爵位只比皇后低一级了,眼看卫子夫就要危及自己,陈阿娇哪里甘愿就此罢休?

陈皇后听信了女巫的谎言,在宫中偷设祭坛,让她们喃喃念咒,企图咒死卫子夫,让汉武帝怀念旧情,与她重归于好。可是,就在陈皇后大作巫法时,卫子夫生育了,虽然是个女儿,也是刘彻的骨血呀!汉武帝更加喜欢卫子夫。

这天,汉武帝在宫中走动,突然刮来一阵狂风,弄脏了他的面目。他很不高兴,就命人在宫中搜查。不搜还罢,一搜,查出了皇后纵容的那些女巫。汉武帝大怒,杀了女巫不说,还杀了从巫的300多名太监、宫女。

陈阿娇逃过一命,却被废除,打入冷宫。

不久,卫子夫生下一个男婴,这就是后来被立为太子的刘据。卫子夫更为得宠,终于被册封为皇后。

卫子夫的受宠让她的家族荣显起来,她的大哥卫长君位居侍中官,相当于宫廷警卫官;她的弟弟卫青官居大将军,不久娶了汉武帝的姐姐平阳公主;她的大姐卫君孺嫁给公孙贺,公孙贺被封侯,官至宰相;她二姐的儿子霍去病,也被封为冠军侯,位至大将军……因而,当时流传着这样的歌谣:

生男无喜,

生女无怒,

独不见卫子夫霸天下。

卫青抗击匈奴

卫青是西汉抗击匈奴的赫赫战将。他出征之前,汉代抵御匈奴的战争没有一次取得胜利。卫青披挂上阵,率军作战,才扭转了局面。经过数年征战,平息了匈奴,安定了边塞。

卫青是卫子夫的弟弟。他的母亲卫媪在平阳公主府中当奴仆时,和从平阳府来当差的小吏郑季同居生了他。后来,郑季当差期满回平阳,就由母亲带着他。卫青七八岁时,母亲想让他读书识字,将他送回父亲郑季身边,也就是回到平阳居住。哪知道,他的父亲郑季不仅在平阳有妻子,还有孩子。继母对卫青咋看都不顺眼,不仅没有让他上学读书,而且甩给他一支羊鞭,让他去放羊。每天,太阳爬上山梁,卫青就揉着难以睡醒的双眼,打开栅栏门,赶着羊群朝姑射山下的野草滩走去。一直到太阳落山,他才能疲惫地回来,饿了啃口干粮,渴了喝口泉水。卫青就这样在艰苦的日子中成长,还长成了个壮实的小伙子。

母亲得知卫青的境遇,将他接回长安。平阳公主出入喜欢骑马,正好需要一位骑奴，卫青就充当了这个角色。每次公主外出，他便拉马拽镫将她照顾得十分周到。公主居家的时候，他便精心喂马驯马。马长得膘肥体壮，走起来威武雄壮，平阳公主也就无比体面。她很满意这位小伙子的周到侍奉，但她做梦也不会想到日后小伙子会成为自己的夫君。

当骑奴的卫青忽然进宫了，成了建章宫卫，那是因为姐姐卫子夫入宫，成为汉武帝喜欢的嫔妃。卫青改变命运的机会来临了，但是，首先横在他面前的是一场大祸，这似乎是对他的又一次磨炼。这日，卫青正在宫中行走，突然跑来一队兵卒，捆绑了他就走，口口声声要去见陈皇后。陈皇后对他姐姐卫子夫的入宫恨得咬牙切齿，卫青明白杀身之祸来了！幸亏好友公孙敖闻知，带着一队快骑冲过来，打败兵卒，抢了卫青就走，他这才幸免一难。

姐姐卫子夫连忙将此事禀报皇上，汉武帝十分恼火，又不便和陈皇后发作，就来了个对着干，你打击，我重用，破格任用卫青为建章宫监，

卫青塑像

加官侍中。建章宫监是管建章宫卫的,而且还兼侍中,侍中就是皇帝的贴身随从。这一来,陈皇后再生气也没法惩治卫青了。

秦末汉初,北方的游牧民族匈奴渐趋强大,屡屡侵入汉地,骚扰民众。任何朝代,对于外族入侵都是痛恶的。按说,痛恶即应出兵抵御,然而,西汉开国之初,经济凋敝,民不聊生,堂堂皇帝尚难备到4匹一样毛色的马匹,将相们更是无马驾车,只能委屈在牛车里出入朝野。国力不济,无法抵抗匈奴,只能忍气吞声,和亲求全。汉高祖不惜把汉宗室女嫁给匈奴单于,每年还要送去大量财物。后来,经过文景之治,国力逐渐增强,到了汉武帝刘彻时代,国家开始出现"天下殷富,财力有余,士马强盛"的兴旺景象。

对于中原的这一变化,匈奴本应有所了解,有所收敛。孰料,匈奴却未能把握大局。公元前142年,汉武帝刘彻即位的第二年,匈奴骑兵再次攻进雁门关,雁门太守冯敬激战阵亡。匈奴骑兵一路南进,狼烟卷裹,生灵涂炭,据说,一直骚扰到卫青的家乡平阳。《古代名将传》一书就有"青少年时代的卫青便听惯了战争的号角,看惯了边塞的烽火"的描写。

汉武帝决心抗击匈奴,稳固边疆。他着手实施两条大计,其一,固守边郡要塞,派出飞将军李广等将领镇守边关;其二,训练精锐部队,针对匈奴骑兵行动迅疾的特点,组建和训练骑兵,还雇用了精于骑射的匈奴人当教练。公元前133年,匈奴再度侵犯,交战中有胜有败,西汉仍然难以控制战争的大局。为改变这种局面,汉武帝时精心策划了马邑之战。此战汉室动用了10万将士,结果因为老将犹豫,按兵不动,放跑了匈奴主力,一场反击战化为泡影。

汉武帝不再重用原来的老将,他的目光盯住了卫青。公元前129年,汉武帝破格封卫青为车骑将军,要他统领将士,抗击匈奴。此次北进,兵分四路:李广由雁门关发兵、公孙敖从代郡开拔、公孙贺从云中出师、卫青从上谷(今河北怀来)出发。出兵时各路兵马意气风发,归来时战斗结果令人惊诧:李广被俘,所幸死里逃生;公孙敖损兵折将,三分之二人马没了下落;公孙贺还算侥幸,无功无过,平安而回。独有首次征战的年轻将领卫青,统领万名部卒,打出长城,直捣匈奴龙城,冲杀到单于祭天和首领聚会的地方,斩杀700多人。一军独胜,凯歌还朝。其景况恰如唐朝诗人杨炯所赞颂的那样:"烽火照西京, 心中自不平。牙璋辞凤阙,铁骑绕龙城。"卫青旗开得胜,汉武帝大喜过望,赏封他为关内侯。汉武帝所以这么兴奋,是因为汉朝打胜了抗击匈奴以来的第一个战役。

第二年,秋季马肥,天高气爽,匈奴大队骑兵再度南下骚扰。先是攻破辽西,杀死太守。接着又从辽西打到渔阳,渔阳守将韩安国大败而逃。继而,匈奴骑兵西进,势如破竹,锐不可当,很快便攻进雁门关。西汉北部边郡处在危急之中,各地告急文书飞奏朝廷,京都长安一片惶恐。

卫青临危受命,挂帅出征。卫青领命后,了解战局,分析敌情,他认为匈奴虽然千里奔袭,斩将夺关,不可一世。但是,连续征战,士卒疲惫。汉军则养精蓄锐,士气高昂,所以,此战宜速。他率领3万精骑,挥师北上,风驰电掣般开赴前线。激战中,卫青一马当先,冲杀在前,以万夫不当之勇,直取敌将首级。主将英勇敢战,校尉士卒争先,全军上下,拼死冲杀,匈奴骑士哪里见过这般威武之军,信心动摇,无力抵抗,被杀得七零八落,狼狈逃窜。卫青又一次高奏凯歌还朝。

接着,卫青受命打响了收复"河南"失地的战役。所谓河南,其实就是黄河由甘肃北上再向东拐,河道南边的大量土地。匈奴占据了这块适

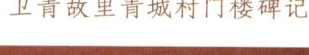

卫青故里青城村门楼碑记

宜农牧的水土，时刻准备窜犯长安，汉室朝廷随时面临着威胁，要解除威胁，必须收复此地。然而，这里有匈奴重兵驻守，战争的难度可想而知，卫青面临着一次新的战争考验。

这次战役显示了卫青卓越的指挥才能。他率兵出征，没有正面出击，而是越过云中，穿插到匈奴的后方。突然掉头，切断了白羊王、楼烦王同单于王庭的联系。进而分兵合围，强攻匈奴大营。匈奴二王始料不及，仓促应战，大败而逃，龟缩回了匈奴腹地。河南失地就这么收复了。汉武帝喜难自禁，晋升卫青为长平侯，食邑3800户。卫青则为将士请功，随同作战的苏建、张次也被封侯。

丢了河南大地，匈奴并不甘心，连年出兵，侵扰杀掠。两年内，匈奴用兵20万左右，掳杀边民1万多。西汉刚刚设置的朔方郡面临着新的威胁。公元前124年，卫青奉命第4次出征了。这一次，卫青统领10万人马，其浩荡威武，非先前可比。卫青居功不傲，冷静分析敌情，合理部署兵力。他亲率3万精骑由高阙出兵，公孙贺、苏建等4位将领则从朔方城一齐北上，实行两路合围。同时，派李息、张次从东北方的右北平出塞，阻止敌人对右贤王的增援。这样陈兵，将主动权牢牢握在手中。

再说，匈奴那位右贤王，也听到了卫青出兵的消息。可是，他认为驻扎的地方离卫青出兵的朔方城和高阙极远，大漠荒凉，路途遥远，汉军很难深入。因而，夜夜稳坐毡帐，欣赏歌舞，饮酒作乐，每每酩酊大醉。卫青得知了右贤王的傲慢麻痹，带领骑兵，长驱夜袭，出其不意，攻其不备。他率领部队，人衔枚，马摘铃，一口气急奔700里，深夜包围了右贤王。右贤王从梦中惊醒，醉意未消，不知是汉兵还是神兵，只见火光冲天，杀声动地。想要抵抗，却部卒散乱，非逃即降，无法收拾。右贤王只好抛下将校士卒，带领数百名亲兵落荒北逃。卫青部将越战越勇，飞马追击，大获全胜。这一战，俘虏匈奴裨王10多人，士卒15000人，还夺得牲畜10万头。

捷报飞回京师，汉武帝兴奋不已，没等卫青还朝，马上派出使者，带着印绶，赶到边塞，拜卫青为大将军。卫青一回都，汉武帝就加封卫青食邑8700户，一下子增加了近5000多户。而且，还封卫青3个儿子为侯：长子卫沆为宜春侯，次子卫不疑为阴安侯，三子卫登为发干侯。当时，卫青这3个儿子还都幼小无知，他坚决推辞请封赏全力奋战的校尉。

汉武帝随即下令封公孙敖为合骑侯,封韩说为龙额侯,封李蔡为乐安侯,公孙贺、李朔、孙戎奴、赵不虞也都封侯。卫青虽然没能辞去3个儿子的封侯,但是,有功战将都获赏封,全军上下群情振奋。

最后一次战役是大将军卫青和骠骑将军霍去病各率5万骑兵,进击漠北。这次战斗规模浩大,参战民夫尚有数十万,运送粮草的马匹就有4万之多。卫青指挥西路军,公孙贺为左将军,赵食其为右将军,曹襄为后将军。此时,匈奴由于得了降将赵信,熟知汉兵战法。伊稚科单于按照赵信的计谋,把大量军资粮草运送到更远的北方,只率领精兵驻守漠北。准备以逸待劳,轻松吃掉长途跋涉的汉兵。

卫青率军千里奔波,到达漠北,征尘未散,突然发现单于精兵强将横立面前,严阵以待。若不是身经百战,临危不惧,卫青大军定然会陷于慌乱之中。卫青沉着指挥,命令部队用战车环绕成营,防止匈奴突袭。接着,趁匈奴犹豫,派5000人马发动攻势,厮杀在一起,阻止了匈奴的主动进攻。

卫青故里青城村门楼

两支大军,从白昼一直鏖战到傍晚,血流尸横,却不分胜负。突然,狂风骤起,飞沙走石,两军对面难见。卫青当机立断,分派大军左右夹击匈奴。到了深夜,汉军斗志更猛,匈奴节节败退,四散溃逃。卫青派兵追赶单于,才从俘虏口中得知,单于早就逃走了。因而,派出轻骑,连夜追击。及至天色见亮,轻骑追赶了200多里,仍然不见单于踪影。只获得匈奴大批粮草,人马饱食一天,稍事休整,踏上归途。

卫青率领的西路军大获全胜。霍去病的东战场也战果辉煌,重创匈奴。从此"匈奴远遁,漠南无王庭"。直到公元前106年卫青去世,双方再没有战事。

十年征战结束了,卫青成了名扬朝野的大将军、大司马,也成了平阳公主的夫君。平阳公主的丈夫曹畤连年患病,不幸去世。去世后平阳公主要再嫁,选准了卫青,她不好直言,就进宫告给卫皇后。卫子夫是靠她入宫的,当然愿意为她说情。卫子夫告知皇上,汉武帝降旨恩准,平阳公主和卫青结成夫妇。此后,卫青殚精竭虑,服侍朝政,直到生命的最后一刻。

平阳父老乡亲为了纪念卫青的功德给他建造了城堡,今临汾城西的青城村即是卫青故城。

常胜将军霍去病

在世界军事史上,霍去病无愧于常胜将军的称号。

霍去病同他的舅舅卫青一样,都是西汉时期抗击匈奴的英雄。而且,他还是舅舅领上战场的。论及出身,他和舅舅不无相似,但说到童年他可比舅舅幸运多了。

母亲卫少儿在平阳公主府中,认识了从平阳府来供职的小吏霍仲孺,同居后生下了霍去病。之后,霍仲孺供职期满回到平阳,去病在长安由母亲抚养长大。此时他的姨姨卫子夫已经入宫得宠,母亲领着他时不时去宫中走动,传说连他的名字也是汉武帝给起的。

一次,汉武帝刘彻患病,高烧不退,卧床休息。凑巧这天母亲抱着他来到宫里。那时他还很幼小,不知缘何哭闹起来。姨姨和母亲都怕惊醒汉武帝,连忙哄逗他。他不哭了,可汉武帝也被吵醒。姨姨和母亲都怕汉武帝怪罪,非常恐慌。哪料汉武帝不仅没有怪罪,还说哭声一惊,他出了一身汗,不发烧了。他问孩子叫什么,得知还没名字随口就说,那就叫去病吧!

霍去病画像

从此,霍去病深得汉武帝的喜爱,稍懂人事就住在宫中受到良好的教育。此时,他的舅舅卫青连年征战,抗击匈奴,取得一个又一个胜利,成为世人仰慕的英雄。霍去病对舅舅十分敬慕,也想挂帅出征,成为一名驰骋沙场的将军。

霍去病18岁这年,舅舅卫青又要出征。他也请求出战,汉武帝批准了,并赏赐他"票姚校尉"的官职,要他率800名精锐骑士冲锋陷阵。霍去病没有辜负汉武帝的厚望,还给舅舅撑起了门面。这一次大军出征战事不顺利,卫青率兵前行,却没有找到匈奴主力。战将苏建、赵信侧面助战,却遭遇匈奴大部队,敌众我寡,难以取胜,血战一天,死伤惨重,汉军失利了。但是,霍去病却给了敌人意想不到的打击。他带领精骑,奋勇挺进,杀进匈奴腹地,不觉间已离开大军数百里了。有人劝霍去病回师,恐怕孤军深入,无人接应,会吃败仗。而霍去病却不,他以为刚刚捕捉到匈奴的行踪,就此罢手,只能是半途而废,只要冲得猛,杀得狠,就能以势夺人,令敌人措手不及。所以,命令铁骑迅速前行,重创匈奴。不待敌人明白过来,他们便纵横冲杀,打得敌人无法招架。结果,杀死匈奴的相国、当户,俘虏了单于的叔父罗姑比,还杀死2028名敌人。首次出击就立下赫赫战功,汉武帝十分激动,赏封他为冠军侯。

首战告捷为霍去病赢得了挂帅出征的新机遇。这一年,汉武帝命令霍去病率领1万将士向西挺进,抗击匈奴。这是他第一次正式率兵作战,朝中大臣都替他捏着一把汗,率军作战,要统领全局,年轻的霍去病面临新的考验。霍去病没有让汉武帝失望,也给了大臣们一个很好的回答。他带领将士越过乌戾山,攻破速濮部,渡过孤奴河,如风扫残云般荡涤了5个匈奴部落。他们转战6天,纵深达千余里,杀死了匈奴折兰王和卢胡王,生擒了浑邪王和相国、都尉等,匈奴将士一听霍去病的名字,就吓得闻风丧胆。

时隔不久,霍去病再次出兵。他本来和公孙敖两路进军,相约会师。途中公孙敖迷了路,久久未至。霍去病只能再度孤军深入,涉过钧耆河,强渡居延水,到达小月氏地区,直向祁连山进攻。一路上,无坚不摧,无敌不克,如摧枯拉朽一般,击破匈奴敌阵。这次出击,俘获了单于手下的单桓王、酋涂王、相国、都尉,连单于的老婆阏氏和王子也被活捉了。共俘获敌人2500人,斩杀敌人3200人。这样激烈的征战,霍去病的人马伤亡不到十分之三,汉朝上下无不叹奇。两次西征,连续重创匈奴,匈奴人悲伤地唱道:"亡我祁连山,使我六畜不蕃息。失我焉支山,使我妇女无颜色!"

霍去病出征归来,汉武帝亲自迎接,并要为他建造官邸,霍去病辞谢说:"匈奴未灭,何以家为!"这话表现了一心为国征战的情操,一时举国上下传为美谈。

霍去病还有一次大的作为,那就是陇西受降。受到霍去病重创的匈奴将士,本来应该得到安抚,岂料伊稚科单于不仅不好言宽慰他们,而且还要追究责任,要拿浑邪王

霍去病墓石刻马踏匈奴

和休屠王治罪。二人性命危在旦夕,派人密报愿意投降归汉。霍去病领命前去受降,就在此时,休屠王有些犹豫了,和浑邪王发生了分歧。浑邪王趁休屠王熟睡时结束了他的生命,然后用寒光闪闪的利刃威逼手下的将士归顺了他。这些将士显然不服,暗中煽动起事。

霍去病率军昼夜兼程,很快渡过黄河,到达匈奴浑邪王营前。浑邪王闻知汉军前来,部队列阵等候。两军分东西两营排开,遥相对应,气象森严。若是降军有变,立即面临一场恶战,眨眼间便会血流成河。霍去病心虽紧张,但镇定自若,兵士们见将军从容不迫,士气顿增,列队整齐,坦然待命。匈奴兵士见汉军如此整肃,不免胆怯。本来休屠王手下不少人就不诚心投降。此刻,纷纷乱动,暗自煽动起事。匈奴阵营开始骚动。

见状,霍去病毫不犹豫飞马奔入匈奴营中。浑邪王见霍去病前来,匆忙上前迎接。两人阵前商定,立即斩杀叛军,稳定大营。一声令下,两军共同行动,转眼工夫,准备起事的8000名叛军早已人头落地。此刻,浑邪王营垒方才安定下来。霍去病当即决定,浑邪王乘驿站快马,先回长安去见汉武帝,自己则率领降兵4万开赴长安。4万军士加上霍去病的1万骑兵、2万车辆,浩浩荡荡,络绎不绝。大队渡过黄河,逐日推进,全部平安抵达京都。

汉武帝在长安举行了隆重热烈的庆祝大会,设宴欢迎匈奴官兵和部落群众,并且重加赏赐,封浑邪王为万户侯,他手下的4个裨王也封为列侯。数万名匈奴人被分批安置在陇西、北地等沿边各郡,沿用旧俗,编成5个属国。接着,为开发生产,将内地10万汉人迁徙过去。公元前115年,创立了酒泉郡。据说,酒泉这个地方还是因为霍去病而得名的。霍去病连年征战,屡战屡胜,汉武帝赏赐他御酒一坛,请他饮宴。行军途中,路旁遇清泉一眼,霍去病命令启开坛口,将御酒全部倾倒其中。然后请军中兵卒痛饮,从此,这泉被称为酒泉。之后,才有了酒泉这个地名。酒泉设郡后不久,汉朝廷又设立了武威郡,完善了边地建制。安定一段时间后,将武威郡分为武威和张掖两郡,将酒泉分为酒泉和敦煌两郡,总称河西四郡。

霍去病参与的最大的一次战役是和舅舅卫青同时出征的。公元前119年春天,汉武帝颁发了远征动员令。霍去病和舅舅卫青各自率兵5万挺进大漠,霍去病从代郡出塞,连续行军,直接插入匈奴腹地2000多里。他的部队经过严格训练,人人精力充沛,个个雄心勃勃,都想为国建功立业。部将更是这样,右北平太守路博德、北地都尉卫山、校尉李敢和徐自为无不生龙活虎。尤其难得的是,霍去病大胆起用了匈奴降将,复陆支、伊即靬等人都被委以重任。他们熟知地理,习惯在沙漠中长途行军,发挥了中坚作用。

战斗之前,霍去病召集部将研究战术,面对沙漠,制定了轻装快速击敌的方略。轻装上阵,必然少带粮草,部队粮草不足,必然要影响作战,特别是不能持续用兵。他们决定攻敌营寨,夺取粮草,补充自我。以闪电般的速度越过了离侯山,渡过了弓闾河,先遇到匈奴左贤王,不给敌人喘息之机,全力冲击其主力部队。在强大的攻势面前左贤王部队溃不成军,四散逃窜。接着,继续挺进,各部将分头作战,灵活进击,以少胜多,各自斩将夺旗,大获全胜。这次战役,霍去病大军擒拿了匈奴屯头王、韩王,还捉住了将军、相国、当户、都尉83人。斩杀和俘虏的敌人达7万多人。可以说,匈奴左部全军覆灭。从此,匈奴远逃,漠南无王庭,再也没有余力骚扰汉地边塞。战后,霍去病所率各部在贝加尔湖胜利会师,他命令在狼居胥山建立高坛,祭告天地,祭奠烈士,庆祝胜利!

陕西霍去病墓

霍去病战无不胜，被世人誉为常胜将军。可惜这位将军常胜不长寿，年仅24岁便病逝了，给人们留下了永久的思念。

忠心辅主的霍光

如果说卫子夫、卫青和霍去病虽然是平阳人，但是在平阳待的时间都很短，那么，霍光却是从平阳大地走出去的。他能走出平阳，走进长安，进入宫中，得益于他的异母兄长霍去病。

霍去病北征大漠的那次，路过家乡平阳，从接待的官吏名册中发现了一个让他心神温热的名字：霍仲孺，这不是他的父亲吗？他没有见过这位亲生父亲，害怕认错人弄出笑话，就让当地官员晚上将霍仲孺通知到军中大帐。

霍仲孺如约前来，说到他当年在长安平阳公主府中的情形，霍去病确认这就是父亲。就这样，霍去病和父亲相认了。征战在即，霍去病无法和父亲多叙，连夜将老人送回故乡，第二天便踏上征途。北征胜利，霍去病归途不再那么匆忙。他回家省亲，探望父亲大人，要将他接到长安享受荣华富贵。霍仲孺理解儿子的一片孝心，可是出于多种原因，没有应允。霍去病一眼看中异母兄弟霍光，征得父亲同意，他将这位小弟带到京都。

霍光来到长安，进入宫中，受到良好的教育，成长为一个道德品行优秀的青年。当然，由于家族的原因，他轻易就成了宫内郎官。而且，言行有止，办事沉稳，深得汉武帝的赏识，历任奉车都尉、光禄大夫等官职。《汉书·霍光传》记载，霍光"出则奉车，入侍左右，出入禁闼二十余年，小心谨慎，未尝有过，甚见亲信"。

汉武帝到了晚年，已感到心力不济，行将就木。可是，有一件大事压在心头沉甸甸的。他要立刘弗陵为太子，继承帝位。刘弗陵刚刚7岁，难当大任。思来想去，他想到周公辅佐年幼成王的史事，又想到忠厚沉稳的霍光,就命人画了一张周公辅成王见诸侯图,赐予霍光。霍光展图观瞻,立即明白了汉武帝的意思。

没过几日,汉武帝病重,他将霍光、金日䃅等大臣叫来,嘱托社稷,命令侍臣颁诏:立刘弗陵为皇太子,进霍光为大司马、大将军,金日䃅为车骑将军,上官桀为左将军,桑弘羊为御史大夫,与丞相五臣共同辅政,五臣之中以霍光为首。

霍光成为西汉位尊权重的显要之臣。应该说,汉武帝选任霍光辅政,确实是好眼力,选准了贤才。然而,这重担却让霍光殚精竭虑,呕心沥血呀!

8岁的刘弗陵即位后,其兄燕王旦心怀不满,寻机起事。一天,燕王旦突然遣使入都上书,要求各郡国都立武帝庙。霍光当然明白,这是借祭祀武帝抬高自己,准备起事。因而,不予批答,只传诏赐钱3000万,追

加了他的封土。燕王旦目的没达到,气得两眼圆瞪,傲然说道:"依次本应我继承帝位,来做天子,何劳他人颁赐!"

当下与中山哀王刘长、齐孝王刘泽互相串通,密谋政变,铸造兵械,准备发兵。此时,昭帝年幼无知,哪有反抗之力。亏得霍光早有所料,耳有所闻,派人究查,很快平息了祸乱。依律应当处斩燕王旦,但是昭帝新立,不宜骤杀亲兄,只令燕王旦谢罪息事。

一波刚平,又在孕育着更大的风波。霍光的大女儿嫁给上官桀的儿子上官安,生下一女。昭帝12岁时,这女孩不过6岁。上官桀便想让孙女入宫,立为皇后。霍光却说:"女孩太幼,怎合入宫?"上官桀碰了壁,可又不甘心失去这样的机会,就通过丁外人给盖长公主讲情。昭帝年幼,盖长公主料理他的生活,此事还真办成了。上官安因此做了骠骑将军,被封为桑乐侯。为了报恩,上官桀提出将丁外人封为光禄大夫。哪知霍

永和乾坤湾

霍光画像

光还是不同意,上官桀又一次碰了壁。

昭帝14岁这年,霍光赴广明检阅禁卫军官兵。上官桀连忙托人写一奏章,诈称燕王旦劾奏霍光的过失。别看昭帝年少,可这少年天子很精明,拿到奏章一看,上书:大将军霍光出外检阅时,沿途戒严,断绝交通,还预先派皇帝的膳食官给自己准备饮食。总之,大将军专断朝政,恐怕会有阴谋。昭帝看了又看,渐渐放在一边。

这日,霍光上朝时,听说燕王旦弹劾自己,有些迟疑,久不入内。昭帝不见霍光,即召霍光上殿。霍光入内谢罪,昭帝却说:"大将军何罪之有?此奏书是假的。大将军检阅禁卫军是近日之事,燕王旦远在蓟地,怎会知晓?分明是有人要谋害大将军!"

上官桀阴谋告败,居然密谋要杀霍光。派人和燕王旦联系,准备里外接应,杀霍光,废昭帝,立燕王旦。不料走漏风声,被霍光得知。霍光当即入见昭帝,严密部署,将上官桀谋反的死党一网打尽。而后派人持玺书去见燕王旦。燕王旦自知罪大,走投无路,上吊自杀。

大局方才稳定。孰料,刚刚能够主政的汉昭帝刘弗陵竟然病逝,历史又把难题摆在霍光面前。

国不可一日无主,霍光当机立断,在刘氏后代中选拔皇帝,选上了昌邑王刘贺。可惜这个刘贺狂纵无度,除了游猎,无所事事。听说让自己进宫当皇上,喜得发疯,带着一帮哥们儿快马进京,沿途搜索特产,抢掠美女,弄得人声怨沸。及至进宫,不问政事,尽办坏事,27天就下达了1127道要求各官署进奉财物的诏令。如此下去,汉家天下岂不毁在他的手里?霍光犹豫再三,还是以江山社稷为重,奏请太后废掉昌邑王刘贺。

之后经众臣商议,迎立原太子刘据的孙子病已为皇帝。太子刘据是卫子夫的儿子,那年因宫中巫蛊作乱,遭奸臣陷害他被迫逃出皇宫,避祸于山野,后被发现,自杀而亡。他的孙子侥幸流落民间,躲过一死。汉武帝晚年反思往事,倍加伤感,尤其是怀念冤死的太子刘据,因而建造起一座思子宫。立病已为帝也等于了结刘彻的一桩心愿。于是,病已被迎进宫中登基,这就是汉宣帝。

可以说,霍光用他的才智和心血弥补了西汉几乎绝祀的危机。不仅如此,他十分重视民生,采取一系列的政策富民强国,最有历史影响的是他举办"盐铁会议"。这是一次新的创举,会议既有官方代表,又有民间代表,共计60余人。围绕盐铁政策,广开言路,各抒己见,一下开了半年之久。而后委托桓宽整理出会议纪要,也就是划时代文献《盐铁论》。据此,放宽盐铁经营政策,推动经济发展,这是中国历史上关于经济政策发展的第一个大型研讨会。

公元前68年,霍光在成功辅佐了3位皇帝后走到了人生的终点。他安详地闭上双目,享年67岁。他去世后,汉宣帝下令厚葬,用了安葬皇帝的灵车,隆重葬于茂陵。茂陵是汉武帝的陵墓,能享受陪葬待遇是一生最大的光荣。此前,这里已陪葬着他的舅舅卫青、兄长霍去病。

霍光去世后,他的家乡平阳(今尧都区)高堆村为他建造了霍大将军祠堂。

治世能臣张敞

西汉时,平阳出过个除暴安民的名人——张敞。张敞祖籍平阳,即今临汾市尧都区。祖父张孺任上谷太守时,全家迁到了陕西茂陵。父亲张福曾在汉武帝时期当过光禄大夫,由于祖上的缘故,张敞入仕居官了。

张敞当上太仆丞没多久,汉昭帝病殁,昌邑王刘贺继位当上皇帝。可惜,这个刘贺荒淫无度,不理政事,还尽在宫中游玩作乐。看到此情,张敞禁不住为国担忧,因而上书指责昌邑王冷落功臣,任用亲信。虽然言词婉转,但这样指责皇帝也要有不怕死的胆量啊!所幸,十多天后昌邑王刘贺被废,张敞没有祸及自身。但是,这至少说明张敞眼光犀利,刚正无私。

汉宣帝继位后,张敞担任山阳太守。之所以让他到此任职,是因为被废的皇帝刘贺住在这里,要他监督刘贺的行动。张敞到了山阳,时刻关注着昌邑王的动静,除经常派官吏了解他的行踪外,他还亲自前去察看。只见刘贺个子高,人清瘦,面色枯黄,无精打采。他的穿戴不伦不类,穿的是短衣,戴的是武冠,发上插着毛笔,手中拿着竹筒,蹒跚出来,和张敞面谈。这副样子不君不臣,不文不武,滑稽可笑。张敞如实上奏朝廷。

后来,刘贺被封为海昏侯,迁走了,张敞在山阳坐享太平,无事可做,就自荐去治理混乱的地方。汉宣帝闻知,即拜张敞为胶东相。胶东盗贼很多,偷窃成风,弄得民不聊生。张敞一到任就公布政策,如果盗贼悔过可免于惩罚;若能协助捕杀盗贼,还可以评功论奖。差吏们追捕到盗贼,他则马上为之向朝廷请功,先后升为县令的有十几个人。这一来,盗贼个个惶恐,纷纷投案自首,捕杀同伙的立功者也屡见不鲜,胶东很快就太平了。当然,张敞治理胶东也不那么简单,还碰到过一个难题。给他出难题的是胶东王太后,她奢侈浮华,还爱游猎。老百姓连饭也吃不饱,她却劳民伤财,人们多有怨愤,历任官员却毫无办法。张敞要她改弦更张。他不是胡乱惩治,而是先行开导,给她写了一封谏书。在其中先夸她仪容贤淑,再指出她的毛病,倘能改正那百姓肯定称颂恩德。这谏书还真有效,胶东王太后闻谏不再奢靡游猎。她能安分守己,别人哪敢为非作歹,胶东大地社会稳定,民众安居乐业。

此时,京城却不太平了,连续换了几任京兆尹也没治理成个样子。汉宣帝就将张敞调回京城,担此重任。张敞当上京兆尹,没有过早行动。他先微服私访,穿大街、过小巷、进市曹、入店铺,凡是人多的地方都去,将长安城的盗贼头目摸了个一清二楚。然后,将这些头目叫进府中一一谈话,数落他们的罪过。头目们大惊失色,无不惶恐。张敞则告诉他们,如能配合除盗,可以免罪。头目们叩首谢恩,积极配合。

于是,一场缉盗大剧开场了。不过,一上场人们会很纳闷,这些盗贼头目竟然进了官府,成了小吏。那些大大小小的盗贼自然欢喜异常,以为买通了官府,又可以继续为所欲为。这日,官府休假,当上小吏的头目回到家里宴请同伙。盗贼们欢天喜地,全来了。就在他们喝得天昏地暗时,官府的人早盯上了,出来一个,抓走一个,轻而易举就将盗贼全都逮住。一夜之间,京城就变得太平安宁。

张敞机智除盗的事情众人赞赏,汉宣帝也给予嘉奖。作为京兆尹,朝廷每有大议,他都能旁征博引,拿出具体措施,朝中公卿均很佩服。然而,也不乏嫉贤妒能者究其小节,说三道四。张敞身为高官,不摆架子,经常穿着便衣,摇着扇子,在长安街上自由自在地溜达。有时起早了没到上朝时间,便提笔给夫人画眉毛。这就有了成语张敞画眉。这等生活小事居然成为嫉贤妒能者的把柄,竟然在汉宣帝面前告发他行为轻浮,有失大臣体统。汉宣帝竟然还当成个事,亲口询问他。张敞回答说:"臣闺房里边,夫妇间比画眉毛更风流的事儿还多着呢!"汉宣帝虽然一笑了之,但总觉得他缺乏威仪,不应上列公卿。所以他任京兆尹八九年,始终也没有再得到提拔。而且由于其他案件牵连,他还丢了官。张敞闲了没几天,就被任命为冀州刺史,因为那里太乱了。张敞临危受命,来到冀州。到任后一了解,冀州混乱是因为广川王的兄弟勾结盗贼,公开庇护他们。这可真是一着难棋,不治,社会难以安宁;要治,弄不好会搭进自

张敞画眉图

己的性命。张敞不顾个人安危,先到广川王府中劝导。哪知,广川王态度骄横,根本没有将他放在眼中,张敞碰了个钉子。

面对此情,张敞应该知难而退,然而,这不是他的性格。他下决心要为民除害,当即下令严密监视王府。不日,差役来报,盗贼们偷盗东西后钻进王府。张敞果断决定,包围王府,进行搜捕。搜捕刚开始,盗贼就冲了出来,他们依仗广川王的势力公然向官兵进攻。张敞没有被这种淫威吓住,下令缉拿。不一会儿,盗贼一个一个落入掌中。他当即斩了头目,将人头悬挂在衙门外示众。有恃无恐的大盗被除掉,那些小毛贼自然不敢再乱动。这一来,冀州很快平静了。

张敞本该坐享太平,可是,汉宣帝又将这位除暴安民的专家调到了太原。到了太原,张敞又打胜恶仗,安定了社会。张敞刚直不阿,政绩显赫,被载入《中国历代清官传》一书。

惩一儆百的尹翁归

《汉语成语大辞典》里有个"惩一儆百"的成语,标示的出处是《汉书·尹翁归传》:"翁归治东海明察……其有所取也,以一儆百,吏民皆服,恐惧改行自新。"

这里所记的尹翁归是河东郡平阳人,生活在西汉时期。他从小失去父母成了孤儿,跟着叔父一起生活。尹翁归长大后做了监狱里的小吏,通晓汉朝的法律。他还喜欢剑术,一般人都不是他的对手。

尹翁归能被委重任是由于新上任的河东太守田延年慧眼识珠。田延年来到平阳,想找一些在本地当过小吏的人协助他进行治理,于是招来五六十人,尹翁归也在其中。田太守让善文的站在东面,会武的站在西边。众生分开两列,唯有尹翁归站在原地没动。

田太守问他为什么不动?尹翁归自信地回答,我能文会武,做什么都行。

田延年的左右从吏认为尹翁归过于傲慢，可田延年却不以为然，叫过尹翁归提出问题让他回答。尹翁归应对如流，田延年暗暗称奇，当即任命他为卒吏，带回府舍。后来见他处理问题精明强干，诛锄豪强有胆略，对他更加敬重，甚至觉得自己的才能不及尹翁归，便提升尹翁归担任督邮职务。当时河东郡28县分为汾北、汾南两部，尹翁归督察汾南。他执法无私，对所属县中一些犯了法的官吏都严加惩处。那些受到惩处的官吏自知是罪有应得，也没有怨言。田延年被选入朝中担任大司农后，尹翁归随之提升为都内令和弘农都尉。没多久他又被拜为东海太守。

行前，尹翁归想起廷尉于定国是东海人，前去辞行，顺便了解些当地民情。于定国有两个老乡想托尹翁归将孩子带去，给安排个差事。待尹翁归来时他让两个孩子坐在后堂，等着拜见尹翁归。可是，两人交谈了一整天，于定国也没敢提到此事。送走尹翁归后，他对两个孩子说："尹翁归是当今贤吏，为人刚正，廉洁奉公，不便以私相托。我实在不好意思启齿相求。"

尹翁归到东海上任后，首先深入民间查访，把官吏和百姓中的好人、坏人，以及各种违法事情都了解得清清楚楚，并且分县做了记载，然后一个县一个县进行处理。他处理的方法也和别人不同，不是全面铺开，而是打击豪强，杀一儆百。东海郯县有个大豪强叫许仲孙，目无法纪，称霸一隅，老百姓吃尽了苦头，历任太守都剃不了这个硬茬头。尹翁归到任后，毫不犹豫地将他抓捕起来，判处了死刑。处死了罪大恶极的豪强，震慑了其他罪犯，不少人纷纷归案自首。很快东海一带社会治安明显好转，百姓安宁。

尹翁归凭借惩一儆百名声大振。汉宣帝选用良吏，入朝治事，看到尹翁归政绩卓著，便提拔他担任右扶风太守。尹翁归到职后，选拔重用了一些清廉严峻的官吏。同时，采用在东海时的办法，分县设立各种罪犯的名籍。一有盗窃案件，他就把那里的县官叫来，将主犯的名字告诉他，让他用类推法去追查罪犯的行踪。追查结果，往往正合尹翁归的推断。尹翁归把惩处不法豪强视作当务之急。豪强一旦治罪，即交给掌管畜牧的官，令其给牲畜割草，规定了时间和数量，不准别人代替，完不成定额就加重惩处。有的豪强受不了这苦，只好自杀。没过多久，扶风的面貌也大为改观。尹翁归治盗有方,被称为三辅中的第一贤能。

元康四年(前62),尹翁归病逝。他为官清廉,家无余财。汉宣帝对他的早逝深表痛惜,制诏赏赐其子黄金百斤,以奉其祠祭。尹翁归的3个儿子承续父辈美德,后来也都当了郡守。

三国名将徐晃

徐晃是曹魏政权的开国元勋,也是中国古代的优秀战将。

徐晃出生于河东杨县(今洪洞县)。年轻时他曾担任河东郡小吏,因随车骑将军杨奉讨伐贼寇有功,晋升为骑都尉。汉献帝渡河至安邑时,封赏保驾有功人员,徐晃被封为都亭侯。建安二年(197),曹操保护着汉献帝迁都许昌,徐晃趁机追随。从此,成为曹操的一名忠实战将,转战南北,为曹魏政权的创建屡建功勋。

徐晃为将,多数时间在马背上度过,身经百战,很少失败。独自率兵

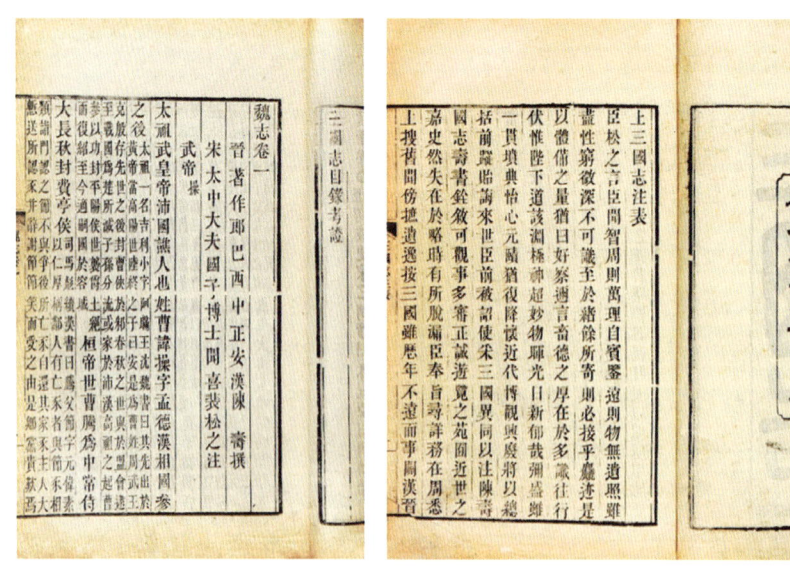

《三国志》书影

运城关帝庙

作战,他能力克劲敌;与人联手作战,他能很好协同。打开《三国志》,就能看到他的赫赫战功。曹操命他攻打原武,他打胜了,被拜为裨将军。又随曹操攻吕布,俘虏了吕布的将领赵庶、李邹等。与史涣联手作战,在河内斩杀了眭固。徐晃随夏侯渊去太原平叛,攻克大陵,斩杀了敌将商曜。众多的胜利,看得人眼花缭乱,给人印象最深的是官渡大战和樊城解围。

建安五年(200),官渡之战打响,徐晃一马当先击败了刘备。继而击败颜良,攻克白马,挺进延津。守将文丑迎战,也被徐晃打败。鏖战正酣,曹操就拜徐晃为偏将军。战争并非一帆风顺,九月,曹操不胜而还,坚壁自守。忽闻袁绍数千车粮草至官渡,如能截获或者烧毁,那就会挫伤敌军元气。此战事关重大,曹操问:"谁可以担当这个重任?"

谋士荀攸推荐徐晃。于是,徐晃披挂上阵,和史涣带着几千骑兵共同去攻打,烧掉袁绍全部粮草。

建安二十四年(219),刘备取得汉中后,派孟达、刘封攻占汉中郡东部的房陵、上庸等地,继续扩张势力。蜀前将军关羽抓住孙权欲攻合肥的战机,自率主力北攻荆襄。此时,征南将军曹仁驻扎樊城,将军吕常驻扎襄阳,左将军于禁及立义将军庞德驻扎樊城北,徐晃驻扎宛城。八月,下了大雨,汉水暴涨,于禁七军均被水淹。关羽水军猛攻,于禁被迫投降,庞德则被俘杀。关羽乘胜进击,包围了樊城。荆州刺史胡修、南乡太守傅方先后投降关羽。不少官兵,也易帜响应关羽。顿时,关羽声势"威震华夏",魏军面临前所未有的危机。

为扭转战局,曹操一边拉拢孙权,一边派徐晃率军援救曹仁。当时,关羽前部屯郾城,徐晃佯筑长堑,像是要切断蜀军后路。蜀军惧怕被困,烧营撤走。徐晃率军进据郾城,两面连营,逐渐逼近围城的蜀军。得知孙权答应和曹操联手,徐晃用箭将孙权密信内容,分别射入樊城和关羽营中。被围魏军看到,士气倍增,防守更坚;关羽看到,则进退两难,军心动摇。

关羽为防不测,主力驻扎在围头,另派一部分驻扎在四冢。徐晃声东击西,扬言欲攻围头,却出其不意突袭四冢。关羽率步骑五千来救四冢,被徐晃击败。关羽的营寨十分坚固,城高壕深,难以攻破。但是,徐晃趁混乱之机,追击突袭,一举破城,解除了樊城之围。

仅此两战,也可以看出徐晃不凡的军事指挥才能。徐晃不只是英勇敢战,还能不战而屈人之兵。建安九年(204),曹操派徐晃前去攻打易阳令韩范。兵临城下,徐晃没有贸然攻击,而是给韩范写了封信,陈明利害,规劝韩范投降。韩范决定投降,徐晃劝告曹操厚待他。他认为如果善待韩范,还会有人归顺。曹操采纳他的意见,封韩范为关内侯。果然,又收降了涉县梁岐。

徐晃为曹魏开国立下汗马功劳,先后被封为都亭侯、逯乡侯、杨侯、阳平侯。太和元年(227),徐晃去世,谥号为壮侯,他的儿子徐盖承袭爵位。

忠义之臣贾逵

三国时期,平阳还出过一位名臣贾逵。《三国志·贾逵传》记载,"贾逵字梁道,河东襄陵人也",即今襄汾县人。贾逵自幼聪明好学,5岁时常让姐姐抱着在篱笆墙外听先生讲课,10岁时已能背诵"六经"。因为贫穷,家里从没有请过教书先生,他凭借自学竟将《三坟》《五典》背诵得一句不漏。他勤奋好学的事情传开,颇得乡邻赞誉。后来不少比他年幼的学子纷纷向他求教,有的来自很远的地方,贾逵就一一教授他们经书。凡来求学的人都带一些粮食作为学资,竟然装满了他家的粮仓。这些粮食不是自己种地收获的,是靠讲经书得到的,众人便称这是以舌代耕,从此有了"舌耕"这个词语。王嘉《拾遗记》卷六《后汉》记载了此事。

曹操画像

建安七年(202),贾逵奉命在绛邑守城。袁尚封郭援为河东太守,派遣他与并州刺史高干联络当时住在平阳的南匈奴单于呼厨泉,三路兵马联合起来攻打河东。郭援所到之处战无不胜、攻无不克,唯攻打绛邑受阻,久攻不下。袁尚集中兵力猛攻,贾逵势单力孤,眼看难以抵挡。绛邑父老害怕城破后被屠杀,只得开城投降,承认其为新太守,但是与郭援约定,不能杀害长吏贾逵。郭援早闻贾逵盛名,仰慕其才,便想收用他,于是派兵将他抓来。贾逵到后,郭援命他叩头,贾逵不仅不叩头,反而义正词严地斥责他是贼寇。郭援恼羞成怒,要将贾逵斩首。绛邑民众闻知,赶来高喊:"要是负约杀害我们的贤良官长,我们宁愿和他一起死!"郭援手下的人也深为贾逵的气节所感动,纷纷替他请命。众怒难犯,郭援只得赦免贾逵。

曹丕画像

郭援并不放过贾逵,将他囚禁在一个地窖中,用车轮盖住窖口,派人日夜看守。贾逵在窖中对看守者说:"你们有没有骨气,难道要让义士死在这里吗?"有个叫祝公道的看守非常敬佩贾逵坚守绛邑的节操,趁晚上无人悄悄打开枷锁,放他逃走。不久,曹军打败郭援并且斩杀了他。郡里举贾逵为茂才,他被任命为渑池县令。在任时间不长,因为祖父去世回家守孝。

守孝期满,曹操任命贾逵为议郎,参与丞相府军事。建安十六年(211),曹操亲率大军西出潼关,征讨关西马超。大军行至弘农,曹操看见这里地理位置十分重要,当即委任贾逵为弘农太守,命令他扼守潼关要塞。贾逵不仅守住了潼关,而且将弘农治理得很好。曹操闻知,高兴地告诉左右,如果天下二千石者都像贾逵这样,我还有什么忧虑。不久,贾逵被调至丞相府,担任主簿。曹操临终前,又将贾逵提拔为谏议大夫,与夏侯尚同掌军计。曹操病死于洛阳,贾逵主持丧事,并护送灵柩到达邺城,辅助曹丕登上帝位。

魏文帝黄初元年(220)秋,贾逵出任豫州刺史。当时,黄河流域战乱

霍州陶唐峪

虽然平息,但是法度破坏,官吏违法司空见惯,社会秩序极为混乱。贾逵从整顿吏治入手,开始治理豫州。他按照汉代考察郡守的六条标准,罢免了那些放纵豪强、侵吞民利的不法官吏,很快恢复了良好的社会秩序。

贾逵担任豫州刺史,最大的功绩是兴修水利,发展农业生产。他先在今潢川县和汝南兴造陂塘,引水灌溉,促进农业增产。又在今淮阳市西北修复运输渠道200余里,开通了洛阳与东南的漕运。贾逵在豫州8年,勤政爱民,深受当地百姓爱戴。他去世后,当地百姓追思他的功绩,立庙祭祀他。魏文帝曹丕称赞他是"真刺史",下诏表彰他的治绩。

贾逵还有一个为人称道的高贵品格:不顾个人安危犯颜直谏。他担任丞相府主簿时,有次曹操打算征讨吴国,时值夏日,连天降雨,三军将士大多不愿出征。曹操唯恐有人出面谏诤,就下了一条命令,有谏阻出征者杀头。贾逵审时度势,认为此时确实不宜出兵,便起草谏章,上谏曹操。曹操果然大怒,立即将贾逵下狱。即使如此,贾逵仍然坚持自己的意见,最终曹操接受他的谏阻,不再出征东吴。

贾逵襟怀坦荡,行事从实际出发,非常果断。曹操打算从关中出兵征讨蜀国,派贾逵前往斜谷勘察地形。中途不巧碰到水衡都尉押送数十辆囚车经过,行动迟缓,阻碍道路。若是待他们缓慢走过,肯定会耽误战机,贾逵当即命令只押解罪重者,释放了罪轻者,使之很快通过,让开道路。勘察地形进展顺利,受到曹操的赞赏。

贾逵忠于曹魏,关心统一大业。黄初年间,他曾征伐过吴国,到魏明帝即位后,仍不忘用兵吴国大计。因此,不仅曹操赞扬他,继任者也都敬慕他。贾逵去世后,魏明帝曹叡每过豫州,都要到他的庙里凭吊,称他死而不朽,号召群臣效仿他。

第六章

民族融合的悲喜往事
（西晋北朝时期）

■ 概述

　　进入西晋，平阳的历史滑落进了低谷。既没有往昔那建都的辉煌，也没有西汉时众多的英杰。有低谷就有高峰，历史似乎在制造一个新的亮点。果然，时隔不久在平阳就崛起一个新的政权。而且，不出现则罢，一出现竟然终结了西晋的历史，让中国北方进入了"十六国"时期。

　　这就是匈奴人刘渊建立的汉国。

　　屈指算来，这是平阳大地的第五次建都，也是最后一次建都。汉国时间虽然长于魏豹的西魏，但由于发生内乱，也仅有10年。

　　此间设置雍州和冀州。雍州分辖平阳郡和大昌郡。平阳郡下辖平阳、临汾、襄陵、永安、杨、北屈、绛邑、狐慸等11县，大昌郡下辖蒲子等县。冀州下辖猗氏等县。

　　10年后，汉国发生内乱，刘曜平息了内乱，安定了国家，却将国号改为赵。因而，历史学家也将刘渊建国的这段历史称为前赵。所以，平阳也有前赵国都的称谓。汉国也好，前赵也罢，虽然时间不长，却演绎了不少的故事，其中有着深厚的文化积淀。因为西晋内乱，汉国趁机开国，却在短暂的时间内又因为内乱而亡国，这给世人的警示够明确了吧?

如此观览,这一次建都很难用辉煌去铭记。不过,细细思索,刘渊建立的汉国,似乎是马背上的民族入主中原建立的第一个政权,也是一次大规模的民族融合。

探究这段史事,我们从贾充制定《晋律》开始吧!贾充是西晋时期平阳这方水土的杰出人才之一,他升华完善了中国的法律。这样的贡献应该在历史上写下浓墨重彩的一笔,然而,却因为参与了颠覆魏国政权的政变,对他的评价出现争议,对他的微词随处可见。出于历史的真实,这里仍把他如实记录。

还有一个不容忽略的人物——法显。他是出家的僧人,却用出世的行为书写了入世的杰作。他西行求取佛律,比唐玄奘取经要早160年。他拓展了建功立业的领域,即使在朝堂之外,也可以创造不朽勋绩。

贾充制定《晋律》

《晋律》，不是晋国的刑律，而是西晋的刑律。这是自晋铸刑鼎以来，法律史上迈开的又一大步。这部刑律的完成在晋武帝泰始三年（267），主持制定者是贾充。

贾充是贾逵之子。在晋代魏以前贾充担任右长史，对司马昭图谋夺权的心思一清二楚。眼见司马昭权势日大，而曹魏实力日渐衰微，他便倾力为司马昭效劳。司马昭让他了解征东大将军诸葛诞的倾向，贾充前去直截了当地告诉诸葛诞，天下都愿意禅代，劝他一起行事。诸葛诞却义正词严地指责他："你世代享受曹魏恩惠，难道想用江山社稷送人情吗？如果洛阳有难，我宁可赴死！"

贾充碰了钉子，回来如实汇报给司马昭，商讨攻打诸葛诞的大计。他鼓动司马昭命令诸葛诞前来，诸葛诞抗命不来，他们当即发兵围住扬州城。城攻破后，贾充因为有功，被封为宜阳乡侯，增加食邑千户。而且，升任廷尉，兼中护军。中护军的职责是护卫皇帝的出入安全，他可以说是身居要职。

当时的皇帝高贵乡公曹髦眼见自己被架空，他不甘心权力旁落于司马氏家族手中，心情非常郁闷，便作《潜龙诗》："伤哉龙受困，不能越深渊。上不飞天汉，下不见于田。蟠居于井底，鳅鳝舞其前。藏牙伏爪甲，嗟我亦同然！"司马昭读到"蟠居于井底，鳅鳝舞其前"的句子大为恼火，第二日故意佩剑上殿。曹髦见司马昭这样横行无礼，便亲自率领宿卫和宫中奴仆冲杀出来去讨逆贼。此时，中护军率领三千铁甲禁兵鼓噪而入，与曹髦撞了个对面。曹髦怒声质问："我是天子，你们闯入宫廷，莫非要杀君王吗？"

禁兵们互相观望，不敢动手。贾充见状，竟然喊道："司马公养活你们，不就为了今天？"贾充一鼓动，成济便放箭射死了曹髦，可怜的皇帝死时刚刚20岁,这就是中护军贾充扮演的护卫角色。

曹髦死后,司马昭立14岁的曹芳为皇帝。他将自己封为晋王,加快了篡位步伐。眼看距皇位就一步之遥了,可惜忽然中风,患病死去。之前,就王位的继承事宜,司马昭曾和贾充商议,他喜欢次子司马攸,可是,贾充坚持立长子司马炎。一帮大臣也支持贾充,就这样司马炎继承王位,又很快迫使曹芳禅位给他,名正言顺当上皇帝。贾充为司马炎登上皇位立了大功,因而官职更大了,升任车骑将军、散骑常侍、尚书仆射,后改封为鲁郡公。

贾充处于朝代更替的历史时期,是一位颇有争议的人物。但有一点没有争议,那就是他主持制定了晋朝的刑律。这项工作是在司马昭时期就着手进行的,到司马炎当了皇帝后的第三个年头才完成。晋武帝司马炎亲自审阅定稿,成文后命尚书郎裴楷在朝堂宣读,他则兴奋地亲自讲解,然后颁布施行。

这部《晋律》完成于泰始年间,历史上又称为《泰始律》。全部刑律共20篇,篇目分别是:刑名、法例、盗律、贼律、诈伪、请赇、告劾、系讯、断狱、捕律、杂律、户律、擅兴、毁亡、卫宫、水火、厩律、关市、违制、诸侯律。

共计620条,27657个字。(《晋书·刑法志》)晋律体例完整,内容实用,行文严谨,不失为一部优秀的法典。

和《晋律》同时颁行的还有《晋令》40篇(《晋书·刑法志》),这是对《晋律》的补充完善。有些错误构不成犯罪,无法按法律惩处,但是已经违令了,可以按《晋令》条文给予处分。

《晋律》第一次正确区别了律和令两个重要法律概念,律定罪名,令存事制。从此以后,令便成为和律并立的法典。这是我国法律史上首次将刑法和规章制度区分开来,依据这一原则,《晋律》较之汉魏旧律的界限更加分明、体系更加完备。《晋律》不仅是通行于两晋南北朝时期的法律,而且被东晋和南朝所沿用,是承用时间很长的一部法典。

随着律、令的施行,贾充又主持编纂了30卷的《故事》。这部《故事》可不是我们今天所说的故事,而是古代百官行事和受处分的惯例,也被称为习惯法,等于是当时的普法教育教材。为此,贾充受到晋武帝的封赏,赐其子弟一人为关内侯,还奖给绢帛500匹。

晋太康三年(282)四月,贾充去世,享年66岁,他的葬礼和西汉名臣霍光的葬礼一样隆重。

尧都区姑射山

贾南风祸乱西晋

西晋是个短命的王朝,仅有52年。短命的直接原因是"八王之乱"。"八王之乱"的一个重要原因就是皇后贾南风干预朝政。

贾南风是贾充的女儿,贾逵的孙女。她能当上皇后,自然离不开她父亲的权势。她嫁的是中国历史上有名的傻皇帝司马衷。不过,她出嫁时司马衷还不是皇帝,只是太子。那时的皇帝是晋武帝司马炎,他想让太子纳卫瓘的女儿为妃,说卫家女儿有四可:贤德、美丽、苗条、白净,而贾家女儿有四不可。贾充了解到司马炎的心思,就设法改变他。贾充是个聪明人,他不去找司马炎表白辩解,而是贿赂杨皇后和左右近臣,为女儿涂脂抹粉。近臣说贾家女儿好,杨皇后也在皇帝耳边夸说贾家女儿贤德美貌,说多了,就弄假成真了。晋武帝改变主意,册立贾南风为太子妃。晋武帝一死,太子司马衷继位当上皇帝,贾南风也就顺理成章当上皇后。

司马衷当上皇帝,也改变不了生就的痴呆。有一次地方上来报,天下大旱,百姓没有饭吃,他奇怪地问:"没有饭吃那为什么不吃肉汤呢?"

又有一次,他和大臣去外面巡视,听见地里有蛤蟆叫,就问:"这蛤蟆是公家的,还是私家的?"近臣想笑不敢笑,硬忍着答道:"在公田里的是公家的,在私田里的是私家的。"

这么个傻皇帝当然别指望他能治理国家,于是大权落在杨太后父亲杨骏的手中。杨骏在晋武帝病重期间,已安插了不少亲信,大权在握。武帝去世,他公然住进太极殿,在往日皇帝上朝议事的地方行令主政。待晋武帝丧事一毕,他便以傻皇帝的名义封自己为太傅、大都督。他这样横行,惹恼了不少朝臣。

朝臣们还忍受着,皇后贾南风却忍受不住了。这个贾南风可不是个等闲之辈,她不出手则罢,一出手就弄得血雨腥风。闻知尉中郎孟观、李肇对杨骏早有怨恨,她就前去和他们商量除掉杨骏。而且,着令李肇劝说楚王司马玮、淮南王司马允带兵还朝。永平元年(291)二月,楚王和淮南王入朝。司马玮入朝后,孟观、李肇等又诬告杨骏谋反,指使司马衷下诏,派东安公司马繇领400人讨伐杨骏。三月八日殿中禁军冲出宫城包围了杨府。杨太后听说宫中起事,慌忙在帛绢写上"救太傅者有赏"的大字,用箭射向城外。但为时已晚,禁军冲进杨府,将藏在马厩的杨骏杀死。贾后还不罢手,下令灭掉杨家及近臣三族。

贾南风一不做,二不休,免去杨太后尊号,废其为庶人,送到金庸城独住。这还不行,还要杀杨太后的母亲庞氏。杨太后抱着母亲大哭,割发叩头,流涕说只要饶过她母亲,情愿侍奉贾后。贾后决不心软,严令处死庞氏。一年以后,贾后调走杨太后的侍从,断绝其饮食,这位贪图小利的女人被活活饿死。

如果贾后就此罢手,西晋社稷还不可能急剧动乱,她也不会那么早走向末日。可惜前面的顺利行事冲昏了她的头脑,一意孤行主宰了她的思维。楚王司马玮除掉杨骏后掌握了兵权,淮南王和卫瓘见他刚愎自用,就想夺取兵权。贾后认为时机到了,就让傻皇帝给楚王司马玮下令,要他诛杀淮南王司马允和卫瓘。楚王正好报自己的私仇,当然愿意。但是,他不会想到戳透别人肢体的利刃就要戳向自己。楚王杀死淮南王和卫瓘,兴奋地前来领功受奖,没想到贾后一变脸,说他是作乱,命令将他逮捕、行刑。楚王掏出密旨,流着泪说:"我奉皇上命令讨贼,有何过错?"他哪里会明白这是贾后的一箭双雕之计。贾后不会放过他这位极有势力的大臣,楚王被杀,贾后将大权牢牢掌控在自己手里。

大权在握,更会有恃无恐,为所欲为。贾后生了4个女儿,没有儿子,就领养妹妹的儿子。父亲临终前劝导她要善待太子司马遹,她听不进去,竟然密谋让宦官自首,坦白与太子同谋叛逆。永康元年(300),她废掉太子,把太子押到许昌囚禁。太子被废,很多人都十分愤怒,右卫督司马雅、常从督许超、殿中中郎士猗等人图谋废掉贾南风,重新立司马遹为太子。此事被贾南风闻知,她大为惊惧,先让太医令程据配制毒药,矫诏命黄门孙虑毒杀司马遹。司马遹不肯服食,孙虑残忍地用药杵将他槌死。

多行不义必自毙,贾后的倒行逆施激怒了赵王司马伦。司马伦联络梁王司马肜和禁军头领司马雅共同诛杀贾后。太子死后不到一个月,趁着夜晚,赵王、梁王和司马雅带兵包围了皇宫。先将傻皇帝接到东堂,下诏抓捕贾后。贾后被带到,冲着傻男人喊:"我是陛下之妇,你让别人废了我,等于废了你自己。"

傻皇帝救不了她,贾后被废为庶人,送到了她关押杨太后的金墉城。不知贾后在这里会想些什么,也许她什么也没顾得上想,就死于非命。不几天,一杯金屑酒送到了她的手上,惯于杀人的贾后也被人杀死!

贾后死了,朝中却被她搅乱了。她死后不到一年,赵王司马伦便废掉傻皇帝,自己当上皇帝。诸王都不满司马伦的行径,先后发兵讨伐,要迎傻皇帝复位,这就形成历史上有名的"八王之乱"。

西晋王朝每况愈下,日薄西山。

刘渊蒲子建汉国

蒲子是现今临汾市隰县原先的名字。汉是汉国,但不是刘邦建立的汉朝,也不是刘备建立的蜀汉,而是刘渊建立的汉国,汉国虽然时间短暂,却"是我国历史上第一个由内迁少数民族在内地建立的政权"。①

建立汉国的刘渊是位匈奴人。汉宣帝甘露二年(前52),匈奴呼韩邪单于率领各部族归汉,成为汉朝臣民。到了东汉时期,匈奴部落逐渐发展到塞内,与汉族军民同处。三国时,匈奴人口倍增,魏王曹操将他们分为左、右、南、北、中五部,而且,全部改为汉姓。于扶罗单于的儿子就改姓刘,叫做刘豹。所以改姓刘,是因为和亲时汉宗室公主曾嫁给匈奴单于,他们的子孙也有刘氏宗亲的血缘。

刘豹就是刘渊的父亲。那时候刘豹是匈奴的左部帅,妻子呼延氏多年未生,忽然怀孕,生下了一个聪明伶俐的孩子,这就是刘渊。刘渊出生

---

①张纪仲:《山西历史政区地理》,山西古籍出版社2005年版。

后半年多就会说话，7岁时母亲去世，他哭得死去活来，感动得左右邻居也痛哭流涕。刘渊喜欢学习，童年拜上党名士崔游为师，学习《春秋》《左传》《孙子兵法》《史记》和《汉书》。在书海畅游多年，他长了不少知识和才干，更主要的是产生了远大志向和抱负。当时，天下大乱，刘渊深知要建功立业不仅应有学识，还应有武艺。因此，他起早贪黑发奋练习武功。他身材魁梧，双臂超长，力量过人，没多久就成为射击高手。

西晋咸熙年间，刘渊曾以"侍子"身份留居京都洛阳。虽然他是个人质，可是司马昭待他非常好。西晋初年，他的父亲刘豹病死，他接替了父亲的左部帅之职，后又被封为北部都尉。刘渊严肃执法，惩治奸邪，轻财好施，以诚待人，吸引了一批有志之士，匈奴五部不少喜欢儒学的名流纷纷簇拥到他的身边。晋惠帝初年，刘渊被任命为建威将军、五部大都督，封为汉光乡侯。

官职大了，责任重了，也就给他带来了负累。此时，朝政混乱，人心涣散，不少匈奴人兴兵反晋，刘渊部下也有人叛逃出塞，他受到连累，被免除官职。不过，他很快又得到重用。那是因为"八王之乱"，宗室互相残杀，在刀戈纷争中，成都王司马颖掌握了西晋的权力。为借助匈奴力量巩固自己的地位，他又启用了刘渊。任命他为宁朔将军、监五部军事，并且调他在邺城领兵。

刘渊到邺城不久，呼延攸前来找他。原来，刘渊的堂祖父、左贤王刘宣等匈奴头领眼见晋室祸乱，民众遭殃，就想举旗反晋。他们不明白刘渊心思，不敢说透，只说共同推举刘渊当大单于，统领大军。这正符合刘

刘渊塑像

渊的心意,他向司马颖辞行,没有得到应允,先请呼延攸回去做准备。

晋永兴元年(304),司马颖击败司马乂,成为皇太弟,任命刘渊为屯骑校尉。不久,东海王司马越和陈眕等与晋惠帝征讨司马颖,兵屯荡阴,大战在即。司马颖任命刘渊为代理辅国将军,负责北城防守诸事务。打败晋惠帝所属部将,司马颖又任命刘渊为冠军将军,封为卢奴伯。司马颖刚想松口气,并州刺史司马腾和安北将军王浚调集10万兵将气势汹汹打来。司马颖自感兵力不足,心神不宁。这便给了刘渊机会,他对司马颖说,愿回匈奴调集五部兵马,前来助战。这是求之不得的好事,司马颖怎能不答应?刘渊离开邺城,快马加鞭,很快到了左国城(今离石)。不到20天,就聚集兵卒5万余人。是发兵征讨司马腾?还是举义?刘渊仍然有些犹豫。刘宣及部将都劝他,西晋王室自相残杀,祸害众生,我们还是举义为好。

刘渊坚定了举义的信心。不过,他不是要恢复匈奴王廷,而是要建立一个像汉室那样的王朝。他告诉大家,汉代拥有天下的日子很长,众人一心向之,因而,刘备能以蜀汉抗衡曹魏。我们是汉室外甥,兄亡弟继,顺应民心。如果以汉相称,追尊后主刘禅,必然大得人心。

刘渊这么一

临汾龙祠(最早是匈奴祭祀的场所)

说,刘宣等人无不同意。于是,刘渊自称汉王,发布文告,追颂汉代皇帝功绩,历数西晋罪状,号令大众追随他恢复刘汉王朝。时在晋永兴元年(304)十月,刘渊改年号为元熙元年,追尊刘禅为孝怀皇帝,立汉高祖以下三祖、五宗的神位进行祭祀,立其妻呼延氏为王后。同时设置百官,任命右贤王刘宣为丞相、崔游为御史大夫,左于陆王刘宏为太尉、范隆为大鸿胪、朱纪为御史大夫、族子刘曜为建武将军,国号为汉。

刘渊起兵反晋,直接威胁到并州刺史司马腾,他急令将军聂玄率兵前去镇压。双方军队在大陵(今文水县东北)展开激战,聂玄人马大败。司马腾不得已,率领并州20000多户百姓逃到山东。刘渊乘胜进军,派遣建武将军刘曜接连攻下太原、泫氏、屯留、长子、中都。元熙二年(305),司马腾又派司马瑜、周良、石鲜等人率军讨伐刘渊,他们驻扎在离石的汾城。刘渊派遣武牙将军刘钦等将领迎战司马瑜等人。交战4次,司马瑜都被击败。于是,刘钦整顿军队,凯旋回师。西晋统治集团大为惊恐,忙派刘琨接替司马腾进攻刘渊。刘渊向北挺进受到阻拦,连忙调头南下,很快占领了平阳、蒲坂,统领了河东全境。

汉元熙五年(308)七月,刘渊把都城从左国城迁到蒲子,即今临汾隰县。十月,刘宣等64人劝进,刘渊正式称皇帝,年号为永凤。任命刘宣为丞相,其子刘和为大将军、刘聪为车骑将军、族子刘曜为龙骧大将军。中国历史上第一个由少数民族建立的皇家政权就这么诞生了。

汉国迁都平阳城

刘渊起兵反晋节节胜利,稳定河东后即挺进洛阳。

此时的刘渊运筹帷幄,善于治军,努力树立令民众向往的形象。将军乔希占领介休后,要霸占介休守将贾浑的夫人宗氏,宗氏不从,乔希就杀了她。刘渊得知,立即将乔希降了四等职级,还命人厚葬了宗氏。大将军刘景攻下延津后,将3万余人沉河杀死。刘渊闻知非常气愤,大骂

尧都区金殿镇古桥

刘景丧尽天良,马上下令将他贬为平虏将军。刘渊严于治军,他的部队所到之处深受民众拥戴。

随着刘渊统领地盘的日渐增大,都城蒲子位于深山,交通闭塞,指挥全局便极不方便。永凤二年(309),太史令宣于修上奏:"蒲子崎岖,非可久安,平阳势有紫气,兼陶唐旧都,愿陛下上迎乾象,下协坤祥。"(《晋书·刘元海载记》)于是,刘渊将都城迁到了平阳,此时是公元309年正月,现今临汾市尧都区金殿镇就是当年的刘渊都城。

迁都平阳后,在汾河中得到一块玉玺,竟是王莽时的白玉玺,刘渊以为是天授祥物,遂将永凤二年改为河瑞元年。

河瑞元年(310)八月,刘渊命令他的儿子刘聪和王弥为前锋,族子刘曜和赵固为后续,进攻洛阳。攻城夺关,一路顺利,刘聪不免得意忘形,打到洛阳附近,"自恃骤胜,怠不设备",结果遭到晋军夜袭,吃了败仗,只好退回平阳。

时隔不久,刘渊派刘聪、王弥、刘曜和刘景统帅5万精骑第二次进攻洛阳,又派呼延翼率兵接应。洛阳晋军早有防备,以退为守,放弃西城。刘聪轻易得到了洛阳西城,就率兵进驻。不料到了夜间,晋军偷袭进来,竟然杀死了征虏将军呼延颢。刘聪败出城来,遭到晋军追击,退到洛水屯守,后续部将呼延翼也被杀死。

刘渊在平阳得知前线军情,认为晋军早有戒备,不如退回休整,再择良机出战,忙召刘聪还师平阳。刘聪连吃败仗,却不甘心战败,上奏父皇说"晋室身弱",还要再战。关键时刻,刘聪没有谋划破城大策,却去嵩山祭祀神灵,请求助胜。然而,祭祀刚毕就听到了扫兴的消息,东海王司马越乘虚杀出洛阳,在宣阳门与汉军恶战,结果呼延朗被杀死,刘厉跳入水中淹死。汉军崩溃,被打得落花流水。刘聪不退兵不行了,只好收拾残部退回平阳休整。

刘聪回到平阳,刘渊在大殿召见他和众将士,勉励他们抓紧休整,养精蓄锐,争取来年大战,彻底消灭晋军,成就汉国一统大业。就在汉军加紧备战时,刘渊却身染重病,卧床难起。公元310年6月,这位胸怀大志的皇帝离开人世。

刘渊死后,皇太子刘和继承帝位。刘和生性多疑,缺少才德。他一即位就被呼延攸、刘乘、刘锐一帮人包围了。而这些人都因为缺少才德不被刘渊重用,试想他们能给刘和出什么好主意?果然,他们告诉刘和,现在刘聪重兵在握,如不除掉,迟早是心腹大患。刘和一听,动了杀心,况且,呼延攸是他的舅舅,他怎么会不相信这位长辈呢?

刘和要除掉刘聪必须调集兵马。他宣召安昌王刘盛与安邑王刘钦一起包围刘聪府第,将之杀死。哪知刘盛不干,他认为先帝的棺材还没有安葬,四王刘聪也没有变节,我们自相残杀,天下肯定会轻看汉国皇室,因而义正词严地拒绝。呼延攸怕走漏风声,当即将刘盛杀死。

事不宜迟,呼延攸带着刘钦兵马前去围杀刘聪,平阳城中卷起了骨肉相残的阴风。刘聪武力过人,部众奋力厮杀,很快稳住局势。进而调集兵马包围了呼延攸和刘钦的人马,可怜这二位没有杀死刘聪,反被刘聪杀死。

呼延攸和刘钦出兵去杀刘聪,刘和端坐光极殿等待胜利的消息。忽听得马蹄声响,以为是报捷的人来了,从龙椅上站起来,向外探望。早有一将奔进殿来,手起刀落,刘和的人头滚到了一边。短命的皇帝,屁股还没坐热龙椅就丢了性命。

尧都区金殿镇古城墙

刘和死了,理应是刘聪当皇帝,可是,他只是刘渊的四子,而且母亲张氏仅是个夫人,身份低下。刘聪这会儿还有点伦理观念,便推举弟弟刘乂即位,因为刘乂的母亲单氏是皇后。刘乂却很仗义,不愿无功受禄,谦让不当。这时,大臣们声泪俱下劝刘聪登基,刘聪不再推辞,只说待刘乂再大些,就把皇位还给他。

刘聪即位后,改年号为光兴,将刘乂立为皇太弟,任命为大单于、大司徒,以表示让他继位的诚意。汉国在骨肉残杀中完成了皇权交替。

汉国灭掉西晋

汉国光兴元年(310)十月,又一次派兵进攻洛阳。

刘聪命令儿子刘粲及刘曜、王弥率众兵4万正面进发,石勒领兵2万从侧翼合围。这次出兵的局势与上次大不相同,傻皇帝司马衷死后司马炽当了皇帝,这就是晋怀帝。名义上是晋怀帝当皇上,大权却在东海王司马越的手中。司马越滥施淫威,诛杀异己,刚开始晋怀帝还忍气吞声,叹息流涕。日子长了,晋怀帝对司马越大为反感。司马越也自然看出了晋怀帝的心思。刘聪发兵进攻洛阳,司马越不仅不守城,反而借口征讨刘聪的部将石勒,带兵出镇许昌,把晋怀帝甩下不管。

晋怀帝可气坏了。公元311年3月,他下诏历数司马越的罪状,命令征东大将军、青州刺史苟晞征讨司马越。司马越与苟晞摆开战场,互相残杀,两败俱伤。司马越忧惧成疾,不久去世。石勒率兵进击,歼灭了司马越的部卒,下令焚烧掉司马越的尸体。

司马越全军覆没,洛阳城中君民惶惶不安。百姓穷苦不堪,官吏纷纷流亡,晋怀帝眼看孤城难守,准备迁都仓垣(在今河南开封市西北)。但是,既无卫队,也无车船,只带了左右侍从,徒步走出西掖门。还未出城,便遭到盗贼洗劫,连干粮也没有了,只好垂头丧气退回宫中。是年六月,刘曜、石勒、王弥联合进攻洛阳,轻而易举破城入宫。晋怀帝逃出华林园门,欲往长安,没走多远就被俘虏了。

晋怀帝被押到平阳,汉主刘聪没有杀他,还封他为左光禄大夫、平阿公。第二年,又改封为稽郡公,加仪同三司。晋怀帝侥幸偷生,奴颜活命。刘聪得意地问他:"你当豫章王时,我去拜访,你给我柘木弓、银砚台,还记得吗?"

晋怀帝卑躬屈膝地说:"臣安敢忘之,但恨尔日不早识龙颜。"

刘聪又问他:"你家骨肉为啥自相残杀?"

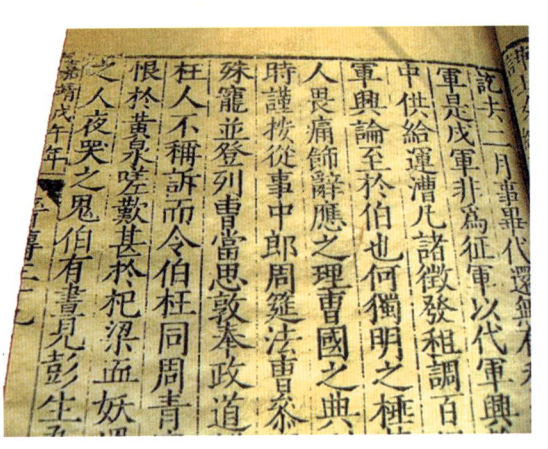

《晋书》书影

晋怀帝答："此殆非人意,皇天之意也。大汉将应乾受历,故为陛下自相驱除。且臣家若能奉武皇之业,九族敦睦,陛下何由得之!"

一番奉承话说得刘聪眉开眼笑,将自己喜欢的小刘贵人赏给晋怀帝为妻,封为会稽国夫人。(《晋书·刘聪载记》)如此,晋怀帝似乎可以平安度日,然而,事实不是这样。嘉平三年(313)大年初一,刘聪在光极殿大宴群臣,席间有个穿青衣戴小帽的人频频为大家斟酒,这就是晋怀帝。和他一同被俘的旧臣庾珉、王儁见皇帝受此侮辱,伤心地号啕大哭。这自然有点扫兴,刘聪顿时恼火,但碍于正在过年强忍了一口气。一出正月,他就将俘虏的10多名晋臣全部杀死。晋怀帝司马炽也被毒死,结束了其30岁的生命。

晋怀帝死后,消息传到长安,14岁的太子司马邺当上皇帝,这就是晋愍帝。那时的长安,经历过战争的洗劫,满目荒凉,户不过百,蒿草和荆棘长得像树林,朝中和民间的车辆一共不过4辆,不少官员既没官印,也没朝服,连上朝议事的执板也是临时锯成的桑木板。晋愍帝这皇帝当得可怜极了!

听说晋愍帝即位,刘聪即命令正在会同石勒进攻并州的刘曜立即挥师南下,攻击长安。汉建元二年(316)八月,刘曜兵临长安城下,附近几个郡县竟然还派兵来救,只是看见汉兵强盛,没人敢于出战。在城西南的灵台,右丞相的部卒与刘曜部队小有接触,还讨了个便宜,便见好而收,退缩不出了。刘曜明白晋军离心离德,观望不战,就命令主力攻城。长安城哪里吃得住打,外城很快被攻破,晋愍帝和群臣仓皇退进小城。所幸小城尚有几千名凉州士兵奋力抵抗,刘曜一时难以攻破。

可惜,小城里缺少粮食,一斗米卖到了二两黄金。是时长安"内外断绝,城中饥甚,米斗值金二两,人相食,死者大半,亡逃不可制。"(《资治通鉴》卷89)大臣找遍了皇家粮仓,只找到十块糠饼,让晋愍帝充饥。晋愍帝不饿了,不等于众人不饿了,如此下去岂不要全部饿死?晋愍帝告诉众臣:"今穷厄如此,外无救援,当忍耻出降,以活士民。"(《资治通鉴》卷89)汉建元二年(316)十一月,晋愍帝宣布投降。

投降的场面很为悲壮,城门轰隆一声打开,不见兵车,不见马匹,却钻出一辆羊车,羊车上坐着一个人,袒露着臂膀,口含着玉玺。车上还拉着一口棺材,棺材后头跟着群臣。车上的人,就是西晋的亡国之君晋愍帝。"群臣号泣攀车,执帝之手,帝亦悲不自胜。"(《资治通鉴》卷89)

屈辱的晋愍帝被押到平阳,见到汉主刘聪,屈膝跪地礼拜。一旁的大臣曲允伤心落泪,倒地痛哭,众人扯也扯不起来。刘聪大怒,将他囚禁起来。曲允破口大骂,自杀成仁。晋愍帝忍着泪水苟活了,刘聪封他为怀安侯,还任了个光禄大夫的官职。这似乎是幸运的,可是这幸运里尽是不幸。堂堂光禄大夫的职责只有两点:一是刘聪出猎时,晋愍帝权充车骑将军,穿上军服,手持画戟,先行开路。路人见了指着说,这就是先前长安的天子;二是刘聪宴会时,不仅让晋愍帝像晋怀帝那样提壶斟酒,而且,他上厕所时还要让这位先前的天子提盖侍奉。晋愍帝受尽了羞辱。晋愍帝想多活些时候,刘聪却没有那么宽宏,没过多久他也被毒死,时年仅18岁。

刘聪荒淫误国

西晋灭亡之后,刘聪本应继续进兵,扫除残敌,统一天下。然而,他也像西晋皇帝一样,躲在宫中过起了腐化奢靡的生活。将士们浴血征战得的天下,就要败坏在他的手中了。

刘聪的堕落是从淫乱开始的。公元312年二月,呼延皇后病逝,刘聪就把司空王育、尚书任恺的女儿召进后宫,分别封为左昭仪、右昭仪。没有过多久,他又把大将军王彰、中书监范隆、左仆射马景的女儿立为夫人,供他寻欢作乐。右仆射朱纪的女儿长得貌美,刘聪听说后召入宫中立为贵妃。这还不够,得知太保刘殷的两个女儿、四个孙女个个如花似玉,刘聪就要将她们接进后宫。

皇太弟刘乂闻讯,赶进皇宫苦口婆心地劝阻刘聪,告诉他同姓不通婚。刘聪有些心动,又不死心,便征求太宰刘延年、太傅刘景的意见。可惜这两个人都顺风使舵,对刘聪说,虽然都姓刘,但是血统不同,可以通婚。这正合刘聪的意思,他马上降旨刘氏姑侄进宫。将两个姑姑刘英、刘娥立为左、右贵嫔,将四个侄女分别立为贵人。刘聪通过大鸿胪李弘转告众臣,这6个姑娘都是国色天香,不立她们有损国家的声誉。自从这6个姑娘进宫,刘聪根本不问政事,不少大事都由中黄门通报,交给左贵嫔刘英处理。公元312年元月,刘聪欲立刘英为后,因张太后反对,未遂。刘英也于当月去世。公元313年三月,刘聪立刘娥为皇后,并颁旨要为皇后建造一座凰仪殿。

廷尉陈元达听说皇帝要为皇后建凰仪殿,匆忙跑进逍遥园劝谏。他恳切上谏:"天生民而树之君,使司牧之,非以兆民之命穷一人之欲也。晋氏失德,大汉受之,苍生引领,庶几息肩。是以光文皇帝身衣大布,居无重茵,后妃不衣锦绮,乘舆马不食粟,爱民故也。陛下践阼以来,已作殿观四十余所,加之军旅数兴,馈运不息,饥馑、疾疫,死亡相继,而益思营缮,岂为民父母之意乎!"(《资治通鉴》卷88)陈元达的意思是,晋朝皇帝荒淫无道,汉国受命于天,百姓翘首以待,希望能够休养生息。所以光文皇帝刘渊身穿粗布,居住简陋,皇后嫔妃也不穿绫罗绸缎,拉车的马匹不喂粟谷,这都是爱惜百姓呀!陛下即位以来,已经建造了40多座宫殿,加上不断兴兵作战,运输军粮,弄得遍地饥馑,疾病流行,人们死的死,逃的逃,你还要大兴土木,这是君主应该做的吗?陈元达说的是实情,先帝刘渊兴建了中宫、东宫、南宫、西宫、西明门、西阳门、云龙门、建春门、光极殿、逍遥园等。刘聪还嫌宫殿太少,又在平阳西兴建起西平城和平阳小城。而且,陈元达还陈述当前急迫的局势:"今有晋遗类,西据关中,南擅江表;李雄奄有巴蜀;王浚、刘琨窥窬肘腋;石勒、曹嶷贡禀渐疏;陛下释此不忧,乃更为中宫作殿,岂目前之所急乎!"(《资治通鉴》卷88)

刘聪勃然发怒,指责陈元达犯上作乱,不杀不行!随即向左右发布命令:拖出去斩了!连他的妻子也斩了,一起在东市悬首示众!

陈元达料定此次进谏凶多吉少，进殿时就将铁绳缠在腰间，见势不妙，他蹦出殿来，将自己锁在树上呼喊："陛下，我是为了社稷江山呀！你杀了我，我能与龙逄、比干同游很满足了！"左右武士一时拉不动陈元达。听见呼喊，不少大臣纷纷前来劝谏。

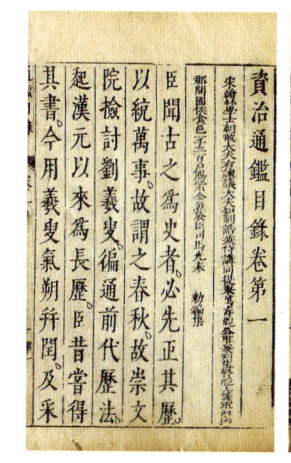
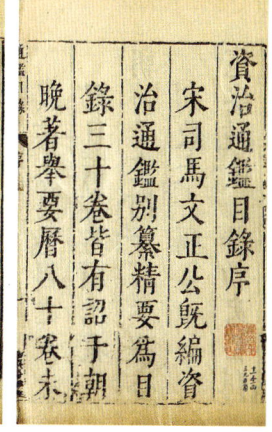

《资治通鉴》书影

需要说明的是，当时的都城规模确实不小了，据说，外郭内城，宫殿林立，外称大城，内套小城。城中分北宫、南宫。北宫为皇宫，皇宫其余几门中南为云龙门，西为西阳门，东为建寿门。宫内光极殿分为前殿、后殿，建筑宏伟，设置华丽，用以"朝群臣，飨万国"。宫后为建光殿、徽光殿、温明殿、昭德殿，再后为六宫嫔妃住所。南宫为朝政机关，相国府、司徒府都在其中。此外还有太庙、社稷台、武库等建筑，周围还有游乐的平水宫，狩猎的上林苑，观光的上秋阁，祭祀的单于台。这样的都城确实不小，而且，立国几年时间就建了这么多宫殿，民间负担的确不轻。所以，大司徒任恺，光禄大夫朱纪、范隆，骠骑大将军、河间王刘易，都下跪叩头，为陈元达求情。刘聪却怒气未消，低头不语。

皇后刘娥知道了，连忙给皇帝写了一张字条派人送去。刘聪拿起一看："宫室已备，不要重新营建，天下尚未统一，应当爱惜民力。陈元达之言有利国家，如果杀了他，即使建成大殿，我有什么脸面去住？陛下如果错杀大臣，那我只好死在此殿，来弥补您的过失！"刘聪看罢，怒气消散，缓缓神放了陈元达。

凰仪殿不建了，刘聪却没有改变腐化的做派。他继续挑选美女充盈后宫。公元315年，刘聪去中护军靳准官邸，一眼盯住了人家的两个女儿：靳月光、靳月华。刘聪又称她们国色天娇，不入宫有损国誉，便带进后宫。进宫后靳月光被封为左贵嫔，靳月华被封为右贵嫔。这还不够，刘聪开始创新中国的皇后史了。本来已立了皇后刘娥，他还要将靳月光立为皇后,原来的皇后怎么办?刘聪的才智发挥出来了,将靳月光立为汉国第一夫人——上皇后,刘娥封为左皇后,靳月华也就是右皇后了。

刘聪荒淫误国,皇太弟刘乂非常不安,多次劝说不听,还为此产生了怨恨。刘聪改变了传位给这个多嘴皇弟的主意,打算传给他的儿子刘粲。他封刘粲为相国,总揽军政大权,这是为交权准备跳板。刘聪想让刘粲即位,刘粲恨不能马上就当皇帝。他怕夜长梦多,日后有变,就诬告刘乂谋反。刘聪命令刘粲包围了东宫,捕拿刘乂的部下严刑拷打,逼他们供认刘乂要发动叛乱。部下受尽酷刑,屈打成招。有了证据,刘聪降旨将刘乂废为北部王。刘粲则命令靳准杀害了刘乂,而且将其部下15000余人坑杀。刘氏家族也如同司马家族一般自相残杀开了。

骨肉残杀亡汉国

汉麟嘉三年(318)七月,刘聪病死,因为除掉了皇太弟刘乂,他儿子刘粲便轻而易举地当上了皇帝。

刘粲当了皇帝,就要过皇帝的日子。皇帝的日子是什么样子呢?父皇刘聪就是他的榜样。他的妃子靳氏当了皇后,不能满足他的淫欲,他竟然和皇太后靳月华同欢共乐。这里我们应该注意到,迷乱刘粲的皇太后、皇后都姓靳,她们同是靳准的女儿。

早在刘聪主政时,靳准由于女儿得宠,自己也得了势。靳准还不满足,还想拥有更大的权势。刘聪、刘粲杀害刘乂就是靳准出的主意。如今,他的女儿主宰了皇帝,他深受刘粲信任,几乎主宰了朝政。

靳准要完全主宰朝政,还有一个很大的障碍——担任大司马的刘骥。刘骥是刘聪的儿子,也是刘粲的兄弟。若要干掉刘粲,必须先从刘骥下手。不过,靳准杀人从来不自己下手。他要借助刘粲,让他下手来杀亲兄弟。靳准向刘粲密报,有人打算效法伊尹、霍光,拥立大司马刘骥总揽朝政。刘粲听了,无动于衷。靳准见皇帝没有动心,就鼓动自己的两个女儿给刘粲吹枕边风。

皇太后告诉刘粲,防人之心不可无,有人要让刘骥那小子总揽朝政!刘粲心头一震。

皇后告诉刘粲,先下手为强,要让刘骥主宰了朝政,那就迟了!

刘粲心头一惊,于是马上下手,逮捕了大司马刘骥、太宰刘景,还有和刘骥同母的吴王刘逞、太师刘凯、大司徒刘励,他们全成了刀下鬼。还要抓太傅朱纪、尚书令范隆,行动稍迟,他们闻风逃出平阳,直奔长安,去投奔丞相刘曜。

杀死这些骨肉同胞,刘粲以为解除了后患,任命靳准为大将军,主管朝廷机要,军政大事都由他来决定。正如《汉赵国史》所记:"刘粲荒耽酒色,游宴后庭,军国之事,一决于准。"

靳准当机立断,假传圣旨,任命堂弟靳明、靳康分别担任车骑将军、卫将军,总督首都卫戍。

这项任命一下,二位立即到任,靳准将平阳城警卫权拿到了手上,这就有了政变的基本条件。他一声令下,靳明、靳康便领兵包围了皇宫,正在行乐的刘粲,转眼间成了阶下囚。他抬头一看,那高居皇位的竟是靳准。靳准一条一条历数他的罪状,数完后下令将刘粲处决。

靳准还不解心头之恨,又下令,将刘姓皇族无论男女老少,统统绑赴东城街市斩首。一时间,东城街市鲜血喷溅,遍地流红。

靳准心头之恨仍未全消,又下一令,挖开刘渊、刘聪的陵墓,将人头砍掉,曝尸荒野,放火焚烧皇家祖庙。一时间,冲天火光映红了平阳都城。然后,靳准向文武大臣颁令,自号大将军、汉天王。

靳准政变的消息传到长安,刘曜大怒,马上领兵进攻平阳。走到中途,碰上逃出来的朱纪和范隆。在他们的拥戴下,刘曜宣称自己为皇帝,

石勒问道图

改年号为元初。任命石勒为大司马、大将军,并封为赵公,由他领兵5万讨伐靳准。

石勒大军飞速挺进,很快越过襄陵,逼近平阳。如此火速进军,不是俯首听从刘曜命令,而是试图趁火打劫。靳准命靳明出城迎战,石勒坚守大营,不理不睬。看着石勒兵营气势非凡,靳准有些胆寒,派出侍中卜泰带着车驾来到大营求和。石勒将卜泰送到长安,卜泰见到刘曜说:"大司空靳准恳望陛下宽怀,免除一死。"

刘曜则宽宏地说道:"先帝刘粲,行为违背人伦,大司空行使伊尹、霍光之权,朕才有机会登上帝位,他的功劳很大,如能早日迎驾,我会将政事托付给他,何况免除一死。"

卜泰返回平阳,禀报靳准。靳准没有想到刘曜会这么宽宏大量。转念一想,又寒彻肝胆,他下令斩杀刘氏皇族男女老少,那其中还有刘曜的母亲呀!靳准犹豫了。犹豫间,石勒攻城不止,眼看城破之后就要人头落地,靳康、王腾不干了,他们合谋把靳准杀死。杀了靳准投降石勒不就罢了,竟然还命卜泰带着印信去见刘曜。刘曜派人迎降,靳明率领士民上万人投降了。

石勒为此愤愤不平,其时他的势力日渐壮大,已经占领了平阳北边的并州等地。势力一大,便有了割据称帝的心思。这从陈元达上谏中"石勒、曹嶷贡禀渐疏"就能够看出。他要壮大自己,当然对靳明投降刘曜极不满意。因此,进入城中,放火烧掉平阳皇室,众多宫殿在熊熊烈焰中化为灰烬。

公元319年,刘曜迁都长安,而且改变了刘渊始创的汉国名号。刘曜曾被封为"中山王",中山属于赵国,因而称国号为赵。从此,刘渊创立的汉国灭亡了。石勒建立政权后,国号也称为赵。史学家便将刘曜的赵国称为"前赵",石勒的赵国称为"后赵"。

汉国的胡汉分治

往事越千秋,当年汉国都城的40多座皇宫,因焚毁而荡然无存。然而,宫城虽废,旧址犹在。金殿及金殿周边的村落仍然留存着那段历史。在金殿周边的原野上一走,就可以看到不少与建都相关的村落。这些村落可以划分为两类,一类是治理汉人的皇家区域,这里有皇帝的金銮宝殿核心区金殿村,有皇帝的御花园花园村,皇戚国舅的府邸城居村,有给官家磨面的作坊官碾村,有皇帝祭祀天地的坛地村,等等。另一类是匈奴人的居住区,如朔村,还有匈奴祭祀祖先的场所龙祠村。这说明刘渊立国后,实行的是胡汉分治。

对于胡汉分治,从《晋书·刘聪载记》中也能看出端倪:

聪以刘易为太尉。初置相国,官上公,有殊勋德者死乃赠之。于是大定百官,置太师、丞相,自大司马以上七公,位皆上公,绿綟绶,远游冠。置辅汉,都护,中军,上军,辅军,镇、卫京,前、后、左、右、上、下军,辅国,冠军,龙骧,武牙大将军,营各配兵二千,皆以诸子为之。置左右司隶,各领户二十余万,万户置一内史,凡内史四十三。单于左右辅,各主六夷十万落,万落置一都尉。省吏部,置左右选曹尚书。自司隶以下六官,皆位次仆射。置御史大夫及州牧,位皆亚公。以其子粲为丞相、领大将军、录尚书事,进封晋王,食五都(郡)。刘延年录尚书六条事,刘景为太师,王育为太傅,任颛为太保,马景为大司徒,朱纪为大司空,刘曜为大司马。

从这段史料可以很清楚地看到,刘聪设立的国家体制包含了两个方面,既有汉人立国的传统体制,也有匈奴的统领惯例,"单于左右辅,各主六夷十万落,万落置一都尉",很明确地印证了这一点。而且,《资治通鉴》卷87载:刘渊曾以刘聪为大司马、大单于。刘聪即位以刘乂为皇太弟,领大单于、大司徒。可见,一人兼有不同体制的两种职务,用当代的话说,这堪称最早的"一国两制"。

由此我们能够看到,胡汉两族在这里融洽生存、和谐相处。其原因就在于不同的族群,不同的住地,不同的管理,还有不同的祭祀,这一切的不同却统一在刘汉的国度之中,这应该是成功的胡汉分治。

法显西行求取佛律

法显是一位僧人,也是史学界公认的佛学家、旅行家、翻译家。

法显生活在东晋时期,其时北方已处在"十六国"时代。《中国佛教史》(第二卷)写道:法显"或即生于平阳郡治所在地。"①慧皎著《高僧传》卷三记载"释法显,姓龚,平阳武阳人。"②据此,法显故里就有临汾和襄垣两种说法。谢重光在《创辟荒途寻求经律的法显》一文中指出:"释法显,俗姓龚,平阳(郡治在今山西临汾县西南)人。"现今临汾市尧都区金殿镇龙祠村的天龙寺里建有法显纪念馆,陈列他的事迹。这里对法显的故里不作判定,只说他的历史功绩。

法显出生在一个姓龚的富贵人家,只是先前他的3位哥哥都夭折了,他来到这个世上令父母既高兴,又焦虑。高兴又得了个胖儿子,焦虑如何才能将这儿子养大成人。凑巧,法显满月这日,有个僧人来家里贺喜。思来想去,他们将法显寄养到了佛寺里。幼小的法显便和佛法结下了不解之缘。

20岁这年,法显受过具足大戒,来到了长安大寺。长安大寺僧人众多,法显置身其中毫不显眼。时隔不久,因为一件事情法显令僧众刮目相看。

秋日,法显和几十位年轻僧人收割水稻。忽然来了一伙手持刀棍的人抢劫,僧众见了,慌忙逃跑。唯有法显没跑,冲着来人从容地说道:"你

①任继愈主编:《中国佛教史》,中国社会科学出版社2009年版。
②慧皎:《高僧传》,中华书局1992年版。

们要稻子就拿走,何必手持大刀吓人?"

那伙人见法显不逃跑就有些惊奇,听了他的话更为惊奇,一下愣住了。只听法显又说:"平时有饭吃你们舍不得施舍,今天受饥饿就是报应。如此抢劫,我真担心你们来世还要受穷。"

说完,法显一甩手走了,奇怪的是那伙抢稻子的人也不好意思地走了。这件事传扬开去,法显成了僧众眼中的英雄。

那时候,不论是南方的东晋,还是北方的十六国,佛教都很盛行。东晋百余年间佛寺就建造了1768座,后赵石勒喜欢佛事,百姓"竞相出家"。统治者的提倡,僧尼的增多,传播了佛教文化。但是,佛经由外面僧人送进来的很多,取进来的极少,尤其缺少的是戒律。因而,寺中僧众也同社会上的人一样,缺乏约束,随意妄为。为了改变这种状况,法显下决心西行,去佛教发源地学习经书,求取戒律。

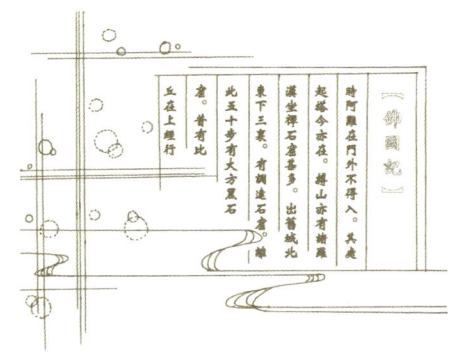

法显(霍国刚绘)

东晋安帝隆安三年(399),长安大寺欢声雷动,一个盛大的欢送仪式在这里举行,法显、道整、慧景、慧应、慧嵬西行取经正式出发。这一年法显65岁了。长安僧人西行取经的消息很快被传为佳话,他们到达张掖时,这里也有5位僧人要和他们同行。一行10人,高高兴兴来到敦煌,在此停留月余。再往前要过沙漠,物资不足不行,他们只好分两队前行。

法显和道整他们先行上路,一进沙漠就遇上了沙暴。他们走得正紧,忽然向导喊全都趴下,钻进马身下边。只见天上飞来一层红中夹黑的云团,他们刚倒地,那云团就扑过来,成了呼啸的沙暴。沙暴卷着黄沙而过,过去后马身上的毛也稀疏了好多。

整整经过17天的艰难跋涉,他们穿过沙漠到达鄯善国。稍加休整,继续西行,15天后到了焉夷国。在这里他们等了两个月,才等到张掖那5位僧人。法显很是高兴,打算让他们休息一下相随前进。然而,他们中的3位却打了退堂鼓。法显领着其他几位僧人继续前行,走不多远,又有1位退缩不前了。艰难的行程时时在考验着他们。

前面几乎无路可走了,悬崖绝壁上只有一个个小孔,要过去必须先在小孔中插上木桩,再踩着木桩移动双脚。一不留神就会摔下深谷,跌得粉身碎骨。法显在前头试探着往过走,看看他没有危险,后面的僧人才小心翼翼地跟上去。穿过艰难险阻,他们终于到了北印度,继而又到了焉苌国,也就是今天的阿富汗。法显抖掉旅途的尘土,精神抖擞地参观佛寺,完全沉迷在佛经、佛律之中。

然而,此时其他僧人却归心似箭。一天,待法显礼佛归来,只剩下道整和慧景了,想起来时大家的决心,面对今日纷纷退却的情形,法显不禁有些伤悲。但是,他很快抑制住情绪,携同二位翻山向前,没有想到山顶大雪纷纷,气温骤然下降。大病初愈的慧景抵挡不住彻骨的寒气,倒在雪地上再也没有起来。法显好不伤心,掩埋了同伴的尸体,他们挣扎着赶路。

历经千难万险,终于到达天竺,真正进入了佛国。法显每日礼佛,如痴如醉学习佛经。此时语言成了最大的障碍,不会

狮国思乡(霍国刚绘)

梵语难以和当地僧众进行交流，也难以读懂梵语佛经。于是，法显先学口语，又学写法，再了解梵文的结构。经过几年努力，他精通了梵语，除了研习现成的经卷，他还笔录下厚厚的一摞经书，其中有：

《萨婆多部律》7000 偈；

《杂阿毗昙》6000 偈；

《方等般泥洹经》5000 偈；

《綖经》2500 偈；

《摩诃僧祇阿毗昙》1 部；

……

这些都成为佛教文化的宝贵经典。

这一日，法显准备带着这些经卷，转道狮子国返回祖国。法显同道整商量，哪料他不愿回去了。艰险的路途令道整望而生畏，法显好言相劝，怎么也说服不了他，只好一人归国。

途经狮子国，法显在港口边的小摊上看见一柄白绸扇子，这么好的绸扇只有中国才有。他一问，正是。顿时，一股温热涌上心头。法显止不住热泪盈眶，祖国，漂泊的游子太思念您了。

法显搭乘一只商船渡海回国。商船出海不久，遇到风浪，船底进水了，忙了半天才堵住漏洞，飘到一个小岛上补船。补好船再度前行，在茫茫的大海上失去目标，漂啊漂，漂了 90 天才看见陆地。停船上岸，才知道到了耶婆提国（今印度尼西亚苏门答腊，或爪哇岛）。

安泽海东摩崖

继续前行,继续漂泊,50天的行程70天了还在漂泊,商船只好调转方向行进。又过了12天,总算看到了陆地。商船靠岸,回到了青州(今青岛)。

法显跳上岸来,伏地大哭,离别祖国17年的游子终于回来了。青州长广郡太守李疑,也信奉佛教,得知法显西行取经归来,亲自带了好多善男信女赶到海边迎接,帮着搬运经卷。回到郡城,还举行了盛大的欢迎仪式,法显落座居首,经卷也被供奉在鲜花之中。

法显在长广休息了一段日子,来到东晋的京城建康(今江苏省南京市)。建康是人文荟萃的首善地区,拥有东晋规模宏大的道场寺,法显在这里着手翻译经卷。没有想到,法显来到道场寺遇到了西行离散的僧友智严和宝云,3人都很高兴。智严、宝云师兄,以及佛陀跋陀罗大师,得知法显要翻译佛经,人人乐于相助。他们帮着整理誊抄,省下不少时间。法显翻译完《僧祇律》,又翻译6卷本的《泥洹经》。连续几年,将36卷的《泥洹经》翻译完毕。

就这么搁笔,法显的贡献也可以名垂史册了。然而,坚强的意志催促他继续走笔,将他坷坎的行程记载下来:

大海弥漫无边,不识东西,唯望日月星宿以进。若阴雨时,为风逐去,亦无所准……如是九十日许,乃到一国,名耶婆提。

这就是《佛国记》,一部惊世的游历著作就这么问世了。

法显用顽强的毅力写就了生命的辉煌,也为佛教发展做出了划时代的贡献。他西行的目的是求取佛律,规整佛界,可以说,他如愿以偿。随着《僧祇律》的翻译和传播,僧众的修行有了遵循的戒律。然而,他绝不会料到,求取佛律竟得到意外的收获。他成为当时行程最远的旅行家,唐智升《开元释教录》卷三指出:"皆汉时张骞、甘父所不至也。"他的《佛国记》成为研究印度历史的重要资料,季羡林在《佛》书中指出:"研究印度古代史的学者,包括印度学者在内,都视之为瑰宝。有一位著名的印度史学家曾写信说:'如果没有法显、玄奘和马欢的著作,重建印度历史是不可能的。'"

还有一个重要贡献,是法显的行为延长了人们的有效生命。余秋雨指出:"法显比玄奘更让人惊讶的地方是,玄奘翻越帕米尔高原时是30岁,而法显已经67岁,法显出现在犍陀罗国时是68岁,而这里仅仅是他考察印度河、恒河流域佛教文化的起点……这位把彪炳史册的壮举放在65岁之后的老人,实在是将人类的年龄障碍作了一次最彻底的挑战。"

北周将士浴血守平阳

唐代著名诗人李商隐曾写下《北齐二首》,其中一首写到了晋阳。

  巧笑知堪敌万机,

  倾城最在著戎衣。

  晋阳已陷休回顾,

  更请君王猎一围。

这首诗中的"晋阳"为作者一时误记,实为平阳,诗中刻画了当年攻守平阳城的一场战事。

那时北周势力日渐壮大,开始征伐北齐。北齐已到了危机四伏的末年。然而,北齐后主高纬却置危机于不顾,仍然淫乐贪欢。

北齐隆化元年(576)十月,北周武帝统率14万大军直指平阳。那时的平阳是北齐的军事重镇,若是失守,北齐时刻有亡国的可能。大敌当前,守城退敌应是迫在眉睫的大事。后主高纬却一点也没有将军国大事放在心上,而是领着自己心爱的冯淑妃前去打猎。

守卫平阳的晋州刺史崔景嵩不战而降,北周军队顺利进入城中。接着北周军队向北挺进,攻下洪洞、永安(今霍州),眼看就要攻击到晋阳了,围猎兴浓的后主高纬对此却全然不知。原来平阳一丢失,马上有战报告急,右丞相高阿那肱却压着不敢禀报,他怕惊扰皇帝的玩兴,遭责骂。

北周大军锐不可当,步步进逼,不报不行了,高阿那肱才奏知后主。后主听了,要停止围猎返回。可是,身着戎装的冯淑妃兴致正浓,竟然要后主再猎一围。

大敌当前,后主高纬还真有玩兴,不仅答应了,还大放宽心又围猎一次。诗人李商隐描画的就是这种强敌入侵依然贪欢的荒唐场景。其实,接下去还有比这更为不可思议的场景,只是限于笔墨诗人无法再现。我们不妨窥视一下。

后主高纬回到了晋阳,北齐将士都在为失去平阳焦虑,唯恐唇亡齿寒危及晋阳,因而十万将士要求出征,收复平阳。于是,高纬统率大军南下,直奔平阳而来。

北周武帝见北齐军队来势凶猛,便任命梁士彦为晋州刺史,率领1万精兵镇守平阳城,他则退居玉壁城(今稷山县西南)附近,准备从外围反击。十一月初,北齐主力包围了平阳城,从实力相比,他们占有优势。很快发动强攻,平阳城垣被弄得遍体伤痕,城墙塌毁,只剩六七尺高了,随时都有被攻陷的可能。守城的北周刺史梁士彦斗志不减,高喊:"死在今日,吾为尔先。"

稷山玉壁城遗址

梁士彦鼓动大家,死我也要走在你们前面。他带头担土运石,他的妻子也参与其中。将士们大受鼓舞,奋勇争先。城墙一有塌落,马上就补住堵好。北齐将士全力猛攻,战斗进行得十分艰难。明攻不行,就暗攻,他们掘出一条地道,打开了个十余丈的缺口,大军高喊口号,就要冲杀进城去。眼看城池就要失守,梁士彦动员将士和民众拼死一搏。

谁料后主高纬

却传令停止进攻,他要携冯淑妃一起观看大军进城的壮观场面。大军退到后面,等待冯淑妃前来。冯淑妃不急不忙,画眉挽髻,搽脂抹粉,装扮好才来到阵前。趁此空隙,北周将士围好木栏,将城墙封堵严实。北齐兵卒再来进攻,已错失良机,攻不进城去了。将士们怨气冲天,直骂后主和这个讨厌的冯淑妃。

此时,冯淑妃不仅不自责,听说平阳城西有块石头上留有圣人遗迹,要去观看。后主怕走石桥离北周士兵近,暗箭伤身,就命令将士拆下攻城木具,搭一座木桥。这样胡乱指挥,士兵们当然心存不满,木桥虽然搭成了,却很不坚固。后主携冯淑妃走上去摇摇晃晃,走没多远,哗啦塌了,二人差点跌入城壕摔死。皇帝和爱妃不顾大局,瞎胡折腾,早折腾完了北齐将士的战斗锐气,连续攻城一个月,也没有将平阳城攻下来。

这一个月中,北周武帝却没有闲着,他调集了8万将士朝北扑来,要解平阳之围。大战当前,北齐军士匆忙挖出一条壕沟,此沟西起汾河,东到乔山,形成一道新的防线。本来,据守防线,以逸待劳,可以稳操胜

尧都区高梁城古桥

券。可是,后主高纬却下令士兵出击。士兵们不得不过壕击敌。北周将士极为英勇,北齐过壕的兵士遭到抵御。两军正在奋力厮杀,骑在马上观战的冯淑妃忽然大叫:"败了,败了!"

后主高纬不敢怠慢,拉了冯淑妃转身逃命。皇帝一跑,军心动摇,10万士兵顿时溃散,结果被北周打了个大败。后主和冯淑妃逃到高梁城,稍加喘息,惊魂未定,又闻北周军队赶来,慌忙又跑。跑过洪洞、永安,一直跑回晋阳。

不过,在逃跑途中还演出了个闹剧。后主高纬要立冯淑妃为皇后,已派人去取服装。逃跑途中,正遇到取服装的使臣。后主勒马停步,当即立冯淑妃为皇后,为她改换服装。这冯淑妃连忙换上皇后御服,又接着逃跑。难怪唐代诗人李商隐将他们写进诗作。不过,这荒唐的历史背后也有着北周将士不屈不挠英勇守城的事迹。

历山舜王坪

第七章

点染历史的平阳星光
(隋唐时期)

概述

汉国消亡后,中国大地的无数次朝代更替,平阳再也没有建都的机缘。而且,平阳城也由原先的汾河西岸,迁建于东岸。迁建时曾经"刑白马而筑城",因而被叫作白马城。

隋朝时平阳改称临汾。此间,市域分为临汾、龙泉、文城、绛4个郡。临汾郡下辖临汾、襄陵、冀氏、杨、霍邑、汾西、岳阳7县;龙泉郡下辖隰川、永和、楼山、蒲县、石楼5县;文城郡下辖吉昌、文城、伍城(吉县东北)、昌宁(乡宁县南)4县;绛郡下辖翼城、曲沃、太平等县。

唐朝时,市域分属河东道的晋州、绛州、慈州、隰州、沁州。晋州下辖临汾、洪洞、神山、岳阳、霍邑、赵城、汾西、冀氏等县;慈州下辖吉昌、吕香、文城、昌宁、伍城等县;隰州下辖隰川、蒲县、大宁、永和等县;沁州下辖和川县。

这一时期,临汾名人辈出,最具代表性的是柴绍和夫人李三娘,他们为大唐开国立下汗马功劳。当然也不能忘记敬晖,由周复唐,他也立下了汗马功劳。还有尉迟敬德,他虽然不是临汾人,却被封为鄂国公,封地即在今襄汾县汾城一带。

李渊攻克霍州城

大业十三年(617),李渊由晋阳起兵反隋,到达霍邑(今临汾市霍州)地界。阴雨连绵,久久不停,道路泥泞,难以前行。比道路泥泞更可怕的是军中粮食缺乏。兵无粮自散,如此拖下去岂不是自找失败?李渊赶紧召集军事会议,打算北返。裴寂等人都认为宋老生、屈突通南北联络,据守险要,不容易立即攻破。不如回军太原,再择良机南下。

李世民却极力反对。他的看法是,如今遍地都是庄稼,怎么担心无粮?宋老生轻率急躁,一次战役就可把他俘虏。李建成也不主张退兵,可是李渊不接受,执意要退回太原。李世民没有和父亲僵持,打算稍微缓和一下气氛再劝父亲。可是,没料到刚散会撤兵行动就已开始。他跑去见父亲,天色已晚,李渊刚刚安睡,卫兵阻拦他不让进去。李世民焦急万分,就在大营外号啕大哭。声音传到寝帐,李渊不知有何情况,立即命李世民进来问话。

进帐后,李渊问李世民为何痛哭?李世民恳切地劝说,我军因大义而发动,进攻一定能克敌,撤退说不定会溃散。部众在前面四散逃命,敌人在后面乘机攻击,死亡就在眼前,怎么能不悲痛!

李渊猛然醒悟,不无焦急,可军队已经出发,怎么办?

李世民回答,右翼各军已经整装,还没有出发。左翼各军虽然出发,走不太远,我亲自去追他们返回。

李渊转忧为喜:"成败都在你,不必多说,随你决定。"讨得父亲的军令,李世民与李建成连夜追赶,将左翼各军拦截回来。

隔过几日,阴雨停止,天气放晴。李渊率军沿着东南山麓小路,逼近霍邑。李渊恐怕霍邑守将宋老生拒不出战,难以攻进城去。李建成、李世民都以为宋老生有勇而无谋,设法挑逗他,他不会不出战。假如他真不出战,固守城池,就诬陷他意志动摇,准备投降。他怕被左右同僚打小报

霍州古署

告,又怎么敢不出城!

　　李渊一想,他们分析得正确。我们在贾胡堡犹豫彷徨,宋老生不敢发动攻击,可见是个无能之辈,遂坚定了战胜宋老生的信心。

　　李渊率数百名骑兵驻守霍邑之东,命令李建成、李世民率领数十名骑兵逼近城下,扬鞭指划,大骂不止。句句都骂宋老生是个胆小鬼,是个草包。直骂得宋老生怒火中烧,率军3万分别从东门、南门杀了出来。此时天已正午,亟待进餐,李渊打算让士卒先吃饭,再作战。李世民怕宋老生退回城中,连忙说:"机不可失,时不再来"!李渊觉得在理,马上部署,李建成在城东,李世民在城南分别列阵,迎击敌人。

　　战斗打得十分惨烈,段志玄率军从城南直冲宋老生阵地,攻击他的背后。可这宋老生的将士训练有素,难以冲杀溃散。李世民手杀数十人,两把刀都出现缺口,流血沾满衣袖,甩甩血袖,挥刀再战。厮杀越来越激烈,一时难见胜负。李渊急中生智,鼓动士卒大声呼喊:"已经活捉了宋老生!"

　　匹夫不可无志,三军不可夺帅。一听将领被捉,隋军霎时乱了阵脚。李渊领兵猛冲,隋军立时溃败。败军慌忙向城里逃跑,城中部众却怕李渊军队攻入,紧紧关闭大门。不光败军进不去,连宋老生也被拦在城外。

他跳下马背,跳入护城壕沟,想躲进混乱兵士中逃跑,却被赶上来的刘弘基砍下人头。城外的隋军彻底崩溃了,城内仍在死守。趁着士气高涨,李渊下令攻城。隋军拼死作战,毕竟寡不敌众,霍邑被攻克了。混战中,两军尸体堆积了好几华里,实在惨不忍睹。

李渊起兵反隋的第一场恶战就这么取得了胜利。进城后,李渊奖赏霍邑之战的将士,军中文职人员认为,奴仆从军的战士,不应跟一般战士享受同等待遇。李渊不听,他认为飞石流箭之下,还分谁贵谁贱,评估功勋怎么能分等级?应该完全平等。有什么功,受什么赏!在霍邑,李渊开创了平等对待士卒的先河,极大调动了军中士气,为日后的节节胜利提供了精神动力。

凌烟阁功臣柴绍

唐贞观十七年(643),唐太宗李世民为了纪念开国治世的功臣,修建了凌烟阁,由阎立本为选定的24位功臣画像,悬挂阁中,时常前往追思。柴绍名列其中,位居第14名。

柴绍祖籍平阳,即现今尧都区柴村。祖父柴烈曾是北周骠骑大将军,历任遂、梁二州刺史,曾被封为冠军县公。父亲柴慎,曾任隋太子右内率,被封为钜鹿郡公。柴绍出身于将门,自幼便挽弓习剑,练得一身好武艺。他品德耿直,少年时便以抑强扶弱闻名关中,后来当上隋朝元德太子的千牛备身,也就是随身侍卫。

大业十三年(617)四月,岳父李渊打算在晋阳起兵,柴绍得信立即自长安启程赶往晋阳。柴绍离开长安,渡过黄河,遇到了李渊的大儿子李建成、四儿子李元吉。李建成觉得千里赶路不安全,不如找个偏僻的地方暂且隐藏起来,伺机再走。柴绍一想不对,必须火速前往。他说,若是隋军知道我们,肯定会被捉走。再者父亲大人要我们前去,是要率军征战呀!二人一听柴绍说得有理,匆匆赶路,直奔晋阳。行至雀鼠谷时,听说李渊已经宣告起兵,李建成兄弟都认为柴绍有主见。

李渊宣告起兵后,在晋阳建大将军府,授柴绍为右领军、大都督府长史之职。七月初五,李渊统甲士3万余人从晋阳誓师出发,柴绍兼领马军总管。李渊军将至霍邑时,柴绍到城下侦察了隋守将宋老生的布防,回来后对众将领说:"老生有匹夫之勇,我师若到,必来出战,战则成擒矣。"李渊计诱宋老生出城,两路夹击,果然大败隋军。

攻取霍邑后,李渊率军沿汾水南下,一路攻城略地,柴绍每战都当先登城破阵。九月初,隋将屈突通派桑显和率数千名士卒乘夜袭击李渊军队,部将王长谐初战失利。如不及时抵挡,很可能军心涣散。柴绍挺身而出,与史大奈率轻骑从侧后袭击桑显和的军队,将之打得落花流水。十一月初九,李渊攻克长安,拥立杨侑即位。柴绍晋升为右光禄大夫,因为是临汾人,便被封为临汾郡公。

武德元年(618)五月,李渊在长安称帝,建立唐朝,柴绍被拜为左翊卫大将军。唐朝虽然建立,但是战争没有结束,柴绍随秦王李世民南征北战,一起破宋金刚、败王世充、擒窦建德、夺虎牢关,屡立战功。因此被封为霍国公,赐食邑1200户,并转为右骁卫大将军。

此后,柴绍还屡建功绩,首先是大败吐谷浑。武德六年(623)四月,吐谷浑侵扰芳州,即现今的甘肃迭部东南。芳州刺史房当树难以抵挡,逃奔到松州,即现今四川松潘。吐谷浑军队乘胜前进,一路骚扰。此时,柴绍受命率兵前去救援。柴绍率军刚至岷州就被吐谷浑军队围困在一个山谷中。吐谷浑率军居高临下射击,箭如雨下,形势危急,将士们惊慌失措。危急关头,柴绍面不改色,从容运筹,竟让艺人弹奏胡琵琶,还有两个美女翩翩起舞。吐谷浑将士非常奇怪,不知柴绍葫芦里卖的什么药,都放下弓矢驻足观看。柴绍看见吐谷浑军已经分散注意力,马上暗遣精骑绕到其背后,发起袭击。待到吐谷浑军队发觉,为时已晚,被打得大败。吐谷浑看看胜利无望,只好归附唐朝。

接着,柴绍又配合李世民击败了突厥军。武德七年(624)三月,突厥军不断入侵,搅得唐朝边塞不宁。秦王李世民率军在五陇坂,即现今陕西凤翔西,设计迫使突厥军退兵。但是,若不给予重创,还是难以安定边地。柴绍率军追击,在杜阳谷即现今陕西麟游西北打败了突厥军。次年,柴绍再次出兵打击南下攻扰的突厥军,在鄯州即现今青海乐都又取得胜利。

玄武门之变，李世民抢得皇位，柴绍拜右卫大将军。突厥趁唐朝变乱，多次侵犯边疆。四月，突厥侵扰西会州，即现今甘肃靖远；五月，侵扰秦州，即现今甘肃天水，进而侵扰到兰州；六月，突厥侵扰陇州，即现今陕西陇县等地。面对突厥的不断入侵，柴绍又奉命率军出击。柴绍在秦州摆开战场，与突厥对决，大败敌军，斩杀突厥将士千余人凯旋。贞观四年（630），柴绍再次出征，会同其他四路大军，最终灭掉了东突厥。

柴绍的另一大功绩是消灭梁师都。大业十三年（617）二月，朔方鹰扬郎将梁师都在朔方郡，即现今陕西靖边东北白城子，起兵反隋。后来称帝，国号为梁。唐朝建立后，梁师都没有归顺，反而依附突厥，经常南下侵扰。唐军虽然多次出兵打击，但因其受突厥保护，一直未将其歼灭。贞观二年（628），突厥内部争斗，政局混乱，无力继续庇护梁师都。唐太宗李世民致信劝其归降，梁师都不从。李世民即命夏州都督长史刘旻、司马刘兰成伺机出击，二人使用离间计，使梁师都国势渐衰，不断有部将前来投降。

看到消灭梁师都的时机成熟了，李世民即命柴绍与殿中少监薛万均率军出征。突厥闻知发兵救援梁师都，柴绍军在离朔方数十里处与其遭遇。他临危不惧，率军奋勇出击，打得突厥军仓皇逃跑。继而乘胜前进，很快包围了朔方城。柴绍围而不攻，城中粮草断绝，梁师都堂弟梁洛仁眼看只有死路一条，悄悄杀死梁师都，打开城门投降。柴绍胜利归来，李世民转授他为左卫大将军，又拜为华州刺史。

贞观七年（633），柴绍又被加官镇军大将军，行右骁卫大将军，改封为谯国公。贞观十二年（638），柴绍身患重病，李世民亲自前去探望。柴绍去世后，被赠为荆州都督，谥号为襄。

现今尧都区贾得乡柴村据传为柴绍故里。村周有土堡墙，中心有鼓楼。鼓楼门洞上的题额，颇有因柴绍而自豪的意思。东曰"登楼望旭"，西曰"群朝三元"，南曰"光天化日"，北曰"威镇华夏"。

平阳公主李三娘

这位平阳公主可不是前面说的那位汉朝的平阳公主。那位是汉武帝刘彻的姐姐阳信公主,因为嫁给平阳侯曹畴被封为平阳公主。这位是李渊的女儿李三娘,因为嫁给平阳人柴绍,被封为平阳公主。

这位平阳公主可不同于那位平阳公主。她有勇有谋,在唐朝开国过程中同她的丈夫立下了汗马功劳,因而历史为她记下了一笔。

平阳公主和柴绍结婚是在隋朝末年。她的父亲是唐国公李渊。柴绍也供职于隋宫,当着太子的千牛备身。其祖父柴烈、父亲柴慎都位居高官。李三娘与柴绍成亲,堪称门当户对。

父亲要在太原起兵反隋,李三娘和柴绍还在长安。李渊托人送来一封密信,要柴绍马上赶到太原。柴绍见信立刻要走,撂下李三娘又不放心,带她走吧,怕引起猜疑脱不了身。李三娘不这么看,她认为自个是个妇道人家,不会引人注意。有点变故,也好设法藏身,劝导夫君快走。柴绍觉得李三娘很有见识,便告辞北行。

柴绍走后,李三娘离开长安,没有东渡黄河,赶赴

平阳公主李三娘塑像

太原，而是前往户县。户县有柴绍父亲置办的庄园，李三娘赶往那里暂且栖身。时逢连年大旱，滴雨难见。田地龟裂，禾苗枯焦，饥民到处流落，饿殍遍地皆是。李三娘驱车前行，触目惊心，暗中念叨，深感隋朝气数已尽。

赶到庄园，李三娘稍事歇息，便命家人开仓济民。四乡八村，都是饥民，消息传开，大伙蜂拥而至，柴家庄园门前，每日挤得水泄不通。柴家的恩德也随着粮食撒播开去。李三娘一边放粮，一边思量。户县距长安，近在眼前，一旦太原起事，便有兵士追杀，顷刻间就会大祸临头，如果没有力量抵抗，就等于引颈受戮。李三娘以招庄客为名，在饥民中挑选了一批年轻力壮的小伙子，组成了一支数百人的队伍，不但可以保卫庄园，还可以响应父亲举义。

时隔不久，李渊起兵的消息传到户县。李三娘不再遮遮掩掩，公开挑起造反的旗帜，招兵买马，首领是李三娘，军中又有一帮女子，因称"娘子军"。李三娘在户县放粮，颇得民心，她公开造反，一呼百应，队伍很快壮大，成为一支浩浩荡荡的大军。

李三娘还觉不够，试图更快壮大部队。户县周围，原先就有几支反隋的起义队伍，李三娘知道为首的有史万宝、何潘仁、向善仁、李仲文、丘师利，这5位首领的兵最强、马最壮、战斗声威最大。所以，她就派人前去联络，旨在结为一体，形成合力，共图大业。

史万宝原来是长安城内的大侠，惯于除暴安良，杀富济贫。因为看不惯隋炀帝的暴政，才反出长安，在户县山中扯旗举义。史万宝举义有个得力的助手，名叫李神通。这李神通竟然是李渊的从弟，原来也在朝中为官，李渊起事后，李神通受到牵连，京师派人捉拿，四处通缉。李神通投身史万宝大旗之下，和他一同起事。两人的起义军闹腾得轰轰烈烈。

李三娘得知后，连忙派人送信给李神通。信中请叔父说服史万宝，和娘子军结成同盟，并肩作战，攻击隋军。李神通见信，当然高兴，立即进入史万宝营中陈述情况。史万宝听说年轻的李三娘有胆有识，很是佩服，商定要见一面。是日，李三娘在叔父陪同下来到史万宝山寨。史万宝见李三娘生得貌美，谈吐得体，行动间无不透出智慧。再加上反隋目标相同，便达成共识，统一号令。

接着，李三娘又联合了何潘仁的义军。何潘仁是京兆郡中的胡人，

第七章 点染历史的平阳星光

阳泉娘子关　193

原来经商,家业富贵。但是,由于朝廷昏暴,奸臣当道,经常遭到搜刮剥削。胡人生性倔直,哪里咽得下这口恶气,于是,就举旗反隋。何潘仁是个血性汉子,一不做,二不休,干脆把隐居在户县的隋尚书右丞抢劫来,强任为义军长史,自己则称总管。这支义军发展很快,不多时就纠集了上万人马。何潘仁自恃势大,当然没有把娘子军放在眼里。李三娘派家奴马三宝去其驻地司竹园联络,就碰了钉子。李三娘从大局出发,接二连三派马三宝前去,耐心说服。何潘仁终于被打动,答应共同反隋。

联络何潘仁的胜利,使李三娘信心倍增,加紧了对李仲文、丘师利等义军的说服开导。不多时,他们也放弃自己的称号,归顺到娘子军中。短短4个月,李三娘广散粮、募武装、联义军,形成了一支不可低估的力量。李三娘率军行动,一举攻下了户县城。继而,沿渭水西进,拿下了周至、武功、始平等县城。

娘子军的兴起,早该引起隋军的注意。活该隋朝灭亡,这样一支部队,隋将屈突通竟没放在眼里,认为一个18岁的女流之辈成不了什么气候。可就是这不值一提的娘子军越战越勇,很快发展成7万人的大部队。

这一来,屈突通刮目相看了,为失去户县、周至等县焦急不安,匆忙调集部队,前去征讨。岂料,堂堂大将屡战屡败,每回都栽在这个不值一提的女流之辈手中。屈突通威风扫地,而娘子军威震关中,声名远扬。

李渊大兵一过黄河,就派柴绍前去迎接李三娘。待柴绍到来,他们合兵一处,追杀官兵,不多日与李世民部队在渭北会师。李世民喜出望外,想不到李三娘能拉起这么一支大部队。而后,他们在李世民指挥下,攻司竹、破阿城,为唐朝开国建立了不朽功勋。

攻下长安不久,李渊当上皇帝,国号唐。随之,把这位心爱的女儿封为平阳公主。传说平阳公主曾率军镇守苇泽关,每日带着一批女兵上上下下,出入关隘,苇泽关便被人们叫成了娘子关,一直叫到今日。

唐武德六年(623),平阳公主病逝,高祖李渊痛断心肝,破除妇人殡葬不用吹鼓手的习俗,以军乐吹打,厚葬了这位功勋女儿。

鄂国公尉迟敬德

襄汾县汾城镇,有一个古代县衙。县衙中有一座体量超大的大堂,原来这是尉迟敬德的帅府。尉迟敬德被封为鄂国公后,封地就在这里。尉迟敬德能被封为鄂国公,是因为他功绩卓著。史书记载,他曾三次救过李世民的命,真可谓恩重如山。

第一次是在洛阳的北邙山。那是李世民率部去征讨王世充。大战之前,李世民带领500精兵去魏宣武陵察看地形。知己知彼、百战不殆,战前侦察是夺取胜利的关键,李世民深谙此道。可惜,他的这一手被王世充摸了个正准,也逮了个正着。他正观察得仔细,突然四野有了响动,密密麻麻的飞骑快马朝他涌来。王世充率领精兵包围了李世民。李世民望着周围蜂蚁般的兵士,再看看身边这寥寥可数的将士,顿觉大势不好,恐难逃一死。就在这千钧一发的危急时刻,只听有人高喊:"秦王跟我来!"那人挥动干戈,跃马向敌阵冲去。李世民连忙扬鞭催马紧随其后,追击上去。一场恶斗,杀出重围,这前来救李世民的大将就是尉迟敬德。

第二次救李世民与第一次有些相似。李世民奉命征讨刘黑闼又被敌人包围了。看看身边黑压压的敌兵,只感这回生还无望了。所幸尉迟敬德又赶来了,又带着李世民杀了出来。

尉迟敬德画像

平定了天下后,本该过安稳日子,可内部争斗又开始了。李世民和太子、齐王较开了劲。这场较劲他一直处于下风,李建成、李元吉占有名分优势,又笼络了父皇李渊的妃子和近臣,弄得李渊头脑昏聩,时刻想办法要除掉秦王党。李世民随时有性命危机。尉迟敬德进府劝导李世民,先下手为强,促成了玄武门之变。

李世民进宫面见父皇,诉说建成、元吉有谋杀他的祸心,李渊准许他们次日一起进宫对质。第二天,李世民就在玄武门布下了杀机。李建成、李元吉按时入宫,临近玄武门发现不对,转身就逃。李世民挽弓搭箭,一下射死了李建成。乘机,李元吉钻进了旁边的一片桃树林。李世民快马加鞭猛扑过去。不料,忙中出错,树枝一扫,将他打下马来,顿时摔晕了。李元吉回头一看,返转身来,夺过李世民手中的弓就要绞死他。偏在这时尉迟敬德赶到了,李元吉见势不妙,放下李世民就逃,哪里逃得走呢?尉迟敬德追上前去,把他也射死了!这一箭,不仅第三次救下了李世民,还等于为他夺得了大唐江山。

玄武门之变,尉迟敬德无疑是第一大功臣。尉迟敬德所以这样给李世民卖命,是李世民善待他的结果。尉迟敬德是朔州鄯阳县人,隋朝末年从军,后被刘武周收编。李渊在长安建立唐朝,刘武周却在他起兵的后方作乱。如不平息,唐朝江山便会在祸害中消亡。这时候,临危受命征战河东的是李世民。而在刘武周部下冲锋陷阵的却是尉迟敬德。两军交手之初,尉迟敬德让唐军吃了不少的苦头,可就在这苦头中李世民发现他是一员骁将。几经周折,唐军节节胜利,把尉迟敬德的军队包围在介休城中。强攻免不了要受重大伤亡,于是,李世民就派人进城劝降,将尉迟敬德收入自己的营帐。

尉迟敬德带领部队投唐没几天,发生了一件意想不到的事。这事似乎是在考验尉迟敬德的忠贞,也似乎是检验李世民的胸怀。随同尉迟敬德投降的8000人,悄悄溜走不少,连尉迟敬德的副将寻相也跑走了。这一来,李世民手下的大将屈突通发怒了,将尉迟敬德捆绑了去见李世民。如果李世民杀了尉迟敬德,那从后来的史事看,他就等于杀了自己。好在李世民十分宽怀,对于其宽怀程度,《资治通鉴》有简要记载,他拿出可观的黄金对尉迟敬德说:"丈夫意气相期,勿以小嫌介意。吾终不信谗言以害忠良,公宜体之,必欲去者,以此金相资,表一时共事之情而已。"

这等坦诚直言，表明了李世民的态度，"我不会因为流言蜚语错杀忠良，如果你愿意走，我赠送些盘缠，表示我们短暂共事的情谊。"如此以礼相待，以诚相待，感动得尉迟敬德热泪盈眶。从此跟定李世民，南征北战，屡建勋劳。贞观十一年（637），李世民分封功臣官爵，拜尉迟恭为宣州刺史，改封为鄂国公。

敬晖参与复唐大举

唐朝的历史上还写下过一个平阳人的名字，他就是敬晖。

敬晖，字仲晔，20岁时科举入仕。武则天圣历初年（698），出任卫州刺史。他到任时，卫州庄稼已经成熟，应该收获了。可是，官府不让收获，却强征民工修筑城池，防备突厥进攻。百姓怨声载道，又无可奈何。敬晖见状，觉得十分奇怪，若没有粮食吃，再固若金汤的城池也守卫不住，哪里有不收粮食而修筑城墙的道理？他当即下令放回民众，抢收秋粮。这一举措，深得百姓的称颂。敬晖爱民如子，处处为大家着想，在卫州口碑极好。

任期满后，敬晖迁任夏官侍郎，即兵部侍郎，并以该职出任泰州刺史。大足元年（701），他又出任洛州长史。洛州为唐东京洛阳所在地，那时武则天在此居住，让敬晖担任这么重要的职务，可见他引起了武则天的重视。时隔不久，武则天前往长安，命令敬晖在东京城留守，统管全面事宜。这更体现了武则天对他的信赖。敬晖尽职尽责，清廉善治，武则天闻知，特下玺书慰劳，并赐物百段。长安三年（703），将敬晖拜封为中台右丞，加封银青光禄大夫。此时，他已是从三品官员。

敬晖最大的贡献不是官职的升迁，而是参与光复唐朝。武则天晚年，张昌宗和张易之兄弟成为她生活中的两位重要人物。兄弟俩因容貌俊美颇受武则天的宠爱，许多钻营者趁机大加奉承，有人谄媚张昌宗貌美如莲花，有人则反驳说，不对，应该是"莲花似六郎"。六郎是张昌宗的小名。对这肉麻的奉承,武则天竟高兴地称许。这位曾经对政治拥有高度热情和惊人判断力的女皇,已厌倦了繁杂的政治,疏于朝事。不仅在个人的生活里,宠用张昌宗和张易之,而且把宠爱放纵到政事上。张昌宗和张易之有恃无恐,便激化了宫廷矛盾。在这场政治斗争中。敬晖是非分明,没有因为武则天重用过自己,就将人格的天平向她那一端倾斜,而是从正统的观念出发,一心要恢复大唐社稷。

　　神龙元年(705),武则天已是82岁高龄,且身患重病。这是恢复大唐的最好机遇。敬晖迁转右羽林将军,追随张柬之、桓彦范、崔玄昉、袁恕己等人,诉诸武力,发动政变。敬晖率领左右羽林军500余人,紧跟张柬之直入玄武门,冲入内殿。二张兄弟听到风声,慌忙从武则天寝宫跑

出来探听情况,恰被张柬之碰上。张柬之毫不迟疑,就地将他俩处斩。然后,直奔武则天的寝宫长生殿。殿前侍卫环立拒进,张柬之大喝一声"退下",大踏步带兵敲响了武则天寝宫的大门。就此推翻了武则天,拥戴唐中宗复位。事后,敬晖因诛二张有功,擢升为侍中,加封金紫光禄大夫,并赐爵平阳郡公,不久,又晋封为齐国公。

唐中宗昏庸无能,又受武三思和韦后愚弄,后来敬晖和张柬之等人都遭贬黜。敬晖被贬为崖州司马,不久,又改迁琼州,遭到周利贞杀害。但是,他廉洁刚直,在唐朝留下英名。唐睿宗即位以后,追封敬晖等"五王"官爵,敬晖为秦州都督,谥号为"肃愍"。唐德宗建中初年(790),又追赠太尉。

霍州七里峪

大云寺里看冶炼

临汾城里有个大云寺。寺庙由山门、献亭、中殿、方塔、藏经阁等建筑组成。方塔高六层,一至五层为方形,六层为八角形,按八卦方位排列建造。塔高30余米,各层均有琉璃构件,镶成仿心。内容为佛、菩萨、罗汉、弟子及佛经故事。

大云寺的兴建与女皇武则天有关。唐载初元年(689),已当过皇后、皇太后的武则天想当皇帝。可中国历史上没有一个女皇,于是就寻找合适的理由。这年的七月,洛阳白马寺和尚法明找来了一部《大云经》,经书里写着"弥勒下生作女王,威伏天下"之语。和尚们便利用这几句话,说武则天就是下生的弥勒,理应当唐朝的皇帝。武则天如获至宝,立即推行"易世革命",废掉唐睿宗李旦,自称圣神皇帝,改国号为周,当上了女皇帝。她也是中国历史上唯一的女皇帝。

《大云经》是武则天当皇帝的法宝,她登基后马上诏令全国各州郡修建大云寺,藏《大云经》,命僧人讲解,宣扬"君权神授"。诏令一出,一时间全国各地纷纷响应,临汾市的大云寺就建于此时。①

全国大云寺很多,临汾大云寺也就没有什么特别之处。唯一不可忽略的是铁佛塔,因为塔下有尊全国独一无二的铁佛头。那佛头高6米,宽达5米。佛头中空,4个人在其中打坐还宽宽绰绰。从里面观看,可以看出佛头是铁铸的,专家计算总重在15吨以上。佛塔也同时建造,而建造佛塔必须先安装好铁佛头,否则,佛塔建好再有能量、再有技术的人也把铁佛头搬不进去。令人叹奇的不是先造像,还是先盖塔,而是铁佛头的铸造技术。15吨的生铁要一次高温熔化,一次浇铸完成,其规模可

---

①《旧唐书·本纪第六·则天皇后》记载:"有沙门十人伪撰《大云经》,表上之,盛言神皇受命之事。制颁于天下,令诸州各置大云寺,总度僧千人。"

尧都区大云寺方塔

尧都区大云寺佛头像

想而知。由此探想，在唐代我国的铸造技术就已经很发达了，当然，也可以说古平阳的铸造技术在全国是首屈一指的。一般造佛塑像多是就地取材，可见在唐初，平阳的铸造技术就已经进入盛期，不仅以此成业赚钱，而且有了打造物件、展示技术的能力。这不能不让人起敬，敬重我们的先祖创造了人类铸造史上的辉煌。

敬重的还不止于此，看看佛头像，更让人叹为观止。这佛头面目端庄、慈祥和善。看脸，脸颊丰满；看眉，眉骨高隆；看耳，耳垂至肩；看发，螺发左旋。生动的面相显示着佛祖的大慈大悲。如果说，一次浇铸15吨生铁不是一件易事，那么，要用生铁铸造成这么生动的形貌就更难了。

唐朝时临汾的冶炼铸造技术、雕塑造像工艺如此发达，是因为根底深厚。从晋国墓地出土的青铜器可以看出，春秋战国时期，这里的冶炼铸造技术就达到一定高度。到了汉代，又有很大发展，其时全国设立铁官48处，平阳位列其中。唐朝时，临汾冶炼业盛况不减，成为全国闻名的冶铁中心。在乡宁县关王庙乡至今可以看到名为"唐池"的遗迹，就是唐朝冶炼的遗迹。这种盛况延及后世，以致到了宋代，临汾还位列全国12个冶炼治所之一，到明代依然是13个冶炼治所之一。

第八章

灿烂文化辉映华夏

（宋辽金元时期）

概述

北宋初年，临汾隶属河东路，分为晋州、绛州、隰州、慈州。晋州于正和六年(1116)升为平阳府，下辖临汾、襄陵、神山、赵城、汾西、霍邑、冀氏、岳阳、和川等县；绛州下辖太平、曲沃、翼城等县；隰州下辖隰川、蒲、大宁、永和等县；慈州下辖吉昌、乡宁、文城等县。此间，朝廷在此设立铁官，为"十二冶"之一。这里铸造的大钱，以一当十，用于关中军费，成为当时北方重要的商业贸易城市。

金代时，临汾属河东南路，由平阳府的10个县、隰州的4个县、吉州的2个县和绛州的3个县组成。其时，平阳的造纸业、印刷业十分发达，平阳麻纸驰名全国，是金朝四大刻书中心之一。金兴定四年(1220)，在汾河西岸设立平水县，因而把在此地所刻印的书籍叫"平水版"。著名的《赵城金藏》《四美图》《关羽图像》便始刻于这一时期。其中，形象逼真的精美绘画，开创了人物版画的先例，是中国版画的一大突破。在浓郁的文化氛围中，"平水官韵"顺势而生，之后很长时间作诗填词都以平水的韵律为准。

元朝时，临汾为河东山西道宣慰司晋宁路，下辖河中府，以及绛、潞、泽、解、霍、隰、沁、辽、吉等9州和下属的52县。元代承接了金代形成的文化风习,而且日趋兴旺,戏剧异军突起,唱红远近,成为全国的戏剧中心。

纵观这一时期,临汾虽然不再是政治中心,但是,经济文化的发展在全国仍然占有领先地位。特别是文化的繁荣,既为中华文明注入了活力,也让临汾魅力再现,风光于世。

孙复讲学国子监

北宋时，晋州平阳，即现今临汾出过一位让世人尊敬的大学问家、思想家——孙复。他去世后欧阳修为他作《墓志铭》，高度评价："先生治《春秋》，不惑于传注，不为曲说以乱经。其言简易，明于诸侯大夫功罪，以考时之盛衰，而推见王道之治乱，得于经之本义为多。"

这是评价孙复研读《春秋》，不轻信前人的注释见解，言论有独到之处。孙复的学说简单明了，却能够明辨诸侯大夫的功过是非，可以从世道盛衰考证治国的道理，能够通晓儒学经典的本来面貌。

孙复少时就志于求学，但家境贫寒，无法入学读书。成年后，他一面设法求学，一面挣钱赡养母亲，日子过得非常艰苦。他勤奋学习的事情让范仲淹知道了，很是同情，就设法给他谋到一个学职，每月可以得到3000钱，维持家中生计。范仲淹是苦读求学科举入仕的，所以特别理解孙复的艰难，有了空闲，还亲自为孙复讲解《春秋》。范仲淹成为孙复的启蒙老师。

孙复做学问追本溯源，直达要义，对于《春秋》等经典能读出自己的感悟。这与宋代的时尚有违，那时取士的标准主要是考核学子对经书传注的理解，实际也就是让后人紧步前人的脚印，不能有自我见识。这便决定了孙复的悲剧命运，他的出发点不合乎时宜。所以，他参加科举考试，屡次不中。孙复灰心了，放弃科考，专意攻读经书。

孙复画像

宋仁宗天圣初年（1024年前后），孙复30岁出头时，来到泰山闭门读经。起初住在泰山脚下的岱庙东侧，后又搬到北面的山麓。那时候，他生活十分艰难，每天能填饱肚子就是好日子。他却安贫乐道，勤于读书。早晨，红日未升，泰山便响起了他朗读经书的声音，史书说是"洪音琅琅乡齿牙"，"终得圣人意思"。孙复一边学经，一边讲书。他创办了泰山书院，聚集学子，讲授先圣经典。前来听课的弟子，后来有不少都成为当时有名的学问家，如石介、刘牧、范纯仁、吕希哲，连重臣文彦博也曾是他书院的门生。随着门生弟子的成长，孙复的名气传播开来，成为远近闻名的大学者。

有两件事大大提高了孙复的知名度。一件是时任给事的孔道辅前来拜会孙复，令世人对孙复刮目相看。当时，石介已很有声望了，在孔道辅拜会孙复时，他执杖侍立师长身旁，毕恭毕敬。孔道辅对孙复更是尊崇有加。

另一件事是丞相李迪慕名前来拜会孙复。李迪见孙复学识渊博、出口成章、见地超人，深为佩服。再看他的外观，形容枯槁、须发皆白，一副穷困模样。李迪动了善心，想到自己弟弟的女儿尚未嫁人，就将她嫁给孙复，以便照料这位难得的贤才。孙复听了却极力推辞，他不愿意拖累丞相的侄女。李迪再三劝说，石介等弟子也从旁规劝，孙复才答应了。丞相将侄女嫁给孙复，更让孙复声名远扬。

更让人感叹的是，虽然那时奉行科举入仕，有时也不拘一格取人才。庆历二年（1042），枢密副使范仲淹、资政殿学士富弼联合上奏推荐孙复在朝廷讲说道德经术。宋仁宗准奏，召拜孙复为校中郎，兼任国子监直讲。孙复到任后，宋仁宗亲临太学，召他为自己说书。而且宋仁宗不止一次听他讲学，夸他讲得精练得当。

遗憾的是，这样的讲学机会仅有5年，徐州孔直温谋反，被镇压后从他家中搜出个名单，上面有孙复的名字。孙复受到牵连，被贬出京城，先监虔州商税，后又调到泗州、陵州等地。9年以后，翰林学士赵概等10余人联名上书，孙复又被召回，继续任国子监直讲，升任殿中丞。不过，仅过一年孙复就去世了。据说，他去世后，宋仁宗很是悲痛，赐予他家中10万钱，不少公卿、大夫、士友、太学学生都前来哀悼送葬，送别这位造诣很高的学术专家。

孙复虽然去世,但是他的著作却流传下来。他著有《春秋尊王发微》十二卷、《春秋总论》三卷,还有为数不少的其他作品。他的思想通过他的著作也流传开来,后人称他是宋代理学的先导"宋初三先生"之一。

孙复最重要的学术贡献是突出儒学之道。他认为此道非道家所谓玄妙难测的宇宙本体,乃是一切社会政治伦理的最高原则。他继承韩愈之说,构建了一套由远古伏羲、炎黄经尧舜禹至周公、孔孟的系统道统。这一学说将孔孟宣扬的精英政治道德理论置于皇权之上,即使至高无上的天子也应遵行。虽然,这种道德说教无法改变皇权至上的垄断性,但至少可以约束帝王,使之减少胡作非为。

孙复治学不为传注所惑,直抵儒学源头,形似复古,实为创新,让儒学走出了汉代以后长期徘徊的低谷,重新建构出一个既博大又精微的儒学思想体系。为此,他去世后欧阳修为某亲撰墓志铭。

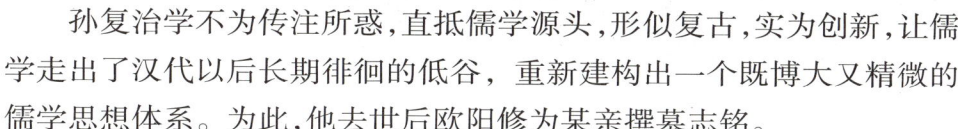

抗金英雄梁兴

提起抗金,人们自然会想起民族英雄岳飞,他那"还我河山"的气概永远激发着民众的爱国热情。在平阳大地,也走出过一位抗金英雄梁兴。

梁兴,又名梁青,出生于一个富裕的农民家庭。自幼喜欢习枪舞棒,被人称为梁小哥,金兵入侵后,他公开举起抗金大旗。公元1126年10月,金兵攻陷了平阳城。梁兴带领义士进入太行山,组织起忠义保社,时常袭击金兵占领的城邑。忠义保社的义士以红巾为标志,人称红巾军。红巾军时而攻击泽州,时而袭击潞州,打得金兵防不胜防。附近民众纷纷来投红巾军,梁兴义军很快壮大。

公元1134年,梁兴率领数千人的义军进攻神山县,即今浮山县。他身披铠甲,催马挥刀,冲进金军大营,手起刀落,金兵纷纷亡命。金军都统制乌玛喇恼羞成怒,前来应战。没战几个回合,就被梁兴斩去头颅。顿时,金兵大乱,义军乘胜攻占了神山县城。

侯马金代墓刻

梁兴义军的胜利让金兵恨之入骨,他们组织力量大肆反攻,企图很快吃掉这支军队。敌众我寡,形势十分不利,然而,梁兴抗金意志坚定,率领兵卒奋勇抗敌,毫不退缩。金平阳帅府派总管判官邓奭带兵三千,前来镇压。梁兴义军声威极大,金军远远望见忠义保社的战旗,就不敢再继续前行。夜晚,他们后撤十多里才敢扎营休息。而且,怕义军偷袭,点燃火炬,大呼小叫,给自己壮胆。梁兴义军还没有发动进攻,金兵扎营3个夜晚,就惊溃了两次。最后,大将耶律马五亲临战场,率领精骑与梁兴义军鏖战。梁兴以哀师抗骄兵,大败敌军,杀死耶律马五和万夫长耿光禄。

此时,岳家军的名声大振,"撼山易,撼岳家军难"已成为风靡一时的口号。面对数倍于义军的强敌,梁兴决定投奔岳飞,共同抗金。主意打定,一个风紧夜暗的晚上,他率领义军杀开一条血路,冲出重围,火速前行,渡过黄河直奔岳飞大营。岳飞热情欢迎这支义军,并任命梁兴为大将,共同作战。

公元1140年,岳飞准备大举北伐。梁兴奉命渡河北上,重返太行山在敌后作战,接应大军到来。他联络当地豪杰义士赵云、李进、董荣、牛显等,组成抗金联盟,频繁发动攻击。不多时就攻克垣曲、沁水等地,威慑到卫州、怀州,义军声威扬名远近。岳飞得知,当即上奏朝廷,宣示北进中原的方略。继而,进兵朱仙镇,试图北伐。然而,就在抗金斗争节节胜利的大好形势下,岳飞却被秦桧以"莫须有"的罪名杀害了。

从此,抗金斗争落入低谷,但是,梁兴毫不气馁,坚持作战,连续重创敌人。公元1148年,在一次激战中梁兴不幸身亡。历史将永远铭记他的功绩。

雕版印刷中心

走进俄罗斯国家博物馆,可以看到一张纸面发黄的木版印刷画幅,名为《四美图》。这幅画上题:"隋朝窈窕呈倾国之芳容"几个大字,背景有玉石栏杆、牡丹怪石,边框有鸾凤花纹,下有蔓草铺底,给人一种典雅的感觉。最为惹眼的当然是画面上的人物,《四美图》也就是古代的四位美人:班姬、赵飞燕、王昭君、绿珠。这四位美人服饰不同,性格分明,栩栩如生。这是金代平阳姬家雕版印刷的作品。同期,平阳徐氏刻印的《义勇武安王》年画,艺术价值堪与《四美图》媲美。

临汾在历史上曾是雕版印刷的中心。雕版印刷大约始于五代后周时期,平阳地区很早就传承着这项技术。雕版印刷需要纸张、墨锭、梨木或枣木几种材料,这些材料平阳都具备,就有了发展印刷业的基本条件。加上平阳有着深厚的文化积淀,因而很快普及开来。平阳雕版印刷的良好基础,为后来快速发展做好了充分的准备。

据洪迈《容斋随笔》记载,宋靖康元年(1127),金兵大举南下,攻克

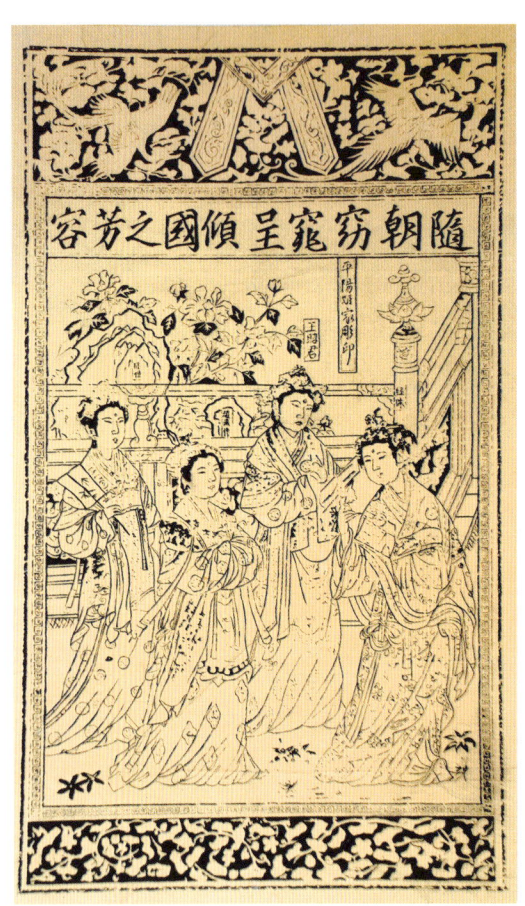

平阳姬家《四美图》

了宋朝都城，俘虏了宋徽宗和宋钦宗，押往北国异地。汴京城中的文物、图书，以及不少技艺工匠也被金人带到北地。金人选准平阳，将大部分雕刻木版和刻工安置于此，因为这里有着雕版印刷的雄厚基础。本来基础雄厚，加上新引进来的技艺催化，平阳雕版印刷进入腾飞时期。

历史变迁，书卷遗失，好多成果看不见了，但有一部书至今仍然震惊着世人，那就是现在珍藏于北京国家图书馆的《金藏》，也称《赵城金藏》。这部佛教经典，始刻于金皇统九年（1149），成卷于金大定十三年（1173）。全书以古代儿童启蒙读物《千字文》编号，始用"天"为首，末用"几"作尾，洋洋7000卷。经卷首尾分别印有"赵城广胜寺造"和"赵城县祖代旨庞待诏自造"的印记，清楚说明了刻印地址。由于刻印的时间在金代，所以称为《金藏》。又由于刻印和珍藏地为当时的赵城县，所以又称《赵城金藏》。如今，这部佛典与《永乐大典》《四库全书》《敦煌遗书》被视为国家图书馆的镇馆之宝。

平阳雕版印刷业的飞速发展，使之很快成为北方文化事业的中心，形成了庞大的书业市场。为了有效管理，金代统治者在这里设置了全国最大的官方出版机构——书籍所，不仅统筹雕版印刷，而且管理各种图书。一时间，平阳刻坊杂集、书肆林立，官办民办的雕印作坊就有27家之多，从业工匠多达500人以上，至今仍然可以查考出名字的私人作坊有：王氏中和轩、张氏晦明轩、平阳姬家、平阳徐家、平阳陈家、尧都梁宅、平水曹氏、平水许宅、平水高昂霄等。这些刻印所还有大致分工：官坊主要印制府衙文书、档案、儒家经书、佛道经藏；作坊主要为书肆刻印书籍，平民中喜欢的说唱话本和诸宫调；家庭私刻多印经史子集类的图书。

金代平水刻印出版的图书多达100余种，还有很多没有刻书者的姓名题记。据《临汾市志》记载，金大定十二年（1172），刻印有宋吕惠卿撰写的《壬辰重改正吕太尉经进庄子全解》、蔡珪撰写的《晋阳志》、曾巩撰写的《南丰曾子固先生集》34卷、邢准编撰的《新修累音引证群籍玉篇》30卷，等等。

金代平阳雕版印刷业的兴盛延及元代。《元史》记载，元太宗八年（1236），中书令耶律楚材奏请窝阔台，"请立编修所于燕京，经籍所于平阳，编集经史"。皇帝准奏，平阳又成为元代刻印书籍、编集经史的文化传播中心，由此文化事业大兴，城中"家置书楼，人蓄书库"。其雕版印刷之兴盛，可以和燕京、汴梁相比。流传下来的书卷有：曹氏进德斋刻印的《尔雅郭注》3卷以及金代元好问《中州集》10卷等。

在众多的刻家中，最具声望的是王氏中和轩，历经金元两代，从金代正大六年（1229）到元代元统二年（1334），长达106年间久盛不衰。先后刻印有王文郁编撰的《增注礼部韵略》《道德宝章》和《滏水文集》18卷。平水书轩陈氏刻印的《新刊补注铜人腧穴针灸图经》5卷，也声名颇大。此书为北宋名医王惟一奉旨著述，以铜人为式，分脏腑十二经，旁注腧穴所会，刻题其名，以图示范治疗之术，为医学珍品。张秀民所撰《中

洪洞广胜寺《赵城金藏》

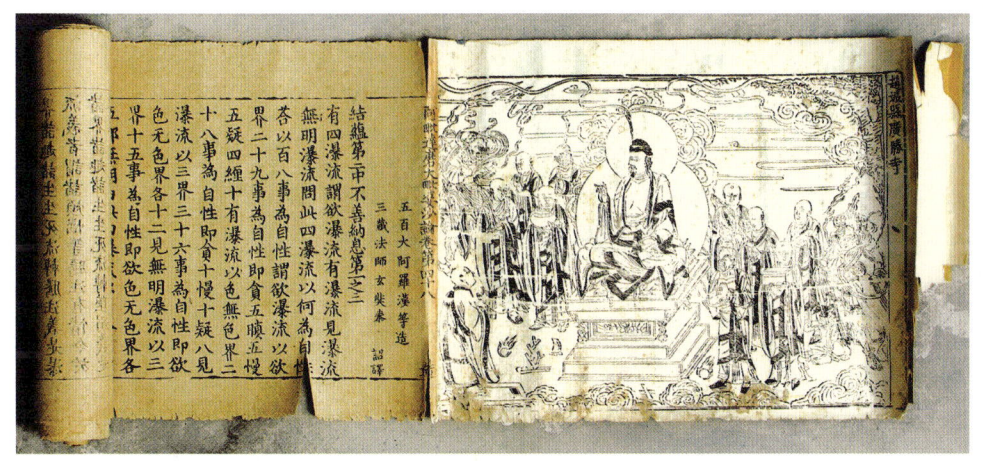

国医学史》称该书为石印本,"命工镌石,使其不朽"。值得关注的还有张存惠,他增补校勘了我国名著《重修政和经史证类备用本草》30卷,加注了各种药物异名俗称,刻印了药物图像,方便人们识别,流行很广。明清以后多次翻印,还流布到日本。新中国成立后,人民卫生出版社将其再次影印出版,该书成为中药学的经典图书。张存惠还刻有《增节标目音注精义资治通鉴》,原刻本现珍藏在北京国家图书馆。《中国版刻图录》高度评价这个刻本,称其纸墨精莹、刀法遒劲,可称平水本上乘。

金元时期,平阳雕版印刷业的发展普及了文化事业,那时"家置书楼,人蓄书库"[①],极大地提高了当地的文化品位。

道教圣地云丘山

临汾市乡宁县有座称为"河汾名胜"的山脉,这就是云丘山。人们将云丘山的古代建筑概括为:两宫、两顶、三座门。两宫就是五龙宫、八宝宫;两顶是祖师顶、玉皇顶;三座门是一天门、二天门、三天门。祖师顶和五龙宫供奉的是真武大帝,玉皇顶供奉的是玉皇大帝。从这些古代宫殿建筑看,这里信奉的是道教。

道教界曾有"南武当,北云丘"之称。云丘山获得这一殊荣,和真武大帝关系至殷。武当山相传是上古时玄武得道升天的地方。云丘山在道教界如此受宠,因为玄武大帝是主管北方的神灵。

在宋代尊崇道教,玄武的地位又有提升。那是因为宋代开国后,北方经常遭受契丹、辽国的骚扰攻击。为了提高防御入侵者的自信心,乃乞灵于北方大神玄武的护佑。位于吕梁山南端的云丘山,地势险要,因而便将玄武大帝供奉于此,守土御敌。

值得关注的是,云丘山有真武大殿,没有玄武大殿。原因是宋朝大

---

① 转引自介子平:《晋版曾辉煌》。

乡宁原云丘书院

乡宁云丘山玉莲洞

第八章 灿烂文化辉映华夏

213

中祥符年间,皇帝赵恒为了避圣祖赵玄朗名讳,将玄武改为真武。传说这位赵玄朗就是大名鼎鼎的赵公元帅,据说他原是日精之一。古时天有九日被后羿射掉,坠落于青城山,有8个变成鬼怪到处害人。唯独赵玄朗却独化为人,避隐蜀中,精修成道。张陵在青城山炼丹时,收赵玄朗护卫丹室。天师丹成,分丹饵之,遂能变化无方。赵玄朗食丹以后,形貌酷似天师。天师遂命其永镇玄坛,故号玄坛元帅。至于封为财神,那是明代以后的事情。宋朝是赵家天下,当然对这位姓赵的先祖尊崇有加。因而,降旨改玄武大帝为真武大帝。

云丘山能成为如此规模盛大的道教圣地,与宋元两代道教的兴盛关系至殷。道教是我国的本土宗教,长期的发展过程中出现过不同门派。金代以后,在山西影响最大的是全真教派,此派在平阳地区分外活跃,元朝尤其是这样。

全真教的创始人是王重阳。他倡导"清静无为""慈俭不争""无为而治",摒弃了迷信妖术,减弱了虚妄诡秘,不少希望避世的北方士人争相追随。一时间,全真教风靡城乡,成为北方地区道教的主流,平阳更是追随者众多。王重阳有7个最负盛名的弟子,其中之一就是长春子丘处机。在7个弟子中,丘处机名气最大。

元代壁画

此时，活跃在平阳一带的是丘处机的弟子虚静大师孙志坚。据云丘山《重修玉莲洞碑》记载：元宪宗八年（1258），重修的玉莲洞就是孙志坚传教的道场。碑文写道："近有我正、纯二祖启迪仙范于前，重阳二师绍隆真风于后，暨乎长春国师，应明诏、历方辙、环夷夏，教被中外，神栖燕镇，法嗣宗支广矣大矣。绰负枝嗣高弟子孙老先生开阐化习，全真正教尚梗涩于人伦耳目。自北而南，实由平阳孙老先生始道其源也。次后，三晋士民方得根熟。"这里所说的正、纯二祖，是指全真教创立后被尊为道统始祖的钟离权和吕洞宾。钟离权号为正阳，吕洞宾号为纯阳。至于重阳二师，是指全真派的创立者王重阳和王少阳。长春国师，是指丘处机。"应明诏、历方辙、环夷夏，教被中外"，显然是指丘处机谒见成吉思汗。孙老先生乃长春国师的高弟子，也就是孙志坚。他在此静心修道，竭力布道。而且，他的嫡传弟子、翼城县白马村人吕志忠多年跟随他，就在玉莲洞成道。修炼得道的不止一人，云丘山的绝壁断崖上，到处有道士修炼的洞穴。

如今，仍能看到昔日布道的玉莲洞。此洞建在陡峭的绝壁之下，屹立的绝壁，没有丝毫刀砍斧劈的痕迹，虽然齐崭崭、直挺挺，却自上而下略微缩进去。这一缩就缩出了玉莲洞的位置，即使房屋无顶，也可以遮蔽风雨。这与道教清静无为，自然大化的崇尚别无二致。这座元代创造出来的建筑艺术，不仅见证着道教的兴盛，而且显示着简练而高超的建筑手法。

医学家许国祯

元代有个医术高明的太医，名叫许国祯，为当时绛州曲沃县高显村（今侯马市）人。他不仅在宫廷治病，而且著有医书《御院药方》和《增修本草》。至元三十年（1293），由平阳司家刻印的《御院药方》，现今还珍存在日本。

许国祯医术精湛,有药到病除的美誉。他给庄圣太后看病,诊断准确,疗效明显,不久就痊愈了。忽必烈甚为感激,宴请群臣,专门给他赐座。那年太后53岁,忽必烈就赐给他53根白金链。后来,还任命他为荣禄大夫,管理太医院。

更加令人钦敬的是他的可贵品格。有一次,伯撒王妃患了眼病,一位医生针治,一失手居然将王妃的眼睛扎瞎了。这可激怒了忽必烈,当即下令处死医生。大臣们都很恐慌,没有一人敢多嘴。此时,许国祯站出来从容不迫地进谏:"医生治瞎了王妃的眼睛,当然有罪,该死。不过,给王妃治病谁也紧张,一紧张就容易失手。如果这么处死医生,以后就没人敢来王府看病了。"忽必烈觉得有道理,饶恕了医生,还欣慰地说:"国祯如此直言不讳,可以当谏官。"

许国祯思维敏捷,时常利用医病之机劝导忽必烈。忽必烈脚疼,他为之开了药。忽必烈嫌苦不喝,他劝说:"良药苦口利于病,忠言逆耳利于行,陛下还是喝了吧!"忽必烈没喝,脚更疼了,他对许国祯说,应该早听你的话,将一个七宝马鞍也赐给许国祯。

忽必烈非常信任许国祯,南征云南还带他随军出征。元宪宗九年(1258),忽必烈率蒙古大军攻克鄂州,即现今湖北武昌,俘虏宋军数百人。蒙古军将领要活埋这些俘虏,许国祯冒死向忽必烈进谏,最终赦免了这些宋朝的军人。大军班师时,招纳归降的百姓有数十万人。由于缺乏粮食,途中有许多人饿倒在地。许国祯再次为民请命,请求忽必烈发放蔡州军粮赈灾,得到允许后,许许多多饿倒的百姓得以活命。

随着忽必烈对他的信任,许国祯当上了礼部尚书。他上书忽必烈,要其注重八件大事:慎财赋、禁服色、明法律、严武备、设谏官、均卫兵、建学校、立朝仪,多数都被采纳了。同时,他举荐了不少贤达人士。不久,他又被拜为集贤大学士,赐封为光禄大夫。忽必烈见到他,只称许光禄,而不叫他的名字,可见他的威望之高。

76岁时,许国祯离开了人世,被特赠金紫光禄大夫,还被追封为蓟国公。

广为流传的《平水韵》

《平水韵》是金元之后作诗押韵的韵辙,因为官方颁布,又称《平水官韵》。此韵律所以称为《平水韵》,是因为发轫在临汾,即当时的平水县。

关于《平水韵》的诞生,历来有两种说法。一说是宋淳祐年间,平水人刘渊增修了《壬子新刊礼韵略》,在《广韵》的基础上,把206韵合并成107韵。这部《壬子新刊礼韵略》已失传。现在看到和沿用的《平水韵》,是由同为金代平水人的王文郁所编《平水新刊礼部韵略》,共106韵。《平水新刊礼部韵略》为金代礼部科举取士所用的官韵,这是流行的第二说。

对这两种说法,有人做过考证,说王文郁刊印《平水新刊韵略》在前,为公元1229年。刘渊《壬子新刊礼部韵略》在后,为公元1252年。但不论谁前谁后,两个作者都是平水人,他们所著的韵书韵部系统就被称之为平水韵。有人进一步探究,得出比王文郁确定《平水韵》还早的是毛麾,时在金大定十六年(1176),要早53年。而毛麾家乡也在平阳。可见,平阳人与《平水韵》有着不解之缘。

当然,《平水韵》不是无源之水,可以上溯到隋朝的《切韵》。《切韵》由隋代陆法言所著,这是我国目前发现最早的韵书。此韵成书于隋文帝仁寿元年,由当时精通音韵的名士刘臻、颜之推、卢思道、李若、萧该、辛德源、薛道衡、魏彦渊共同商讨,经陆法言执笔完稿。《切韵》共分五卷,收集11500个字,分193韵。其中,平声54韵、上声51韵、去声56韵、入声32韵。此韵开创了古代修撰韵书的先例,从隋至唐一直沿用。宋代陈彭年引申为《大宋重修广韵》,与之是一脉相通的。《平水韵》无疑是在《切韵》《广韵》基础上总结发展而来的。

《平水韵》共106韵,分为平声30韵,其中上平声15韵,下平声15

韵,上声 29 韵,去声 30 韵,入声 17 韵。

《平水韵》刊行后,作诗的文人们奉为圭臬,不仅当时使用,而且后世的多种诗韵大都依据此韵编写。一是元代周德清编写了《中原音韵》,共分 19 个韵,比《平水韵》少 87 个韵。分韵方法和《平水韵》比较,更为简便易行;二是明代乐韶凤等人奉旨编著了《洪武正韵》,把《平水韵》的 106 韵合并为 76 个韵部;三是清康熙年间,张玉书、陈廷敬等人奉旨编撰了《佩文韵府》,其韵部实际上是《平水韵》的翻版,使得《平水韵》广为流传。因为康熙皇帝的书斋名"佩文",所以名为《佩文韵府》。《佩文韵府》据平水韵 106 韵目分韵,计有 106 卷,是清人科举的用韵标准,实际上就是延续了《平水韵》的标准。

总之,《平水韵》自诞生以来,上千年经久不衰,成为中国古代诗歌创作使用的标准韵本。

元代戏剧摇篮

元代是我国戏曲走向成熟的时期。那时候,全国的戏曲中心有两个,一个是北京元大都,一个就是平阳。而这两处戏曲中心比较,平阳戏曲的繁盛要比元大都(北京)约早 30 年。可以说,平阳是戏曲的摇篮,在这里成熟的戏曲逐渐走向全国,走进北京,也走进了统治者的皇宫。

如今,在洪洞县广胜寺下寺水神庙里的明应王殿中仍然可以看到一幅元代壁画。这幅壁画忠实记录了平阳元代戏剧的繁荣,壁画上有一座舞台,台上幕前演员有 3 排,前排 5 人,中间 4 人,后排 1 人,穿着戏装,脸谱各异;幕后有人,像是在掀开幕布往外看。当然还有伴奏的乐队,鼓乐齐备,初具规模。台上横幅上写有大字"尧都见爱大行散乐忠都秀在此作场",并写有小字"大元泰定元年四月"。从字面看,散乐就是杂剧,尧都见爱大行散乐忠都秀是一个戏剧班子。据说,这个戏班就驻在平阳城中的燕尔巷。那时,燕尔巷居住的不只这一家戏班。

元代平阳戏曲的繁盛还可以从戏曲舞台看出来。全国现存的元代戏台仅剩8座,而临汾市就有5座。由此也可以看出,元代的平阳确实是戏剧中心。

平阳之所以会成为元代戏剧中心,是由于历史文化源远流长,千秋滋养,才孕育出这样的艺术花朵。平阳大地,文化深远,传说黄帝的史官仓颉在这里造过汉字,尧时期诞生过中国最早的诗歌——《击壤歌》。《击壤歌》不仅可以口诵歌唱,而且游戏时要手舞足

洪洞广胜寺元代戏曲壁画

蹈,已有了表演的萌芽。以后又有虞舜时期的《南风歌》,《诗经》中的《唐风》《魏风》也诞生在晋南文化沃野。到了春秋时期,晋国已经铸成了编钟,礼仪乐器完备。秦始皇东渡蒲坂后,鼓乐响道,惊天动地。汉武帝泛舟汾阴,高诵《秋风辞》。这些文化基因都有利于戏曲文化的茁壮成长。

北宋年间,平阳地区已有了萌芽状态的戏剧艺术,如滑稽戏、歌舞戏、百戏技艺、傀儡戏、影戏等,均在民间广为流行。到了金代,平阳戏曲演出已具雏形。这可以从1959年侯马市西郊一座金墓出土的戏台上看出。这座金代墓葬的主人是董明,建于金大安二年(1210)。戏台为十字歇山顶,台口有两根柱子,后面砌有砖墙,能够3面观看。戏台上有5个彩绘戏俑,是金院本中的5个角色,引戏、副末、装孤、末泥和副净,从中可以看出,金代时期的平阳戏剧演出已经普遍,连墓中陪葬也少不了流行的戏剧。所以,元代平阳戏曲的兴旺发达,可谓一脉相承、源远流长。

元杂剧进入元大都北京,尤其是进入宫廷后,成为帝王将相享乐的玩物,许多有碍统治的悲情歌吟遭到禁演,这样,戏剧再不能像先前那样陈情言志,喷吐胸中郁愤,民众自然也就渐渐疏远了它。元杂剧走向衰微成为必然。只是,民众的心声不吐不快,不在杂剧中吐露,又去何处

抒发?

很快民众找到了新的方法。在黄河和汾河流域,也就是今天的临汾市至陕西省韩城市一带,兴起了一种民歌,大家就用这民歌抒发感情。后来这民歌被称为"河汾民歌",即黄河与汾河流域的民歌。河汾民歌流传开去,日渐广泛,形成了新的戏剧——山陕梆子,即山西和陕西的梆子戏。梆子戏就这么在平阳沃土中孕育形成了。

随着岁月交替,梆子戏日渐流传开去,远播邻省,现在仍然演唱的蒲州梆子、中路梆子、河南梆子、河北梆子以及陕西的秦腔、眉户同出一源,都是这种梆子戏。可以说,所有梆子戏的源头都出自这方水土。

元代杂剧大家

平阳丰厚的历史文化营养,滋养着戏剧艺术的成长,也滋生出一批戏剧作家。戏剧作家用手中的笔书写心中的情愫,拿到舞台上演出,更促进了戏剧的发展。在元杂剧作家中,平阳声名最为显赫的有石君宝和郑光祖。

石君宝的代表作是《鲁大夫秋胡戏妻》。剧情是,饱读诗书的儒生秋胡,刚刚结婚就被官府抓去当兵。秋胡一走杳无音信,妻子梅英在家里支撑日子,奉养两位老人。10年过去了,秋胡没有回来,有位李大户看上梅英便要娶她为妻,但是,梅英坚决不从。秋胡参军后,讨得上司厚爱,赏了他个中大夫的军职,送他一枚金饼回家探望老人。秋胡衣锦还乡,春风得意。回到村边,看见一座桑园,园中有个美貌的小娘子采摘桑叶。秋胡看得心猿意马,掏出金饼调戏她。小娘子不从,瞅个空子,逃出了桑园。秋胡讨了个没趣,回到家里,哪里想到他调戏的小娘子竟然是他的妻子梅英。梅英知道调戏她的是丈夫秋胡,十分生气,就要跳河自杀,多亏婆母劝慰,才平息了这场风波。

这个动人的故事不是石君宝原创,而是来自西汉刘向的《列女传》。

不过，石君宝选取这个故事写戏，是要借用它表达自己的悲愤情绪。元朝统治者入主中原后，极为歧视汉人，他们将国人分为四类：一类是蒙古人，二类是色目人，三类是汉人，四类是南人。作为平阳人的石君宝就生存在这样一种遭受歧视的环境中，非人的折磨使他积蓄了足够的悲情。这悲情通过《列女传》中的故事再创作，就成了《鲁大夫秋胡戏妻》。是呀，好端端一个儒生，被官府押去当兵，当上大夫，这是多么值得欣喜地变化。可是，兵卒变成大夫，人格没有升高，反而大为降低，变成了一个道德沦丧的色鬼。而生活在穷苦中的平民妻子却恪守孝道和贞节，相形之下统治者的做派，是何等卑劣！石君宝借此对统治者进行了深刻地揭露和鞭笞。

石君宝就这样用手中的笔写心中的悲情，唱出了感天动地的心声。清人姚燮考证，他写过10个剧本，除了前面说过的《鲁大夫秋胡戏妻》，还有《李亚仙花酒曲江池》《诸宫调风月紫云庭》《士女秋香怨》《吕太后醢彭越》《柳眉儿金钱记》《穷解子红绡驿》《东吴小乔哭周瑜》《赵二世醉走雪香亭》《张天师断岁寒三友》。另外，《元曲选外编》还选入他的《神奴儿大闹开封府》。可知，石君宝一生至少写过10个剧本，流传至今的尚有4个。

与生长在平阳，唱红平阳的石君宝不同，郑光祖是远离故土在杭州唱红的。郑光祖是襄陵县（今襄汾县）人。他自幼饱读诗书，一心要求取功名，但是，仕途坎坷，只做了个微不足道的小官——杭州路吏。官场不得志，满腔报国才干无处施展，于是就将情绪倾泻在戏剧舞台。他填词作曲，寄托幽愤愁绪。他盛年时，元曲巨匠关汉卿、马致远、王实甫、白朴已相继去世，郑光祖成为梨园耀眼的星光。

《倩女离魂》是郑光祖的成名作。剧情是：张倩女与王文举少年订婚，不料王家突遇灾变，家道中落。王文举上门

戏曲剧照

戏曲剧照

求亲,被岳父拒绝,只好上京赶考。张倩女得知后长亭相送,哭别情郎。王文举走后,倩女相思成疾,卧病在床,昏迷中芳魂出体,去追赶心上人。王文举进京途中忽然见未婚妻追来,为真情所动,相携同行。进京后王文举高中皇榜,喜讯传到家里,倩女魂归肉体,喜迎情郎还乡。

郑光祖写剧本的年代远离我们而去了,但是那剧本仍然可以感动当代人。尤其是剧本的写作手法,比现在一点也不逊色。郑光祖一生创作了19个杂剧本,现在留存下来的有《倩女离魂》《梅香骗翰林风月》《醉思乡王粲登楼》《辅成王周公摄政》《虎牢关三英战吕布》《程咬金斧劈老君堂》《立成汤伊尹耕莘》《钟离春智勇定齐》。郑光祖的剧本同石君宝的剧本一样,都是祖国戏曲文化宝库中瑰丽的宝藏。

元代平阳戏剧作家不只是石君宝、郑光祖两位,进入钟嗣成《录鬼簿》的还有于伯渊、狄君厚、孔文卿、赵公辅和李潜夫等人。

于伯渊是元代前期杂剧作家,多写历史事件,善写传奇人物,可惜流传下来的剧本只有6种,即《丁香回回鬼风月》《白门楼斩吕布》《狄梁公智斩武三思》《吕太后饿刘友》《莽和尚复夺珍珠旗》《尉迟恭病立小秦王》。孔文卿的杂剧流传至今的更少,仅有《地藏王东窗事犯》。这出杂剧是写秦桧陷害岳飞,最终死于非命。写报国忠良岳飞,写出了浩然正气;写奸猾佞臣秦桧,写出了阴险毒辣,在民间影响颇大。狄君厚流传的杂剧也不多,代表作是《晋文公火烧介子推》,写春秋时耿介之士介子推割股奉君,保护重耳。重耳回国为君,封赏功臣却把介子推遗忘。介子推便背着老母隐居介山。晋文公知道后,放火烧山逼他出仕,介子推母子被焚身死。此后,每逢介子推遇难之日,人们不再吃熟食。这已成为传统的寒食节人们不动烟火的风俗。

这批杂剧作家,虽然不及石君宝、郑光祖名声大,但是像众星捧月一样,扮靓了元代戏剧舞台。

国家瑰宝元代戏台

元代是个以武力称雄天下的时代。然而,数百年岁月过去,寻觅元代遗迹,昔日的威武雄劲却难以见到。在临汾大地能够看到的元代遗迹,多是展现轻歌曼舞的戏台。临汾地区元代戏台尚存5座。

据《元史·太宗纪》《山西通志》《蒲州府志》记载,元代时的晋南,村村有庙,有庙必有戏台。当时戏剧演出相当盛行,举凡节日庙会、宗祠祭祖、新婚大喜、架梁起屋,都要搭台唱戏,因而达到"村村设台"的盛况。存留至今的元代戏台,研究戏剧的专家作过统计,全国保存下来的仅剩8座,而临汾市独有5座,形成一个较集中的群落。这5座元代戏台分

尧都区元代东羊戏台

布在尧都区和翼城县。尧都区有3座,分别是:

魏村牛王庙戏台,始建于元至元二十年(1283)。戏台平面是正方形的,宽7.55米,台基高1.4米,为单檐歇山顶亭式建筑。4个角都有立柱,前面2根立柱为方形抹角石雕,镂刻着牡丹童子图案及镌造时间。台周3面敞朗,背部及两侧后部筑有墙壁。梁架迭构,造型精巧,古建筑学家无不叹为观止。

王曲东岳庙戏台,与魏村戏台年代相近,形制相似。只是民国初年重修时增加了个前脸,这部分为硬山卷棚式结构,正好将元代部分遮掩其中,有了通幽藏娇之意。

东羊后土庙戏台,比魏村戏台规模还大,宽7.75米,深3.5米,台基高1.75米。正面敞朗,3面封闭。台前石柱和魏村戏台相似,其顶部为十字歇山式,内檐梁架上斗栱3层叠成藻井,为八卦形,又称八卦戏台。这戏台比魏村戏台时间要晚50年。

翼城县有两座戏台,一座在武池村,另一座在曹公村。

武池村乔泽庙戏台是元代戏台中体量最大的一座。始建于元泰定元年(1324),坐南朝北,台基高1.6米,戏台平面方形,面阔9.4米,进深9.35米,单檐歇山顶,筒板布瓦覆盖。台前及两侧前部敞朗,四角竖立4根角柱,两侧后半部与背面墙内立撑柱4根,共有8根柱子支撑顶冠。角柱之上施大兰额结成井字形框架,由外向内支撑着八卦藻井,结构精巧,华丽美观。

曹公村四圣宫元代戏台因供奉"尧、舜、禹、汤"四圣而得名。四圣宫建筑保存比较完整,中轴线由南向北建有戏台、献殿和正殿。戏台建于元代至元年间,平面近方形,单檐歇山顶,造型古朴庄重,是元代戏台建筑中的优秀作品。戏台东、西两侧有廊房,廊房的二层是看楼。看楼虽不是元代建筑,却可看出是戏剧不断繁盛的产物。古时看戏,只有妇女、儿童才能上看楼,被人们视为最早保护妇女儿童合法权益的设施。

这些元代戏台都是国家重点保护文物。其建筑技术和艺术价值,令古建筑学家叹为观止,也让戏剧学家叹为观止。建筑学家感叹,是因为其简练而精美的结构手法,显出古人高超的建筑技艺;戏剧学家感叹,是能够由此透视往日,回望昔日戏剧的胜景。可以说,元代戏台是古代建筑的活化石,也是承载元杂剧的活档案。

第九章

移民故地风采独具
（明朝时期）

■ 概述

明代临汾市属于山西布政使司平阳府，直辖临汾、襄陵、洪洞、浮山、赵城、太平、岳阳、曲沃、翼城、汾西、蒲县等11县；并统领蒲、解、绛、霍、吉、隰6州所属的各县，相当于现今临汾和运城两市。

这一时期，平阳最大的事件就是洪洞大移民。明洪武、永乐年间，为恢复中原经济，推行大规模的"移民垦荒"政策，以窄乡填宽乡。官府在洪洞广济寺设局驻员，从平阳、太原、汾州等地选"丁多田少及无田之家，分其丁以实北平(今北京)"等地。据说，每次移民迁徙前，都要在洪洞大槐树下集结出发，故至今流传着"问我祖先在何处？山西洪洞大槐树"的民谣。

公元14世纪至17世纪的平阳，在诸多方面继续领先于全省。在吏治上，从霍州署衙可以看出缜密的封建统治；在经济上，曲沃烟业勃然兴起，长足发展；在建筑上，广胜寺的飞虹塔、小西天的悬塑，以精美的艺术亮相于世；在信仰上，东岳庙将儒释道多元文化来了个集中展示。更为令人注目的是霍州署衙的学正曹端，根据他的话凝结而成的"公生明，廉生威"，走向神州，成为官箴。

洪洞大槐树移民

洪洞大移民是发生在明朝的史事,是明太祖朱元璋登上帝位后巩固统治、发展生产的一项重要措施。元朝末年,频繁的战争使不少地方大受创伤,河南、山东、江苏北部和安徽北部的百姓,十人便有七八人伤亡。自然灾害也频频发生,从元至顺元年(1330),到明洪武二年(1369),这40年间,黄河大决口7次,洪水过处,尸骨累累,荒草遍野。加之旱灾和蝗灾,弄得赤地千里,荒草萋萋。《元史·五行志》记载,仅元朝末年的水灾、旱灾,山东19次、河南17次、河北15次、两淮地区8次,从至正元年到二十五年,大蝗灾计有十八九次,各种割据势力的频繁厮杀夺取了无数鲜活的生命。明朝建立后,中原大地是"人力不至,久致荒芜""积骸成丘,居民鲜少""多是无人之地,累年租税不入",劳动力严重不足,土地大片荒芜,财政收入剧减,直接影响到明朝的社会稳定。

与这些地方荒凉破败的景象相比,山西则另是一种面貌,这里山河险固,战事较少,社会相对安定。人丁兴旺,经济繁荣,据《明太祖实录》记载:洪武十四年(1381),河南省的总人口仅有189.1万人,河北省仅有189.3万人,山西省却高达403.4万人,比两省人口之和还要多23万。在山西境内,南部的兴旺发达又胜过北部。我们不妨看一组明洪武

明代遗民图

二十四年（1397）山西几个主要地区的人口数字：太原府总人口853561，占全山西人口的17.5%；大同府总人口139505，占全山西人口的2.9%；沁州总人口138607，占全山西人口的2.8%；潞州总人口1113024，占全山西人口的22.8%；泽州总人口474931，占全山西人口的9.7%；平阳府总人口1847790，占全山西人口的37.9%。①

明洪武二十一年（1388），户部郎中刘九皋上奏朱元璋："今河北诸处自兵后田多荒芜，居民鲜少，山东、山西之民自入国朝，生齿日繁，宜令分丁徙宽闲之地，开种田亩。"②可以看出，刘九皋已将目光盯住了人口繁多的山西，而山西人口最多的平阳府当然逃不出他的视野。朱元璋一声准奏，大规模的移民开始了。

从明洪武年间到永乐年间，山西往外移民18次，走出去的乡亲遍布北京、河北、山东、河南、安徽、江苏、湖北、甘肃以及陕西等18个省，有数字表明：迁入湖南的62县、山东的92县、河南的106县、河北的129县，迁移人口60余万，涉及800多个姓氏。③

移民到达之后，当地官吏将他们编为"屯"分驻各地。嘉靖十一年

洪洞古大槐树遗迹

---

①安介生：《山西移民史》，山西人民出版社1999年版。
②《明太祖实录》，转引自安介生：《山西移民史》，山西人民出版社1999年版。
③张青：《洪洞大槐树寻根》，山西古籍出版社2003年版。

(1532),王齐编修的《嘉靖雄乘》记载:"社为土民,屯为迁民。"至今河南省汲县还有郭全屯、李享屯、李源屯等移民名称。有些移民以故乡命名,至今北京顺义区还有稷山营、夏县营等村庄。也有以姓氏命名的,如李村、刘庄,等等。为了让移民开荒生产,明皇室给予不少优惠,耕地自垦自得,还给一些农具、种子,5年内免征税收。明朝初年的大规模移民促进了社会经济的恢复和发展,当然是一件有利的事情。

可是,移民就是要人们背井离乡,离开自己的安乐窝,平阳人本来都守土恋家,谁也不愿意向外地迁移。据说,当年官府下达移民命令后,没有人报名外迁,上级催办,下民不走,官吏中间为难。难来难去,想出个计谋,于是张贴出新的告示,凡不愿意迁移的人,到洪洞大槐树下签名登记就可以守家种田。这真是天大的好事呀!人们簇拥着来到了大槐树下,没想意外的事情发生了,来人都被捆住手,拴成一队,押往外地,不愿意走也不由你。

人们就这么离开了难舍难离的家乡,一步三回头。走远了什么也看

不到了,唯有那棵高高的大槐树还能看到个绿梢。从此,大槐树成为移民家乡的象征,也就有了那首脍炙人口的民谣:"问我祖先在何处?山西洪洞大槐树。"

洪洞大移民有效推进了经济发展,《山西移民史》记有,洪武初年全国耕地面积不足 200 万顷,到洪武二十六年(1393),已增加到 850 万顷。全国所收税粮达到 3278 万石之多,比元末税粮 1211 万石增加了近两倍。明代经济迅速恢复,这对于社会稳定也有不可低估的作用。

这只能是对明洪武年间移民的评价,永乐年间计有大大小小的 9 次移民,次数与洪武时期相当,用前面的观点评价就难以妥当。如果说洪武年间的移民,是要医治元代统治者暴力血腥的创伤,那么这后来的移民该如何解释?对此,官方极少评价,在河北、河南的民间却广为流传着红虫吃人的故事。所谓红虫吃人,就是燕王朱棣扫碑。碑实际是南京城的功德碑,即明皇族的功德碑。扫碑,是前往南京祭祀皇祖。说穿了是朱棣借祭祀皇祖之名夺取侄儿朱允炆的帝位。一路征战下去,弄得刚治

洪洞大槐树移民寻根祭祖园

愈战争疮痍的地方，又是赤地千里，荒无人烟。这等于说，先前那些移民全倒在战争的血泊里，因而不得不再次移民，开发荒凉地带。明代移民给历史、给后人留下深刻反思。

无论如何反思，移民是确凿无疑的事实。移民从大槐树下迁往中原，他们的后裔又分散到江南各地乃至港澳台和海外。因而，华夏儿女及海外华裔，都认为他们共同的根脉就在大槐树下，就在古平阳。"问我祖先在何处，山西洪洞大槐树。祖先故居叫什么？大槐树下老鹳窝。"几个世纪以来，古大槐树被当作"家"，被称作"祖"，被看作"根"，已成为炎黄子孙心中的故乡，向往的家园。

州署衙门的活标本

中国的州署衙门形制如何？本来这不是什么难题，因为自唐朝以降，设州的朝代不少，设州的地方更多。但是，保留至今的却仅剩霍州市的这一座最完整，因而，霍州这座州署衙门就成为见证中国州署形制的活标本。

霍州署衙建造的年代久远，可以追溯到隋朝。因为最早设州是在唐朝，州署衙门的年代只能由此计算。不过，由于岁月风蚀，地震损毁，现存建筑多是明代遗物，元代仅存州署大堂。

大堂始建于元大德八年（1304），坐北朝南，体量高大、古朴典雅、结构精巧、用料考究。东西面阔5间，22米，南北进深15.1米，占地332平方米。从地面到脊顶高达10米，呈现巍峨之势，再加上地面有1.2米的台基，更使之凛然壮观。大堂营造法式简练，五间四椽，前后乳栿仅有4柱，明间金柱全部减去，还能支撑大梁内额跨度，实属少见。所有木材皆不刨不旋，顺其自然，因料制宜，使用得恰到好处。建成后，既不雕梁，也不画栋，朴实无华，风韵独佳。大堂已有700年历史，不圮不朽，而且经历了康熙年间的大地震仍旧巍然坐落，古建筑学家无不叹为观止。

霍州署

洪洞明代监狱

第九章 移民故地风采独具

231

大堂周边的附属建筑多是明朝兴建,再经清朝复修。由此可以认识这一时期州署的机构设置。霍州署衙设置有三大衙一小衙。三大衙是知州衙、同知衙、判官衙,一小衙是吏目衙。三大衙位于大堂、二堂后面,州署的北端。知州衙居中,同知衙居东,判官衙居西。这三衙是知州、同知、判官及其家眷居住生活的地方,也称内宅和后宅。三衙东侧有便门进入花园,西侧有便门进入书房。前面直达二堂、大堂。二堂是退厅,是知州初审案件、处理公务的场所。大堂是正厅,知州举行盛典、审理大案、处理重大事件均在此厅。东西设有公廨,是知州研读律令和待客之所。大堂之东设有吏目厅,吏目衙则设在仪门外丹墀东面。

大堂前面还有大院,东面是吏户礼堪合科的东科房,西面是兵刑工承发司的西科房,分别掌管三班六房和其他隶属机构。

三班为皂班、壮班和快班。皂班负责监押犯人,在丹墀西南角;壮班负责侍卫警戒,在丹墀东南角;快班负责缉捕事宜,在东科房后院。

六房为吏房、户房、礼房、兵房、刑房及工房。吏房主管行政考绩,官员任免事宜;户房主管户口、土地、田赋、财粮事宜;礼房主管教育、学校、科举、典礼事宜。此三房皆在东科房。兵房主管军事、民壮、驿递、夫马事宜;刑房主管刑罚、诉讼、保甲、捕役事宜;工房主管建设、工程、营造、屯田、水利事宜。此三房皆在西科房。

此外还有监狱、察院等机构。监狱位于丹墀之西,用于关押犯人。察院是省按察司的办事机构,负责监察官吏;布政分司是省布政司派出的办事机构,负责财政和民政;按察分司是省按察司派出的办事机构,负责司法和监察。

从州衙的建筑形制,能够看出当时的管理机构已经十分完备,分工很精细。对于其时的兵器和人员设置,明朝嘉靖三十七年的《霍州志》记载,当时设戎器如下:将军炮2门、虎尾炮2门、琉璃炮300门、佛朗机25杆、佛郎机架25副、神枪20杆……不必再一一开列,再列下去,连铅弹子、铁弹子也一清二楚。

有了器具,要有人使用,使用者分为民壮、义兵、快手,民壮108名、义兵16名、快手26名,另外还有各种杂役293名。

霍州署衙浓缩了明朝州衙的形制,是研究古代地方官府的一个活标本。

践行官箴的楷模曹端

明永乐初年,曹端在霍州署衙担任学正。在署衙之中,他只是个九品官,极不显眼。但是,他的名字至今让人记忆犹新。关键在于,著名的官箴"公生明,廉生威"就是他最早倡导的。

曹端,字正夫,号月川,祖籍曲沃阎村。原来姓阎,因五世祖过继于舅家,改姓曹,并迁居垣曲。后其父又迁居河南渑池,他出生于此地。他自幼饮食知孝老,祭祀知恭敬,举止大方,行为端庄,父亲便给他起名叫端。5岁时,曹端即能理解河洛图书八卦之义,并能根据其义观察天象。

古霍名郡

9岁读《孝经》《忠经》，即能把握要领，父亲问他忠孝之道，他对答如流。15岁已经精通四书五经，仍不满足，继续博览群书。20岁成为渑池博士弟子。明永乐六年（1408），曹端参加乡试，名列第二。翌年荣列乙榜第一名，被授任霍州学正。

为官一任，造福一方。曹端到任，即将原来州学的李白云请来，同席讲课，共授儒学。而且，主张学生存疑发问，曹端有问必答，引经据典，诲人不倦，颇得弟子喜爱。一时间慕名前来求学者日益增多，霍州学风日隆。之后凡有乡试，霍州都有学子中举，有一年中举者竟有5人之多，顿时传为佳话。

曹端边授教，边治学，他的著述甚丰，主要有《太极图说述解》《通书述解》《西铭述解》《〈孝经〉述解》和《四书详说》等10余种。后世学者推崇他承接宋代理学，堪称明初之冠。

当然，曹端最为出彩的还是首倡"公生明，廉生威"的官箴。永乐二十二年（1424），曹端的弟子郭晟科考中举，赴任前向他请教为官之道。他说："其公廉乎！公，则民不敢谩；廉，则吏不敢欺。"此话不胫而走，传至山东巡抚年富那里，将之提炼镌刻成碑，于是"公生明，廉生威"流传九州。及至当代，仍有人津津乐道，成为规诫官吏清廉为政的戒尺。

曹端饱读诗书，推崇孔孟，所著书籍无一不在传布仁爱善行。敦促他人为善，自己首先躬行。他在霍州担任学正时，闻知学生王鉴母亲病体缠身，无钱医治，立即赶到家中，探望宽慰。而后，送去自己3个月的俸禄给予资助。学生张诚父母双亡，和奶奶度日，家境贫穷，几近断炊，曹端也解囊济困。他的仁爱不是说在嘴上，而是行动留下的履痕。

"孝乃百行之源，万善之首。故之君子，自生至死，顷步不敢忘孝。"曹端在《夜行烛》中这样行文，在生活中也这样做人。他恪守孝道，诚敬备至。永乐十六年，曹端的母亲病故。身在霍州的曹端惊闻噩耗，悲伤欲绝。次日，他披发光脚，归家奔丧。一路上身掩草帘，风餐露宿，见者无不随之落泪。安葬母亲没多时，父亲也不幸病逝。曹端在父母墓旁搭棚守孝，自备碓臼、舂米做饭。他五味不食，淡粮充饥，日日如此，一守就是三载。

曹端提倡"公生明，廉生威"，而且时时处处践行不殆。他受命去陕西主管乡试，对身边的从人说："取士要公平。比如盖屋，用一朽木，必弃一良材。"话刚说过，就有人向他举荐朽木。举荐者是当地一位权势要员，按照惯例主考大人不能不给他这个面子。岂料只收到曹端一首诗："天道原是秉至公，受天明命列人中。论才若不以天道，王法虽容天不容。"那官员不敢再讨没趣。

公至如此，廉也令人敬服。不必再打开古籍照录琐事，只要看看曹端的后事就一清二楚。宣德九年（1434），59岁的曹端身染重疴，逝于霍州。叶落归根，本该送归故里河南省渑池县安葬，可是曹端却被孤身葬于霍山脚下。原因是归里安葬，路途遥远，需要花费。而一生清廉的曹端连这点积蓄也没有。好在曹端并不凄凉，下葬这日，城里城外万人空巷，连生意人也关门歇业，恸哭扶柩。

曹端的言行激励着当地民众。志书记载，这里民风淳朴，讲信修睦。曹端活着如此，死后也如此。市井平民如此，乡村贫民也如此。有位以打柴为生的樵夫，某日换得一升米回家，里面竟有一根金钗。这可是天上掉下个大馅饼，对于屋顶透风吹、家无隔宿粮的穷人来说，真是一笔不小的收入。然而樵夫不为之动心，往返数十里归还主人。问之何故？回答是："怎能把学正的教诲当成耳边风！"曹端以自己的言行，为霍州官吏，也为民众树立了做人的楷模。

曹端最大的是学术成就，他推尊"太极"，认为这是事物的本源。他反对"一切虚浮、巫觋、风水、时日"的封建迷信活动，在他倡导下，官府毁坏坑骗群众的"淫祠"百余间。在灾荒年间，他还积极倡导赈灾活动，救活了不少穷苦百姓，这在封建社会里是难能可贵的。《明史·曹端列传》称他为"明初理学之冠"。其著述甚丰，主要著作有：《〈太极图说〉述解》《〈通书〉述解》《〈西铭〉述解》《四书详说》《性理文集》《夜行烛》《拙巢集》《存疑录》《〈孝经〉述解》《训蒙要纂》《家规辑略》《录粹》《尤文语录》《儒学宗统谱》《月川图诗》《月川诗文集》等。清代张璟将曹端遗文辑录为8种，合刊称《曹月川先生遗集》。

精美绝伦的明代建筑

　　临汾市名胜古迹众多,展示出古人高超精湛的建筑艺术。其中最具代表性的是建于明代的飞虹塔和小西天。

　　飞虹塔建在广胜寺。广胜寺位于洪洞县,始建于1800多年前的东汉,后经历代重修。唐代大历四年,即公元769年,汾阳王郭子仪游览于此处,看到这里山清水秀,风景独特,便奏请代宗皇帝李豫敕建重修。代宗准奏并赐额"大历广胜之寺",意为"广大于天,名胜于世",简称广胜寺。寺庙由上寺、下寺、水神庙三部分组成,内中藏有三绝。一是藏于弥

陀殿中的《赵城金藏》，前文已经谈到，不再赘述；二是水神庙里的元代壁画，对于研究当时的社会经济文化价值极大；三是飞虹塔，堪称绝世精品。

飞虹塔是座七彩琉璃宝塔，高47.31米，为锥形楼阁式建筑。此名是为了纪念募集资金建此宝塔的住持飞虹大师。原先寺中有东汉建造的舍利塔，后来塌毁。为了重建高塔，飞虹大师四处奔走，筹措银两。该塔从明嘉靖六年（1527）开工，12年后才竣工。塔身内部用砖砌成，外部周身则用五彩琉璃砖瓦包砌。"万峰叠翠，一塔玲珑"，黄、绿、蓝、白等七色琉璃，镶嵌在13级佛子舍利浮屠的周身。其艺术形象，相当丰富，穷极工巧，绝不雷同。有威武雄壮的力士，有云烟萦绕的楼阁，有慈眉善目的佛祖，有肃穆端庄的菩萨。这些构件，有的是浮雕，有的是悬塑，一款一式都精雕细镂。在阳光映照下，光波流转、熠熠生辉，大有"飞虹"之美。专家们将之誉为我国琉璃塔的代表作品。清康熙三十四年（1695），平阳发生大地震，民房倒塌者十有七八，但此塔安然无恙，其高超的设

洪洞广胜寺远景

洪洞广胜寺飞虹塔

计施工水平可想而知。

堪与飞虹塔媲美的是小西天。小西天位于临汾市隰县,创建于明崇祯二年(1629)。其开山祖师为五台山火场寺僧人东明,法号道亮。初建时只有无量殿、廊庑、摩云阁、小禅窟及八卦亭等。崇祯十七年(1644),大雄宝殿落成。直到清顺治十三年(1656),大雄宝殿内的悬塑才逐渐完工,并增建了中院的韦驮殿、钟鼓楼和东廊房。

小西天是明代建筑的精妙之作。妙处有三点:首先是选址精妙,寺庙依凭山势建造,三面青峰围绕,一水映带寺前。整个寺院像是建在凤凰之上。高高的观音阁,筑于凤凰之首;安卧的无量殿,筑于凤凰之背;两侧伸展的山脉,犹如凤凰的双翅;居于背后的大雄宝殿,像是凤凰之尾。

其次是布局精妙,全寺面积仅仅1100多平方米,在有限的空间内,建设这么多殿堂,且高低有别,错落有致,浑然一体,令人称奇。寺院分为上下两院。院落不大,却错落有致,要登上一层,显眼处无台无阶,只有侧角才可拾级而上。那踏步而上的石阶入口,标示的是"疑无路"。这正取了山重水复疑无路之意,自然应该柳暗花明又一村了。果然,登到上层,可见"别有天"。真真有曲径通幽之妙,何况进幽径不是履平地,还需登高台,因而更见神韵。

最精妙的莫过于塑像。大雄宝殿里的面积仅有216.72平方米,彩塑却有千余尊。这些彩塑活灵活现,惟妙惟肖。释迦牟尼庄严肃穆,却不失温静慈祥;菩萨的神态娴静,更见绰约温柔;天王力士威猛雄壮,个个英姿飒爽;弟子们则沉思默想,无不虔诚执着。塑像高大的有3米之多,矮小的仅有拇指大小,姿态各异,分布合理。那些塑像有飞天、神鸟、孔雀、鹦鹉、仙鹤,一律鸟身人面,有了人性,通了人情。最令人叫绝的是那些悬挂的塑像,倾斜度恰到好处,连灰尘也落不上去。多少年过去,无人打扫,竟丝毫不见尘垢。无数专家学者誉之为雕塑史上的奇观。

飞虹塔和小西天,见证了我国明代建筑雕塑艺术的最高水平。

苏三监狱

位于洪洞县城中心的苏三监狱,实际是座明代监狱。始建于明洪武二年(1369),距今已有600多年的历史,是我国仅存的一座完整的明代监狱。人们称之为苏三监狱,是因为其中关押过苏三。

苏三是戏剧《玉堂春》里的人物。戏剧之前看到的苏三,是在明代作家冯梦龙的笔下。《警世通言》中有篇《玉堂春落难逢夫》,内中的玉堂春就是苏三。清代文人赵庆桢将之记入《青楼小名录》:玉堂春,姓苏。河南王舜卿与之相好,钱尽后流落都下,栖息破庙中。苏三访到后立刻为其买衣,并尽所有钱财助其归家。老鸨得知,差点将她打死。时有山西商人

洪洞明代监狱

将苏三纳为妾带回故里。商妇妒,置毒于酒中,不料却害死商人。商妇与邻生私通,反合谋诬告苏三下狱。后来王公子登甲科,巡按山西,为之昭雪,且带回家为侧室。

这里的记载与京剧《玉堂春》基本接近,可也无法说明苏三其人其事真实可靠。能够说明的是洪洞县人士长孙焕抄留的苏三案卷的副本。据此,人们考证到洪洞县的城东村,古代名为朝阳村,留有沈洪的房屋、宅基,还有两个后人。而且考知,案件中出卖毒药的"一元堂"药铺,创立于明代初年,为陕西党姓人氏所开,设在洪洞城北门内刘家巷口路南,是霍州城里"一元信"的分号。这个药铺,原以"种类齐全,炮制精良""货真价实,童叟无欺"而闻名,生意很兴隆。后来因为苏三冤案被巡按大人王舜卿查抄,不得不迁到估衣巷口,并改号为"益元堂",一直经营到"文化大革命"前。

以此为凭,苏三一案似乎确实可信。但是,如果从考察文物的角度来看,苏三真实与否并不重要。重要的是洪洞县确实有座明代监狱,可以由此了解那时的刑律与监狱状况。

明代监狱主要分为普通监牢和死囚监牢。普通监牢黑暗窄小,里面却要关押10多名犯人。虽然有炕,却难以躺下,因而,古人有"坐牢",或"坐监"之说。普通监牢由东西相对的两排窑式构成,中间是一条狭窄的通道,房檐上密布天网,网上挂着铃铛,稍一触动就会发声。为防止人犯逃跑,戒备森严。

戒备更加森严的是死囚牢。死囚牢亦称虎头牢。虎头牢其实该称狴犴牢。原因是牢房的门头刻有古代传说中的一种动物头像,名为狴犴,青面獠牙,狰狞可怖。因为狴犴是龙的第四子,颇有威严,让它在此镇守。不过,狴犴谁也没有见过,人们看见那东西酷似虎头,所以就叫虎头牢。这死囚牢房有三个看点,一是牢门,不再像普通监牢为一重,而是增加到两重。而且,一道门朝左开,一道门朝右开,不熟悉根本打不开。速度快了根本出不去,逃跑何其难!二是狱墙,高6米,厚约1.1米,最厚的南围墙达到1.7米,里面灌满流沙,想打洞外逃,根本不可能。三是水井,跑不掉想跳井自杀也不可能。井口极窄,别说成人,婴儿也下不去。

不容忽略的还有狱神。在虎头牢的对面墙上,有一个小神龛,供奉的是狱神。神龛中有3尊砖雕的小神像,中间端庄严肃的是狱神皋陶,两侧面目狰狞的是小鬼。皋陶是尧舜的最高法官,他公正无私,判案准确。可见,即使监狱也不能没有信仰,也是早就树立起了精神典范。

东岳庙里的民间信仰

蒲县城东有座东岳庙,因为建在柏山之上,因而也称柏山庙。这是东岳泰山天齐仁圣大帝黄飞虎的行宫,也是一座道教庙宇。

东岳庙始建的年代很早,据《蒲县志》载,唐贞观以来即有多次修葺,宋、金时期已成相当规模。现供奉祭品的献亭,已有明确记载,建于金泰和六年(1206)。元大德七年和延祐三年两次遭受地震灾害,毁损严重。现存建筑多数重修竣工于元至正二十年(1360)。东岳庙亭台楼阁共280余间,占地面积达到8900余平方米,规模宏大,布局严谨。尤其是庙中心的黄飞虎行宫大殿,体量宽阔,雄伟森严。

这就值得思考了,黄飞虎虽然是举旗反商的大将,并立下汗马功劳,但是,成为神却是很久以后的事情。正式封神,是在《封神演义》当中。而《封神演义》成书于明代,即使再往前追溯,追到《封神演义》作者曾参阅的《武王伐纣外史》,也不过是南宋时期。原来,蒲县东岳庙唐贞观以来有多次修葺,这庙里早先供奉的神灵不是黄飞虎,而是泰山神。

泰山神早就深入民众的信仰之中了。作为泰山的化身,泰山神是上天与人间沟通的神圣使者,是历代帝王受命于天、治理天下的保护神。根据中国古老的阴阳五行学说,泰山位居东方,是太阳升起的地方,也是万物发祥之地,因此泰山神具有主管生死的重要职能。并由此延伸出几项具体职能:新旧相代、固国安民、延年益寿、长命成仙、福禄官职、贵贱高下、生死之期、鬼魂之统。

尤其是秦汉皇帝封禅泰山后,泰山神更见威力,成为主宰阴阳交替、生死祸福的神灵。在阳间,他保国安民、太平长寿;在阴间,他召人魂魄、统摄鬼魂。历代帝王对泰山神尊崇有加,唐代封其为"天齐王",宋代

隰县小西天彩塑

晋封"仁圣天齐王"、"天齐仁圣帝",元代加封为"天齐大生仁圣帝"。泰山神的声望日趋扩大,大到全国各地几乎都在建东岳庙,祭祀泰山神。后来,有了姜子牙封神,黄飞虎被封为泰山神——东岳大帝,那先前的泰山神庙自然而然就成为东岳大帝的庙宇,也称行宫。

从东岳大帝黄飞虎行宫大殿往后,建有十八层地狱。这地狱始建于明代。所谓下十八层地狱,其实是下十八个台阶。一个台阶为一层,真是富有想象力。再看那些塑像,想象力极为丰富。在世上嫁过二男的女人,到了阴间要被一分为二,划给二男;虐待公婆,自己睡热炕的,要被在火炕上烫得鬼哭狼嚎;抛米撒面的,要放在磨盘上磨碎,喂了狗吃……最

蒲县东岳庙

后,还要根据人们在阳间的作为,决定来世托生什么。前世做好事、善事,来世升天堂,当神仙;前世做坏事、恶事,来世当牛马;要是前世平平常常,那就再去做人,再到尘世过日子。这就不能说是单纯的想象,而是一种精神信仰了。

　　查考地狱,不是道教里的产物,在佛教里才能够找到。佛教未传入中国之前,传统信仰认为,普通人死后亡魂会归于泰山之下,由泰山神在冥界主宰。可那冥间绝不是地狱,国人向来以为,世有阴阳两界,活着在阳间,死后到阴间。无论在阳间,还是在阴间,都一样过日子。佛教的地狱就不一样了,这里不是死后过日子的地方,而是转世的必经之路。据佛陀所说,地狱为六道之一,轮回者根据其业力而往生此道。但地狱不是永恒的,会根据人生前作为判定下次往生界别场所。由此可以悟出,这东岳庙已不是一个单纯的道教场所,而是杂糅了佛教信仰的庙宇。若是细细思考,那地狱惩罚的不善作恶的种种行为,维护的恰恰是儒家仁者爱人的美德。因而,从这个庙宇里可以观瞻到中国传统信仰在古代已经多元化了。至少可以说,从明代出现地狱,国人信仰已经多元化。不过,再多元也没有离开根本宗旨:劝善。

　　将这种民间信仰认识透彻,运用到位的是民国年间的蒲县知事石映棨。前面说过,东岳庙又叫柏山庙是因为庙建在柏山。柏山有柏树,郁郁葱葱,漫山遍野,很是壮观。可是,这满山柏树差一点化为乌有。民国初年,盗贼四起,土匪作乱,砍伐山林成了风气,柏山的林木也面临危机。官家张榜禁止,衙役四处巡捕,仍然难以禁止。眼看好端端的山林就要毁于一旦,知事石映棨忽生一计。是日晨起,即告诉县吏,昨夜东岳大帝黄飞虎给冀向魁、曹棨秀托梦,说是:"伐吾山林吾无语,伤汝性命汝难逃。"遂命人取来文房四宝,砚墨挥毫,将此语书写出来,镌刻成楹联,选择吉日,敲锣打鼓,悬挂于山门。说也灵验,从此少有人再敢偷伐山林,偶有斗胆者,不是摔死崖下,就是跌断肢体,后来再也没人敢于妄为。至今,此联仍然悬挂在门柱上,而且题款上注有冀向魁、曹棨秀"梦感","知事石映棨沐手敬录"的字样。知事借助东岳大帝的神威,保护了林木。这也告诉世人,宗教信仰具有的威力,有时超过法规的作用。

忧国才俊郑崇俭

一个人立志报国,必须有外在的机遇。倘若没有,即使心志再大,才能再高,也不可能如愿以偿。从大山深处走出来的才俊郑崇俭,正是这样的人生境遇。

明万历四十四年(1565),皇帝朱翊钧端坐在龙椅上殿试新考中的进士。此时一位风流倜傥的进士文文雅雅走进殿来,万历皇帝要他作首诗描述家乡的风光。这位新科进士略一沉思吟道:

南北无二里,

东西一条川,

人饮泉中水,

牛耕山上田。

出语通俗,却活画了山中风情,万历皇帝听得龙颜大悦,当即任命他为河南府推官。

这位深得皇帝喜欢的进士就是乡宁县人士郑崇俭。

明万历十三年(1585),郑崇俭出生在县城里的北府巷。他聪明过人,刻苦好学,十几岁就读完了《四书》《诗经》《左传》《易经》等古典名著,使之才学出众,为人称道。入仕后他先任河南府推官,后来又出任济南兵备副使、陕西右参政、右佥都御史、宁夏巡抚、兵部右侍郎、总督陕西三边军务、领兵部尚书衔。先后经略过山东、山西、河南、陕西、四川五个省。如果社会安定,郑崇俭定会大有作为,可惜这样的才俊生不逢时,走上了带兵之路。

崇祯年间,李自成在陕西带领饥民造反,朝廷任命郑崇俭为陕西三边军务总督,率兵镇守边关。走上前线的他挥毫写下了这样的诗作:"黄草坡前百万兵,青纱帐内一书生。而今始知读书贵,十二元戌报五更。"

从诗中可以看出,郑崇俭由书生走上战场,统领雄兵,自愧能力不济,大有书到用时方恨少的感慨,于是夜点明灯下苦心。然而,这样的日子没过多久,郑崇俭就卷入了激烈的战事。

崇祯十二年(1639)正月,郑崇俭升任兵部右侍郎,接替洪承嗣总督陕西三边军务。五月,张献忠在谷城反叛,罗汝才等九营随之俱反,义兵来势凶猛。熊文灿请求皇上命令湖北巡抚王鳌永防守江陵、远安,陕西巡抚丁启睿、四川巡抚邵捷春分别在各自区域内严兵防守,郑崇俭主持提兵联合攻击。这时,固原、临洮、宁夏的三个总兵左光先、曹变蛟、马科已跟随洪承嗣入卫京师,只有柴时华中途返回甘肃,郑崇俭调用他前往破敌,他却不响应。郑崇俭只能传檄副将贺人龙、李国奇等从西安出兵。不料,李国奇的队伍到略阳时发生兵变,抢劫了瑞王的田租。当时,李国奇已提升为陕西总兵官,带兵无方,被免去新职。郑崇俭则被贬官一级。

失利后,郑崇俭认真总结教训,整肃军纪,继续抗敌。张献忠则步步紧逼,准备进入陕西。遭到郑崇俭部队阻击,只能在兴安一带徘徊。看看前进无望,张献忠只好回兵奔到位于湖北、四川的交界地带兴山、太平。郑崇俭率领大军在玛瑙山摆开战场,大败敌军。正如《明史》二百六十卷记载,"获首功千三百三十有三,降贼将二十有五人,获马骡、甲仗无算。"郑崇俭官升一级,恢复了以前的级别。

正在郑崇俭威名远扬、建功立业的时候,身体却出了问题,积劳成疾,他请求辞官回家,而朝廷却不同意,命令他率领郑家栋回关中,留下贺人龙、李国奇继续讨伐流寇。此时,张献忠逃到兴山、归州一带,在山中潜伏下来,陕西、湖北的军队都聚集在夔州,只要将领们齐心协力在深山老林中搜捕,这1000多流寇就可以被全部歼灭。可是,郑崇俭离开后,贺人龙的队伍哗变西归,湖北的部队在土地岭战败,四川又陷入混乱。杨嗣昌于是诬告郑崇俭撤兵太早,导致贼兵猖獗。崇祯听信杨嗣昌之言,认为他是借病推托,派巡按官核查。第二年春天,张献忠攻取襄阳,战局更为不利。崇祯将怒气加之于郑崇俭,将他逮捕下狱,不到秋后,即斩首街头。

郑崇俭虽然死了,但是,众多的人为他鸣不平。崇祯则因为连杀郑崇俭、袁崇焕、刘策、杨一鹏等7名大将更加不得人心,终因众叛亲离,导致亡国。他也被迫自尽于煤山。不过,郑崇俭还算死后有幸,南明福王在沦落逃亡中还惦记着他,给他平反昭雪,还了他一个历史的清白。

第十章

多业并举更见魅力
（清朝时期）

概述

清朝初年沿袭明制，平阳府下辖6州28县。雍正二年(1724)，蒲州、解州、绛州、吉州、隰州升为直隶州；乾隆中期，霍州升为直隶州。平阳府下辖临汾、洪洞、浮山、岳阳、曲沃、翼城、太平、襄陵、汾西、乡宁、吉州等1州10县。另有霍州直隶州及赵城县，隰州直隶州及大宁、蒲、永和等17州县。

这一时期，平阳的商业贸易空前活跃，全国出现了33个大的工商业都市，平阳位列其中。而且，平阳的商界巨子不断走出去发展，为晋商的辉煌注入活力。平阳的发展基本代表了晋商起家壮大的两种形式。一是以亢嗣鼎为代表官商联手的经营模式；二是以六必居为代表的民间合伙经营模式。二者比较，很显然火速暴富的是前者。然而，前者衰败很久了，后者非但没有衰败，而且依然生意兴隆。时至今日，六必居、都一处仍旧是京城有名的老字号。

工商业的兴盛，并没有冲淡深厚的文化。平阳水土蕴蓄的文化魅力没有轻易消失，哺育出的人杰精英屡有建树。贾存仁修订的《弟子规》成为化育万民的普及读物；杨笃参与编撰的《山西通志》煌煌传世。还有樊守义走出娘子关，走向四面八方，甚至远涉重洋，成为首位出使欧洲的皇家使者。而外地士人也纷纷被吸引进来,顾炎武在平阳著书立说,完成了《日知录》;孔尚任前来主修志书,奉献出一部全国闻名的《平阳府志》。

卫台揆治理台湾

前国民党主席连战的祖父连横所撰的《台湾通史》记载:"卫台揆,以荫生知漳州府。康熙四十年调任台湾,以廉能称。始建崇文书院,时延诸生,分席讲艺,亲定甲乙,文学以兴。四十四年岁饥,请蠲本年租赋。在任之中,民安衽席。秩满,升广东盐法道,台人建祠祀之。"

这位治理台湾政绩卓著的卫台揆,是今山西曲沃县人。

卫台揆的父亲卫周胤是顺治帝时的工部、兵部侍郎,叔叔卫周祚是大学士。由于叔叔的关系,他获荫生资格,进入国子监就读。学成后,被授予顺天府治中,相当于知府助理。之后,相继担任兵部武选司员外郎、职方郎中、福建泉州知州。康熙四十年(1701),调任台湾知府。

康熙二十二年(1683)清廷经略台湾。次年设立台湾府,隶属福建省。随即,选派官员管辖。但是,由于台湾"孤悬海外",开发滞后,在诸多方面相对落后。卫台揆到任面临着不少棘手问题,为改变这种落后状况,他采取了三个措施。首先,加强吏治,严禁敲诈平民。他"整饬吏胥,驭之以严"。得知一些不法胥吏乱收钱税,勒索百姓,民众负担很重,他断然下令,任何官吏不得随意巧立名目,收取税费。那时,经常有大陆贫民渡海来台卖力谋生,背井离乡,生活极其悲苦。可是不知从何时起,台湾官员还要从这些贫民身上榨取油水,美其名曰"水丁银"。卫台揆断然下令予以禁止。当然,他敢于这样做是因为自己一身正气,两袖清风,绝不受贿,绝不贪财。

其次,卫台揆体恤民情,减轻百姓负担。到台湾后,遇到了灾荒,为保证百姓正常生活,他上书朝廷,免去当年税租,让众生休养生息。大灾之年,百姓生活自给,社会安定,因而他颇得赞誉。

让民众各司其业,衣食无虑,确保长治久安成为卫台揆的下一个目标。这也是他采取的第三项措施,兴办教育,礼化众生。那时的台湾教育最为落后,仅有府学1座、县学3座,除此之外就是只能容纳少数孩童的义学。他大力倡导"文教"之风,鼓励兴学育人,亲自创办了台湾的第一所书院——"崇文书院"。创办书院需要经费,府库不足,他便自筹银两。后来干脆出资"捐置"田地,在诸罗县芦竹角海丰仑购买了"三十七甲一分四厘四毫"的农田,每甲能够收租"八石道斗",除了缴纳赋税,年可收益"一百八十一石五斗九升二合道斗"租谷。这保证了学校每年的正常开支,办学再无经费之忧。崇文书院培养了不少人才,被誉为"台湾首学"。这对于提高民众素质,改变台湾风习起到了很大作用。

卫台揆仁心治世,深受百姓爱戴。康熙四十五年(1706),他任职期满,升任广东盐法道。他虽然离开台湾,然而百姓仍然没忘记他,在台南市东安坊城隍庙左"建祠祀之",名曰"卫公祠"。

顾炎武曲沃修订《日知录》

厚重的临汾文化,孕育出无数人杰,他们不断走出去,在神州大地建功立业。同时,这源远流长的文化,也吸引着无数仁人志士前来汲取营养。顾炎武就是走进临汾治学的杰出代表。

据说300多年前,在曲沃绛山书院的讲坛上,须发皆白的顾炎武曾慷慨激昂地讲学。他明确指出,自古就有亡国和亡天下之分。易姓改号,君主更替,这是亡国。而仁义不能行世,甚至像野兽一样吃人,这就是亡天下。因此只有保护好天下,才能保护好国家。如果说保国的主要责任在于君臣,那么,要保天下,一介小民也有责任。这声音不仅激励着当代人,而且鼓舞着后世子孙。他的话后来演化成为大家耳熟能详的名句"天下兴亡,匹夫有责。"①

顾炎武是江苏省昆山市人,他出生后就过继给婶母为子。婶母是个

———————
①顾炎武:《日知录》第十三卷"正始"条,陕西人民出版社1998年版。

顾炎武画像

《日知录》书影

知识妇女,懂得很多历史故事,经常讲给他听。秋天的一个夜晚,风轻月明,顾炎武坐在院子里听婶母讲文天祥的故事。文天祥少时读书就很用心,考中状元,后来当了丞相。不久北方被元人占领,元人打过江南,不少朝中的大官也投降了。可是,文天祥不投降,继续领着兵马和元军打仗,后战败被俘,临死还要朝南方的国土叩拜。他写下这样的诗句:"人生自古谁无死,留取丹心照汗青。"

顾炎武听后大受感动,他对婶母说,长大要像文天祥那样报效国家。他说到做到,读书非常刻苦。14岁时,就读完了《资治通鉴》,又读《史记》和《孙子兵法》。他在同龄人中是佼佼者。可惜他这么好的才学,却屡试不中,没有考取功名。顾炎武丝毫也不灰心,他治学不是为了做官,而是为了报国。他开始编写一本历史地理著作《天下郡国利病书》。

正在这时,清兵南下,明朝灭亡了。他的生母被清兵砍断右臂,婶母则绝食身亡。从此,顾炎武为反清复明而战斗、奔走,辛劳了大半生。45岁以后,他来到北方,游走于山西、山东、河北、陕西等地。无论走到哪里,或骑着驴,或骑着马,都牵着骡子,骡子身上驮着他的图书资料。每到一地,白日游走观览,晚上披览典籍史料,有所感受,他便动笔记下。日积月累,形成厚厚的书卷,这就是闻名于世的《日知录》。

顾炎武到处奔波的时候,清朝政权日渐稳固,为了长治久安,清廷招募文人学士入朝为官。顾炎武名气颇大,也在招募之列,但是他坚决不去。后来在京师,翰林院学士熊赐履招待他进餐,席间诚邀他出山编修《明史》。他断然拒绝说,果有此举,不为介推之逃,则为屈原之死矣!

从京师出来,顾炎武继续漫游。20年间,他屡次出入三晋大地,先后居留六七年,与傅山、阎若璩交谊深厚。在此期间,他结识了居停学士韩宣。韩宣是曲沃人,两人一见如故,谈吐之间得知曲沃乃是古代绛域。他一听心神温热。原来,顾炎武早先的名字就是绛,曾以顾绛自称了30多年,及至清兵南下,他才慨然改名炎武,表达了反抗侵略的志向。他早就知道,曲沃绛地是古代晋国腹地,这里发生过许多历史事件。于是,丰厚的历史文化吸引了这位饱学之士,康熙二十年(1681),69岁的顾炎武风尘仆仆来到曲沃,知县熊㒶派人前往侯马驿站恭迎。

到了曲沃,顾炎武兴奋不已,他在这里既获得了不少晋国的史料,而且实地考察了很多古时遗址,感觉耳目一新,获益匪浅。更重要的是北去不远,就是平阳故地。平阳乃上古时期的尧都,帝尧在此建立国家,洞明四方,以仁爱治天下,国泰民安,风尚和洽。抚昔思今,顾炎武感触良多,一生积累的《日知录》又有新的发现,因此,他夜以继日抓紧修改,得空还去绛山书院讲学,阐明自己的思想观点。

在这里,顾炎武还结识了名士卫蒿,并写下《赠卫处士蒿》五言古诗:"抱疾来河东,息此浍水旁。寒禽绕疏枝,百卉沾微霜。幸逢同方友,典坟共相将。逢萌既解冠,范丹也绝粮。弦歌足自遣,感慨论百王。王赧遂顿首,孝献封山阳。一身殉社稷,自古无先皇。与君同岁生,中年历兴亡。衰迟数传辈,落落晨星行。旅怀正郁悒,矧乃多病妨。著书陈治本,庶以回穹苍。遥遥千载心,眷眷桑榆光。"

这首诗颇能看出顾炎武来到曲沃的情景,抱病而来,住在浍河边。虽然,寒禽绕疏枝,心中无不悲凉,但是,幸有同方好友,能够一起谈论学问,驱赶走晚年的寥落心情。他就在这样的氛围里明心、读史、写作。

康熙二十一年(1682)正月初四,顾炎武受知县熊㒶邀请高兴地出席了与曲沃士绅聚集的宴会。初八这日,他前去回访知县熊㒶,不料上马时失足坠地,呕吐不止。韩宣连忙为之请大夫医治,病体不见减轻,次日,顾炎武在曲沃长逝。

顾炎武虽然去世了,但是他在曲沃留下的著作,留下的思想,依然哺育着一代又一代的学人,依然激励着一代又一代的后人。

平阳商帮

平阳由于自古就是尧都古城,既是政治中心,也是经济中心,因而懂经营、善管理就成为这里的传统之一。所以,这里走出了一批又一批商家。平阳商人西进陕甘宁、东抵冀鲁豫、南下江淮、北上京城,有一人站住脚,就会拉动一大群,逐渐形成规模群体,被人们称为平阳商帮。

清朝中期,在宁夏银川市有太平一条街。太平县是今天襄汾县的一部分,那里善于经营的商人,将店铺开到了大西北,太平一条街上的店铺都是太平商人开办的。最大的是百川会杂货店,一溜儿几十间门面,经销羊毛、皮革、药材、布匹和各种日用品,林林总总上百种货物。可以说,凡人们生活需要的东西,应有尽有。百川会的店主是西中黄村的张子珍,他诚信经商,货真价实,深得同行和用户的信赖。他的商铺不仅在银川成规模,而且扩展到了陕西、甘肃、内蒙古。张子珍被推举为银川市商会会长,既经营自家门店,还为众多商家服务。他年迈后,儿子张凤鸣继任,被誉为商帮世家。

据《临汾市志》记载,太平一条街上商铺不下四五十家,多数由该县西中黄、北膏腴、李果、汾阳、东曹路等村的商家执掌。仅西中黄就有李洪飞的天成羊毛加工批发部、刘玉龙的晋源昌百货商店、赵惠斋的会元永综合商店。同期,太平赵康的杨如锦、杨如玉、杨如芝弟兄三人,在甘肃、青海创设了世诚祥、世家德、世诚和商号,在此购汇皮革、羊毛,运转口内,再将家乡的产品行销西北。生意的发达,让他们积累了大量资金,他们在村里兴建宅院,先后盖起六座起居的四合院。另有楼房院、账房院、书房院、伙房院、牛院、场院和车库院,形成其时堪称豪华的建筑群。

在西部的平阳商帮中,翼城南卫村的丁家名声也很大。丁家靠经营铁货起家,创办于明万历年间,商号名为"蔚隆章"。总号设在翼城北关,分号则发展到了陕、甘、宁和内蒙古。此时的蔚隆章不再仅仅是铁货行,

襄汾汾城古镇

业务拓展到钱庄、货栈、茶业,还在安徽买有茶山。他们采摘的茶叶,在陕西进行精细加工,制成砖茶,远销蒙古和俄罗斯。据说,丁家的资金多达银洋500多万元,职工多至1000余人,商铺开遍西北各地。从翼城出发,经新绛、河津,西渡黄河,穿过西安、咸阳、兰州,直达平凉,途经1500公里,吃住都有丁家的店铺。

西北的平阳商帮生意日渐兴隆，东部的平阳商帮生意也做得风生水起。济南、青岛、泰安、开封、驻马店等地，随处可见平阳人开设的商铺。洪洞万安人刘富在济南的"一品香茶馆"当学徒，待人热情，口齿伶俐，被进店私访的康熙看中，带回京都，受聘于皇家的大众布店。刘富行事勤勉，说话得体，不时还提供个好点子，使布店生意更加红火。康熙闻知，亲自召见，赞扬刘富是"实有良才"，拨给库银5000两。得到这笔资金，刘富在济南开办一座盐店，并请康熙亲自题写"洪茂盐店"的匾额。其弟刘余在济南经管盐店，买卖公平，童叟无欺，生意越做越大。康熙四十年（1701），洪茂盐店已经发展到店铺、库房、住房50余间，运输车辆10余乘。之后，不断扩大经营，渐渐扩展到冀、鲁、浙、闽等地，成为富甲一方的盐商。

此时，襄陵的丁家立足河南，开办商号，辐射各地。丁家先靠农业发迹，拥有土地800亩，年产小麦二三十万斤。家族人丁兴旺，仅武字辈就有74人。他们瞄准中药材，精细加工，贩运销售，很快打开局面。他们的大本营设在禹州，商号名为泰逢源。嘉庆时，由丁耀经营，他视野开阔、志向远大，南采北销、北购南卖，将药材发散到了广州、香港等地。上百年间，丁家人前赴后继，财源滚滚。光绪二十四年（1898），村里兴建三义庙，慷慨捐资的就有禹州的园豫公、春茂元、泰昌和、同吉福、钧茂益、涌泉茂、涌益源、永泰正等字号。

平阳商帮中南下经营的多不胜数，而且也颇具规模。规模最大的行业要数盐业，扬州是淮盐集散地，那里就云集着襄陵乔家、高家，太平王家，以及称雄南北的临汾亢家。如果说，盐业的经销与官方少不了瓜葛，需要多种手段。那么，油漆业的发展却是全靠个人苦心经营。从清代康乾盛世，至20世纪50年代，江淮一带的油漆业有襄陵人的半壁江山。油，是桐油；漆，即国漆，也称本漆。江南河湖多，行船多，桐油主要用于木船防腐防水，漆则用于家具和屋内木构件的防腐。襄陵人瞄准这一带的广阔市场，潜心经办，站稳脚跟，一干就是数百年。据《临汾市志》记载，"从南京到上海沿途360公里，包括南京、镇江、常州、无锡等大城市，及江阴、溧阳、宜兴、丹阳、金坛、兴化、泰兴、高邮、李家桥、卜义桥、湖塘桥、魏村、埠头、戚墅堰、奔牛儿等几十个县镇，都有襄陵人开的油漆行，占到当地油漆行的一半。常州城内通顺、义兴升、协兴义、德兴泰、裕兴泰、德丰泰、天兴泰、德聚泰、祥丰、宏昌、正大、大隆、万顺、钦记公和协记公等十几家漆行,都是襄陵人开办。"

不必再一一列举已经可以看出,平阳商帮曾经遍布神州,冠领潮头。而且,还有不少商家早已挺进京都经营发展了。

平阳人开办的京都名店

北京是国家的政治中心,也是最为繁华的消费都市,头脑灵活的平阳商人早就将之视为最佳贸易地。到了清代,临汾人在北京执掌的店号就有五六十家,赴京学徒从业的就有上千人。明万历年间,翼城人利用神宗生母慈圣李后的父亲李伟显负责明军织造布匹的机遇,进京专为官府纺织印染棉织物。后扩展为民用,在前门外出现了翼城布商一条街,还有500家粥铺。

在临汾商帮的苦心经营下,涌现出不少名店,仅经营文化用品的就有:

德宝斋,襄陵县刘氏开办;

英古斋,襄陵县王德风开办;

渊识斋,襄陵县毛子恒开办;

晋秀斋,襄陵县贾济川开办;

振宝斋,襄陵县裴振山开办;

永誉斋,临汾县李健平、李欣平开办;

……

属于粮油副食生活用品的那就更多了,难以一一列举。这里我们只数说两家,可就是这两家也足以看出临汾商家的不凡。闻名京都的"六必居"酱园和"都一处"酒家均是临汾人开办的。

先说六必居。六必居酱园开设在北京的前门大街,是明代平阳府杜村赵存仁、赵存义、赵存礼兄弟三人创办的。兄弟三人靠祖传的手艺酿酒，日子过得十分富裕。但是，他们不满足这种小富，三人合计要干点大事，于是来到天子脚下的京城闯荡。起先，想在京都酿酒，住下后一打听，还是置卖市民食用的东西赚钱快。因而，他们就挂牌营业开办了六必居酱菜园。

所以叫六必居，按兄弟三人的意思是，人生开门七件事，柴米油盐酱醋茶。他们的店里是人们生活的必需品，可唯独没茶，不就是六样么？既然是六样生活必需的食品，那就叫成了六必居。六必居开业后生意很红火。一天，店里来了一位老者，看了店名连连夸好。东家连忙请教，老者说道，古来酿酒有六条必须做到的准则：禾谷必齐、曲蘖必实、湛之必法、水泉必香、陶器必良、火候必得。想来六必居是得此六条准则！

东家连忙称谢，宴请老者，从此将这六条作为经营之道，一点也不含糊。六必居的原料经过比较，都选定专门产地。黄豆用河北丰润县马驹桥和通州永乐店的，这里的黄豆粒饱、色黄、油性大。白面选京西涞水县的小麦，自行磨成细面，再做成甜面酱。渐渐加工也形成了固定工序，酱料从发酵到制成要 21 天，仅甜酱八宝菜就要几十道工序。有一次，小伙计忽略了一道工序，菜色不好看，可口味仍不错。大家主张说明情况，

民国时期的六必居

降价出售,但东家不同意,全部当众销毁。

六必居的声誉越来越大,产品发展到10多种,现在数得出来的有:甜酱黄瓜、甜酱萝卜、甜酱甘螺、甜酱黑菜、甜酱包瓜、甜酱姜芽、甜酱八宝菜、甜酱什香菜、稀黄酱、白糖蒜。这些产品色泽鲜亮,酱味浓郁,脆嫩清香,咸甜可口,很受大众的欢迎。六必居的名气越来越大,酱菜不仅民众爱吃,宫廷官员也爱吃。据说明代嘉靖国相大学士严嵩吃后连连夸赞,还亲笔题写了金字大匾。

六必居久盛不衰,穿越明清两代,一直开办到了今天,成了京城名店。与六必居相同,都一处也是京城名店。

都一处店面

都一处小吃

都一处酒家是浮山县下北沟村人王鸿儒开办的。清乾隆三年(1738),他在前门外大街路东鲜鱼口南搭棚开起"李记"酒店。经过几年经办,乾隆七年改成一座仅有一间门面的小楼,卖刀削面、烩粉条、煮花生、玫瑰枣等小吃,外加一壶山西老酒。小本买卖,店铺简单,可是,由于用料好,做工精,逐渐有了点名气。让小店名气大振的是乾隆光临。不过,乾隆是微服进店的,谁也不知道来的是皇帝。那是乾隆十七年(1752)腊月三十,也就是除夕夜,京城红火热闹，万家合欢，自然店铺都停业了。乾隆在街上转了一圈，只有这家不仅门前红灯高照，而且店内灯火辉煌，便乘兴走了进去。一进门，伙计便热情相迎，大有宾至如归的感觉。乾隆欣喜，就让随行的人点了饭菜。没有想到饭菜美味可口，好久没有享受到这样的口福了！他高兴地问伙计，小店是何名？伙计说没名，抬头看时，门口只挂了个酒葫芦作为幌子。乾隆略一沉思说："京城如此大，除夕夜营业的独有你们一家，就叫'都一处'吧！"说完和随从满意而去。

伙计和店主说了这事，店主也没在意。没想到过了几天，小店忽然走进了钦命太监，送来了一尊虎头匾额，上书大字：都一处。原来是乾隆御笔亲题，店主人慌忙叩拜谢恩，而后毕恭毕敬将御匾悬挂于店中。而且，将乾隆坐过的椅子蒙上黄色缎子，供奉起来。不用说，这都一处远近闻名了。

都一处生意更好了，却没有萝卜快了不洗泥，而是绞尽脑汁，精益求精，饭菜更为可口。到了同治年间，他们增加了新的花样，仅烧麦就有葱花猪肉烧麦、蟹肉烧麦、三鲜烧麦。这烧麦的皮薄料香，做成的样子像是朵朵盛开的梅花，端上桌来，香味扑鼻，赏心悦目。吃进口里，味道鲜美，直入肺腑。这烧麦不光国人喜欢吃，外国人也喜欢，还传到日本及东南亚各国。

至今，都一处和六必居都是北京有名的老字号，它们的光泽中闪耀着平阳历史文化的辉煌。

清代巨富亢百万

元代以后，山西在全国最活跃的是晋商。明朝初年，北方边疆连年用兵，安定后又需要重兵戍守。驻军需要大量的粮食，官方的运力难以满足供给。为改变这种局面，明朝政府就采取了"开中法"，"召商输粮而与之盐"。即商人把粮食送到"边仓"，就可以折价领得"盐引"，凭此票证

襄汾丁村民居木刻

到内地盐场支盐售卖。山西河东一线处在输粮要道，加之"开中"贸易获利"极丰"，因而，有物质基础的富户纷纷投身运粮。很快不少富户，富上加富，形成名扬远近的"晋商"。到了清代更是如此。在晋商行列里，崛起了一位称雄一时的平阳商人，这就是亢嗣鼎。

1922年，上海《申报》编辑了一本《最近之五十年》的纪念册，上面登了一首打油诗：

莫打鼓来莫敲锣，
听我唱个因果歌。
那李闯逼死崇祯帝，
那文武百官一网罗。
那闯将同声敲金烙。
霎时间金银堆积满岩阿。
冲冠一怒吴三桂，
借清兵驱贼出京都。
贼兵舍下金银走，
马上累累"莫奈何"。
一路追兵潮涌至，
把金银给山西境上掩埋过。
贼兵一去不复返，
农夫掘地富翁多。
……①

---

① 上海申报馆：《最近之五十年》，上海书店1987年版。

据说,清代巨富、被称为亢百万的亢嗣鼎就是因为掘了起义兵的银子发家的。至于亢百万有多么富,民间流传着这么个故事。

亢家在平阳城中开着一家典当铺,生意不错。不久,街对面又出现了一个典当铺。同行是冤家,对方明显是要抢自己的生意,亢家自然不会无动于衷。

第二天,对面的当铺里来了一个人,手里拿着金罗汉,典当1000两银子走了。第三天,又来了一个人,还是当金罗汉,同昨天的那个一模一样,也当了1000两银子。如此当金罗汉的人,每天都来,一连当了3个月,眼看要挖空当铺了。主家急了,这日和当金罗汉的人拉上了话:"你家有这么多金罗汉呀?"当金罗汉的人回答:"多哩,500尊,现在才当了90尊。"主家听得大吃一惊,忙问主人尊姓,回答姓亢。

大吃一惊的主家明白了,连忙与亢家和解,请赎回金罗汉,不要利息,他的当铺不开了。他知道,以自己的实力怎敢和富甲天下的亢百万较劲呢!

这只是个故事,却可以看出亢百万的确不是一般的富有。亢百万发

襄汾丁村民居

家致富未必是得益于李闯王，近年有晋商研究专家通过考证得出了不同的结论。亢嗣鼎是明末清初的大富户。他所以富有，不光是经营典当业，还经营盐业。清代实行盐业专卖，亢家便持有政府特别颁发的运销证件。在两淮盐商中，有"南安北亢"的说法。南安是盐务总商安氏，即盐商中的头面人物，而和他齐名的就是北方平阳府的亢百万。

亢家还是大粮商。清代的经济，基本上是农耕经济，粮食贸易是最大的商品交易。亢家居住的平阳，沃野千里，盛产小麦。亢家拥有大量的土地，产下的粮食吃不完，便运出去卖。全国各地都有亢家的粮行，北京也有。据说，北京粮行中资本最多、规模最大的当数亢家。马国翰《竹如意》卷下记载："山右亢某，家巨富，仓庾多至数千，人以'百万'呼之，恃富骄悖，好为狂言。时晋省大旱，郡县祈祷，人心惶惶，亢独施施然，对众扬言：'上有老苍天，下有亢百万。三年不下雨，陈粮有万石。'"①

名气大了，有时也会招惹些麻烦。一次，数乘牛车正给亢家运粮，忽然跳出一伙赖皮，打倒车夫，赶了牛车就走。这伙赖皮敢在京城为非作歹自然很有根底。他们不会想到，亢家没人理睬他们，找上门来的竟然

汾西师家沟

---

① 马国翰：《竹如意》，转引自郑昌淦：《明清农村商品经济》，中国人民大学出版社1989年版。

是王爷。王爷出面为亢家讨公道，可见这亢家的确财大势大。

近年来，山西开发晋商文化，乔家、渠家、曹家、常家以及王家都被宣传得沸沸扬扬。打开《清稗类钞》一书就知道，原来那时候最富的是拥有千万银两的亢家，而后才是这些人家。书中记载："山西富室，多以经商起家。平阳亢氏号称数千万两，实为最巨。"康熙二十年(1681)，清廷国库空虚，向各地摊派，亢百万一人承担了山西的全部银两。

当时平阳府的东关，就是亢家的宅院。一座美丽的"亢园，园大十里，树石池台，幽深如通"。亢氏庄园，在江南更为豪华。江苏扬州的瘦西湖畔也有亢园，"临河造屋一百间"，"长里许"，被当地人"呼为百间房"，成为最亮丽的景观。亢家的屋宅若是留到现在，也是珍贵的旅游资源。可惜，咸丰三年(1853)八月，太平军北伐进攻平阳，城中清兵奋力反抗，攻城兵士死伤很多，十分恼火。进入城中，放火烧了街市店铺，亢家豪宅也在熊熊大火中化为废墟。

国家兵荒马乱，亢家难以正常经营，日渐衰败。因国运兴盛而起势，因国家混乱而沦落，得之于什么，失之于什么，这才是亢家留给世人的永恒财富。

孔尚任编修《平阳府志》

在全国众多的府志中，有一部十分醒目，这就是康熙年间编修的《平阳府志》。《平阳府志》所以闻名遐迩，是因为编修者不是普通文人，而是大名鼎鼎的孔尚任。

提起孔尚任，几乎没有人不知道。他撰写的剧本《桃花扇》从古演到今，不知赚了多少人的眼泪。孔尚任因为写《桃花扇》成了文化名人，也因为《桃花扇》的上演给他带来了仕途的厄运。

孔尚任出生于山东曲阜，是孔子的第64代子孙。作为孔圣人的后代，从小便在诗书环境中受到陶冶。他天资聪明，12岁便以"工诗赋，博

《平阳府志》书影

典籍"而被人称为神童,后来以国子监生员的身份进入太学研习。毕业后回到家乡,潜心编纂《孔子世家谱》。康熙二十三年(1648)十一月,康熙南巡归来,途经曲阜,去拜谒先圣孔子。孔尚任有幸在旁陪侍导游,他博学多才,奏对称旨,精妙得当,深得康熙帝的喜爱,于是康熙立即降旨提拔他为国子监博士。

到了京都,虽贵为国子监博士,但管事极少。孔尚任当然不会让生命空逝过去,一次闲聊他听到了南明福王时名妓李香君的故事,面对国破家亡的危情,李香君慨然血溅桃花扇。这个故事深深打动了他,他立即推衍成戏,填词谱曲,写成《桃花扇》,借剧中人物苏昆生之口,唱出了明朝遗老对残破山河的无限怀恋。

《桃花扇》一成稿,即在梨园里排练演出,马上轰动了京城。当时在京的王公贵族争相传抄剧本,《桃花扇》博得满城纸贵的美誉。然而,也就是这出轰动京城的戏给孔尚任带来后患。由于戏中唱响的是怀恋明朝的悲情,孔尚任受到削职处罚。热衷于功名的孔尚任,突然遭到意想不到地打击,抑郁地回到故里,继续整理家谱。

就在这时,平阳府的知府刘棨要重新编修府志,他的目光穿过千山万水盯住了孔尚任,要是能让这位大手笔担任主纂那肯定能提高志书的品位。刘棨和孔尚任是同乡好友,因而便诚恳聘请他来平阳修志。孔尚任十分重视朋友情谊,尽管年过花甲,体力不如先前,仍然答应了刘棨的请求。就这样,清康熙四十六年(1707),孔尚任跋山涉水来到山西。

孔尚任的到来让刘棨大喜过望,他将孔尚任迎到府中接风洗尘,热情款待,而后与他遍游平阳山水,观瞻河东名胜。本来已撰修过《孔子世家谱》这样一部典籍的孔尚任,对于编修一个地方的府志并没有多大兴趣,可是,来到帝尧故都一看,他深深爱上了这块文化底蕴深厚的土地,觉得这里是文明故地,文化源头,修好志书,责任重大。他马上就要投入紧张的劳作。刘棨是位善解人意的好友,他明白孔尚任的心意,但是,没有让他马上进行修志,而是领他北游山西胜景。这样,不仅让孔尚任领略了更多的风景名胜,开阔了视野,而且,明白了平阳府在山西乃至全国发展中的重要历史地位。

北游归来,孔尚任便着手修志,首先他统筹了《平阳府志》的体例。按说自古修志都有一定的体例,也就是成熟的套路,前有车,后有辙,模仿即可。然而,孔尚任没有这样做,他从平阳的实际情况出发确定了新的模式。比如,平阳的历史地位十分重要,自古以来就是兵家必争之地,各种战事频频发生,为了如实记载这些事实,他增加了一节《兵氛篇》。这便使以往无法容纳的史料客观载入其中,因而,孔尚任主纂的《平阳府志》一成书便成为志书中的经典。

紧张繁忙的工作冲淡了孔尚任遭受宫廷冷遇的寥落情绪,消解了远离故乡的相思别愁。伏案间隙,他来到龙子祠,一下被这动人的风光迷住了,不禁吟出诗句:

> 远隔红尘世外幽,
> 宜人景物失乡愁。
> 含烟店柳从容发,
> 破冻山泉放肆流。

尤其是大年正月,孔尚任在知府刘棨的陪同下,走上街肆观看民间社火表演,那红火热闹的场景激动得他夜难成眠,奋笔写下《平阳竹枝词》。他笔下的画鼓是:

> 一声画鼓一声雷,
> 响到朱门报锁开,
> 不解东皇何处住,
> 远劳红粉送春来。

写了画鼓,孔尚任喜不自禁,又写羯鼓:

> 催花羯鼓响沉沉,
> 早吃汤圆喜不禁。

冬去春来,不知不觉一年多过去了,36卷的《平阳府志》编修成书。

孔尚任离别平阳,踏上归途,知府刘棨依依相送,难诉离情。孔尚任走了,但他为平阳留下了一本珍贵的典籍,还有不少歌咏平阳的诗词。在平阳的文化史上,孔尚任写下了光彩夺目的篇章。

首位出使欧洲的皇家使者

谁也不会想到,在中国历史上首位出使欧洲的皇家使者竟是临汾人樊守义。

樊守义,1682年6月13日出生,今属尧都区金殿镇人。1707年他出使欧洲,1720年归国,成为最早到达欧洲的皇家使者。

樊守义出使欧洲与天主教有很大的关系,他皈依天主教后成为在山西传教的艾若瑟神父的助手,他的教名为路易·樊守义。艾若瑟是意大利耶稣会的传教士,他与利玛窦一样赞同实行文化融合的适应策略。1705年,艾若瑟前往北京时,樊守义陪同。1707年10月,康熙帝为澄清中国礼仪之争,命樊守义随同法国传教士艾若瑟出使罗马教廷。

这次出使是要他们化解一场天主教"华化"的纷争,也是为了弥合罗马教皇和康熙皇帝的隔阂。事情的起因却很久远。在马可·波罗游历中国之后,他的著作在欧洲传开,西方了解到一个真实而富庶的中国。14、15世纪开始,他们试图用海上贸易与中国往来。另一方面,则派出大批的传教士来到中国,试图把基督教义传播到这里,让中国人也信仰上帝。中国传统文化深厚,很少有人接受,传教士的传教活动并不理想。

一直到17世纪初,意大利人利玛窦来到中国,西方的传教活动才有所改善。原因在于利玛窦采用了实用主义的灵活策略,实际是在进行文化融合。利玛窦认为儒家学说是中国人维系日常生活和社会管理秩序的基石,体现着中国文明的道德价值。如果用基督教价值体系来彻底否定儒家价值观,那么,基督教将无法在中国立足。为此,他把"DEUS"翻译为中国古代典籍中的"上帝",自己穿儒服、学汉语、研究中国文化。

对待中国信徒就更为宽怀，允许他们继续祭孔拜祖。利玛窦的灵活策略突破了在中国传教的僵局，取得了重大的成效。可是，这种灵活策略，居然引发了基督教内部的所谓"礼仪之争"。反对者认为允许信徒祭祖拜孔是"异端"，应该禁绝。还指责把创造天地万物的"神"翻译为中国人的"上帝"极不妥当。这种争论持续很久，在利玛窦逝世后还在继续，一直争论到康熙时期。

此时，中国的农业文明达到顶峰时期，综合国力在世界上最为强大。而且，康熙皇帝思想开放，励精图治。他身边

利玛窦塑像

有不少西方传教士、科学家，教授西方发达的自然科学知识，有的还在朝廷任职。康熙对基督教采取了宽容的态度，不仅西方传教事业得到了发展，大量的西方科学知识也传入中国。当然，传教士也把中国的文化典籍翻译到西方。那时，中西文化的交流、融合达到了有史以来的高峰。法国传教士白晋特别作《康熙帝传》，称赞他是"世间君主的楷模"。然而，这种大好局面，仍然没有得到西方反对派的理解。

康熙四十三年（1704），罗马教皇克雷芒十一世还在断定中国礼仪实属异端，必须禁绝祭孔拜祖，并派特使铎罗到中国面见康熙陈情。罗马教皇的专断蛮横激怒了康熙，他得知铎罗的使命后，下令锁拿铎罗，解送澳门。艾若瑟和樊守义担负的使命，就是向罗马教皇表明康熙的态度，让其取消对在华传教士的打压。

樊守义随同艾若瑟受皇命离开北京南下，并于康熙四十七年（1708）1月14日在澳门登上"耶稣基督号"航船前往欧洲。经过婆罗洲、马六甲、苏门答腊，入大洋，航行了几个月，9月到达了里斯本。

在葡萄牙期间,艾若瑟和樊守义两次受到国王若昂五世召见。葡萄牙国王若昂五世支持传教士在中国的文化融合和相应的传教策略。他希望专断蛮横的罗马教皇"立即采取措施向中国皇帝和该朝廷做出满意之解释"。但是,葡萄牙国王的努力并没有产生什么作用。

在里斯本停留4个月后,康熙四十八年(1709)正月,樊守义同艾若瑟启程前往意大利,不料在直布罗陀海峡遇到狂风,只得停留在西班牙安达卢西亚。二月下旬,他们抵达热那亚,取陆路经比萨、锡耶纳等地,抵达罗马。

1718年1月14日,也就是他们在十年前从澳门登船前往欧洲的同一天,樊守义和艾若瑟谒见了教皇克雷芒十一世。但是,耶稣会的敌人,反对实行文化融合和适应策略的圣方济会主教尼古莱在场。他不仅不给他们说话的机会,反而要他们无条件服从教皇发布的反对中国礼仪的敕令,并且在教堂宣誓。看来宗教一旦形成偏见,极难扭转。因而,他们在欧洲滞留长达十年之久,仍难完成东西方文化融合的使命。

在罗马期间,艾若瑟和樊守义受到克雷芒十一世接待,参观了宫殿和图书馆。樊守义居留意大利9年,先后在都灵、罗马学习,并遍游意大利名城弗拉斯卡蒂、蒂沃利、那波利、卡普阿、博洛尼亚、摩德纳、帕尔玛、帕维亚、米兰、福尔切利、皮埃蒙特等地。樊守义还学会了意大利语,并且在即将离开欧洲之前,被委任圣职,成为中国第一个在欧洲担任此职的天主教牧师。

之后,罗马教皇收到康熙皇帝朱笔文书,召见艾若瑟、樊守义,于是发出口谕:"你们可以回国,我将另遣使臣前往,向中国皇帝逐条陈奏。"1719年5月15日,他们从里斯本登上圣方济·沙勿略号返航。途经葡萄牙再次受到国王的接见,赐问良久,并获赐黄金百两。可惜归途中艾若瑟心情郁闷,身患疾病,在好望角附近的海上去世。艾若瑟死后,船员要将他海葬,樊守义须臾不离地守护着,终于把他的遗体运回中国。

1720年2月,樊守义在澳门登陆。上岸后,他按照基督教的规矩为艾若瑟的遗体做了灵魂净化仪式。澳门驻军与当地政府通过驿站飞马速报康熙皇帝,并派军队护送樊守义到广州。不日,康熙皇帝的特使穆敬远前来,在广州城西北为艾若瑟神父建造墓地,举办安葬仪式。

很快,两广总督和康熙皇帝的特使召见了樊守义,并将他出使的情况禀报康熙皇帝。康熙五十九年(1720)10月11日,樊守义奉诏来到热河,叩见康熙皇帝,详细汇报了出访情况。无疑,樊守义是最早出使欧洲的皇帝使者。后来,樊守义写出《身见录》,记叙了他前往西洋的经历。

樊守义是山西历史上最早到达欧洲的文化人,他是以皇帝使者的身份出访,并受到了葡萄牙国王和罗马教皇的召见,在中西文化交流史上率开先河。他游历欧洲各国,学会了意大利语,做了大量的文化交流和文化认知的工作,而且写出了《身见录》这部中国人最早描述西方社会文化的著作,对于中国走向世界,了解世界具有十分重要的意义。

平阳大地震

在临汾市的历史上,有几次大的地震,对人民生活、社会发展造成了很大的影响。从多种史料看,刘聪建元元年(315)正月,平阳地震,其崇明观陷为池,水赤如血;唐贞观二十三年(649),河东一带地震,晋州最为剧烈,死5000余;元大德七年(1303),平阳路地震,人口死伤176365;清朝康熙三十四年(1695),平阳发生8级大地震。这里回望一下清朝康熙年间的这次地震,对当时的社会状况做一了解。

这次地震发生在农历四月初六戌时,大约是晚8时左右。据康熙《平阳府志》记载:"初六日戌时,有声如雷,城垣、衙署、庙宇、民舍尽行倒塌,压死人民数万。受灾各州县一时俱震,临汾、襄陵、洪洞、浮山尤甚。"不仅平阳地动山摇,房倒屋塌,烈火烧天,黑水涌地,而且波及地方很远,北到山西右玉、南达湖北谷城、西至甘肃平凉、东抵山东滕县都有震感。山西、陕西、河南、河北、山东、湖北、甘肃、江苏等省均受到震动,其中有125个府州县记载了这次地震的破坏情况。当然,受损严重的还是平阳周边,从北部的平遥到南部的闻喜,从西部的石楼、隰县到东南部河南的获嘉,长300多公里、宽200公里的范围内,建筑都遭受到严重破坏。

当时平阳府下辖的临汾城人口稠密,经济文化发达,商铺林立,民房比肩,毁坏极其严重。城里的大中楼也被震塌,十年之后才又修复。城外受灾同样严重,就连临汾城东近20公里的堡头村,周围沟壁大规模崩塌,不少农民只好迁至村西另建房舍,遂有东、西堡头村之称。襄汾县"黑水涌地",城垣、公署、民居倾覆殆尽,死者不可胜记。浮山县"坏房舍十之五","百姓困苦数十年"。据统计,这次地震死亡人数多达52600余人。

这次地震的次生灾害也非常严重。据清康熙年间《历年记·续记》记载:山西平阳府洪洞等三县于四月初六、七、八先是连续三日大雨,没有震塌的房屋接着垮塌,压死多人;次是大雨引发洪水,淹死人畜又无数;再是地中出火,烧死人畜、树木、房屋、什物无数。顿时,人们陷入水深火热之中,其痛苦不堪言状。

平阳府的水利工程多被地震毁坏,农业生产大受影响。通利渠是汾河西岸一条大型灌溉渠道,其渠首在汾西县师家庄,将汾河水西分一派,历赵城石明等村,经洪洞杜戍等村,流至临汾,溉田3县21村106顷土田。地震使通利渠多处损毁:赵城段的登临、石止、安定、好义等村皆陷于河,洪洞段渠湮,临汾青城村旧有水渠分水处塌陷。震后6年该渠一直未修通,"民田亢旱数年"。洪洞县利泽渠,在赵城卫店村西,引导汾水灌溉洪洞、临汾两县农田,其规模与通利渠相当,地震时也完全坍毁。水渠不通,水地变旱田,粮食连年减产。

如此回望,难以看到康熙盛世的真实面貌。不过,从平阳大地震的救灾行动,我们可以感到当时称为盛世的根本原因。地震后,康熙皇帝收到山西巡抚噶尔图疏报,即引起高度重视。其时,皇帝正准备亲自征讨噶尔丹和第三次南巡黄淮、运河河务,他立即放下繁忙的准备工作,阅卷、降旨,派户部员外郎登德"星驰前往"查勘灾情。同时,康熙又从途经平阳府的出差官员和本籍平阳府的京官那里听取地震灾情实况。这期间,京师与灾区之间官员往来如梭。随着灾情报告的不断传来,朝廷意识到这次地震的灾情比预想的还要严重。接着,又采取几项措施:

一是允许原籍平阳府的京官请假探家,了解民情,参与救灾。官员蒋弘道根据康熙帝"归视其家,询民疾苦"的旨意,先召集本村的父老子弟,传达朝廷的德意,然后才回家探视。稍稍安顿之后,就到临汾城察看城垣等设施的破坏情况,协助规划修复事宜。随后,"还朝复命,上嘉悦"。

二是朝廷发放救灾银两,赈恤灾民。"压死大口,给银一两五钱,小口给银七钱五分,有力无资不能修房之民,每户给银一两。"后改为"每一大口着增银五钱,人各给二两。"赈济平阳府等十四州县灾民"银十二万六千九百两","停征临汾、洪洞、浮山、襄陵四县,平阳一卫本年额赋。"同时,发西安库银共十二万两以修葺城垣、文庙、学宫和各衙署。

三是派出军队维护治安。康熙命马齐传谕太原总兵官周复兴,要他亲率军队维持灾区社会治安。

四是赏罚严明,严肃处理玩忽职守的官员。康熙命马齐传谕山西巡抚噶尔图,说他只在平阳府待了两天,不等朝廷大臣到达就匆匆返回省城,是极端错误的。随后,撤销其职务。襄陵知县诸来晟也被撤职。大地震给襄陵造成七八成的灾害,而诸来晟知县,为了不影响征收钱粮,只上报三分灾情。幸亏康熙皇帝派出钦差大臣,亲临襄陵县实地勘灾,按死亡人口赈恤,并免去本年钱粮和震前三年内的拖欠,才使襄陵灾民少受一些苦难,但朝廷拨下的20万两修缮银却无襄陵县的。多亏平阳知府王辅极力详陈,钦差大臣实地勘灾,才使襄陵灾民有了盖房银两。诸来晟的行为引起襄陵灾民的非议,称之为"大灾中之不幸",灾民们大骂诸来晟。诸来晟被撤职,遣送回老家浙江山阴。当然,对于积极救灾的官员康熙也给予奖赏。平阳知府王辅,救灾措施得力,受到官民称赞,吏部升其为天津副使道。但是,平阳百姓"哀恳乞留",不让走,康熙皇帝下令:"平阳府地震民困,王辅着以副使道衔仍管平阳府知府事。"后来,王辅升任江浙按察使。

名扬华夏的平阳文士

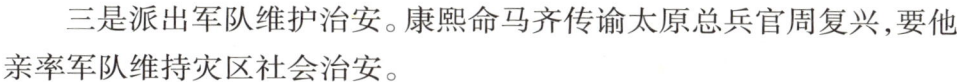

清朝的平阳,文化虽然不及元代那么繁盛,但是,不乏文化名人,徐昆和范鹤年就是出色的两位。

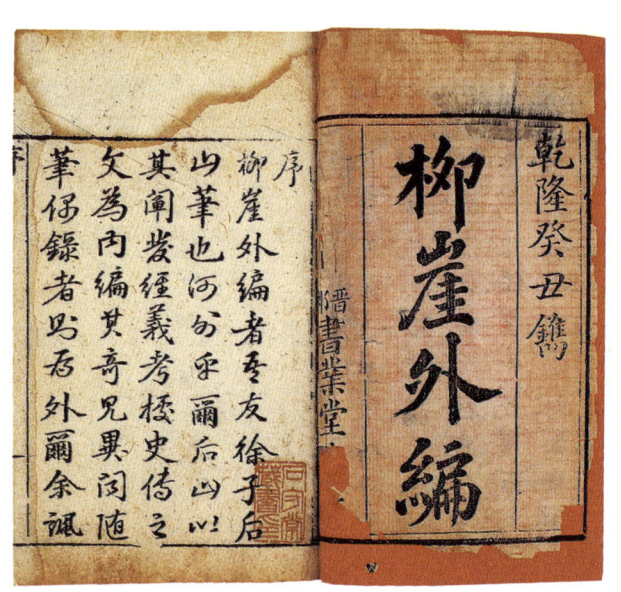

《柳崖外编》书影

《柳崖外编》是清朝颇具影响的一本书。书中有篇文章名为《梦图》。在文章中作者记录了自己梦游的情节，写到了很多名胜古迹，而出现最多的不是别的地方，竟然是平阳，写山写到了霍山、姑射山；写泉写到了广胜泉、龙祠泉。这是平阳人徐昆的作品。

《柳崖外编》有篇短文《银山》，记载了这么一件趣事："余家平阳东山之麓，去帝尧陵六七里，钱箨石先生奉使祭古帝王陵寝至其间，见涝水南北，岭势峭崎，问居民曰：'此何山？'一乡约随与而行，素有口才，随问即指南岭曰：'银山。'又问，随指北岭曰：'金山。'设箨石先生作纪行之笔，未有不以其言为信者。其实即漫岭之支派，素无金银名称也。"①

文中钱箨石是乾隆年间的进士，担任过礼部左侍郎，曾经受皇帝旨意来尧陵祭祀，问及山名，被当地能言善辩的村民忽悠了。此文要告诉人的意思读者可以自己领悟，我喜欢这则短文，既因为作者是乡亲，也因为文章实证了皇家国祭帝尧的往事。

徐昆是平阳上村人，也就是今尧都区大阳镇上村人，家乡就在尧陵附近。他的父亲名叫徐敬轩，在山东泺干为官。徐昆出生时颇具神秘色彩，据说《聊斋志异》的作者蒲松龄去世的那日，他正好出生。他身负异气，才华横溢，15岁时就能熟读诸子百家，而且十分喜欢读《聊斋志异》。20岁时，徐昆考取秀才，此后便矢志不渝参加科考，求取仕途功名。可是命运总是和有才气的人开玩笑，他屡试不中，一直考到55岁才

①徐昆著，李晋林等点校：《柳崖外编》，北岳文艺出版社1993年版。

中了举人。中举后,他担任了山西阳城县教谕之职。

担任这么一个地方上的教谕官吏,当然不是徐昆的理想目标。不过干这份工作他却十分认真,回首往日科考的艰辛,他极为重视阳城的教育。根据当时的学校状况,徐昆制订了《学规八条》《禁约八事》,不仅在县学实行,而且镌刻在官署墙壁,时时警策自己。他一贯奉行"教人先器识而后文艺",也就是先学做人,再学知识。据说,他还曾在平阳故里教授过学生,慕名前来求学的人很多。他曾将教学内容和教学经验编成22卷的《眉园日课制艺》,成为其时学习的主要课程。

热心于教育事业的徐昆没有淡忘科举功名,仍然一次又一次赴京考试。功夫不负苦心人,徐昆终于考中进士,这是乾隆四十六年(1781),而他已经是66岁的花甲老人了。66岁的徐昆当了内阁中书舍人,总算求取到了功名。这个官是掌管宫中文书起草、记录翻译和缮写的七品官,经一定年限可外补"同知",或直隶州"知州",还是十分受重用的。只是,徐昆再没有外补升迁,一直在任上干到80岁后去世。显然,他和蒲松龄先生一样,才华横溢,却不适宜混迹官场,好在他还算跻身于其中,说起来比蒲公幸运多了。不过,也许是这幸运有碍于他的才华施展,他的志怪文章终归没有超越了前辈蒲公。

尽管如此,徐昆也是继蒲松龄之后颇具声名的作家。他才美学富,著作颇丰,先后写有《易说》《毛诗郑朱合参》《书经考》《春秋三传阐微》《说文解字长笺》《诗韵辨声》《诗学杂记》《古诗十九首说》《春花秋月诗》《雨花台传奇》《碧天霞传奇》等10余种,前面谈到的《柳崖外编》也是他的一部名著。

除了著作,徐昆还有剧本问世。《雨花台》《碧天霞》《合欢竹》等剧本都出自他的笔下。其中影响最大的是《碧天霞》,该剧取材于话本小说《锦香亭》,并参考了洪升《长生殿》的部分情节,融爱情和政治为一体,突出了忠与奸的矛盾冲突,情节曲折、扣人心弦。一直到近代仍在上演,蒲剧、晋剧、碗碗腔等剧种多有改编演出。

范鹤年是洪洞人,虽不及徐昆名声大,也有一定影响。他家是当地望族,先祖为清初著名学者,自己在乾隆五十四年(1789)中进士。可惜,官运不畅,虽履职会同、衡阳、清泉、桃源、永顺数地,不过一知县而已。若不是文章遗世,后人很难知道他的名字。他著有《藐雪山房全集》,并有传奇剧本《桃花影》。该剧又名《离魂记》《五色线》,情节出自《闻奇录》《离魂记》《薛雍妻》《情史》等流行小说,并不新鲜。但是,经过他的巧妙剪裁编排,成了一部情深意笃的爱情新剧。《桃花影》最大的成功在于填词联套多采用北曲,合辙押韵则多用平阳土音,颇具创新效果,深受观众欢迎。显然,这是清朝方言入戏的成功范例,范鹤年缘之而扬名。

贾存仁修撰《弟子规》

《弟子规》是中国传统文化的经典,也是传统启蒙教育的经典。这本书影响之大,读诵之广,仅次于《三字经》。《弟子规》前身为《训蒙文》,作者是康熙年间的李毓秀。后来,经贾存仁修订改编,定名为《弟子规》,广泛流传开来,成为清朝至民国期间启蒙养正、教化子弟的最佳读物。

贾存仁是浮山县人。他出生于一个耕读世家,自幼受家庭书香熏染,非常喜欢读书,尤其喜欢研读宋代学人的理学专著。他博学多才,书法和绘画在当时都有名望。但是,他的科考很不顺利,屡试不中,只在乾隆辛卯年(1771)乡试时考中过副榜。此后,屡次科考不中,干脆疏离科举仕途,潜心致学读书。据他的墓志铭记载,他曾撰写过《四书千一录》《等韵精要》《诗韵考源》《音汇》等书,其中除《等韵精要》外,皆没有流传下来。

中年时,贾存仁曾游历京城,参加过《四库全书》的校订。乾隆丙辰年(1776)返回家乡,从此主要以讲学授课为业。不仅在本地讲课,还去安泽县担任安泽书院掌院。不过,仅仅一年之后因为身体不适便离任归家。回来后,主要撰写、修订图书,一直到去世。当然,他一生最大的成就便是修订《弟子规》。

《弟子规》的前身是绛县李毓秀撰写的《训蒙文》。顾名思义,《训蒙文》就是教育儿童的启蒙读物。贾存仁将之更名为《弟子规》范围就有所扩大,不仅是儿童,每个子弟都在教育之列。再看"训"与"规",虽然一字

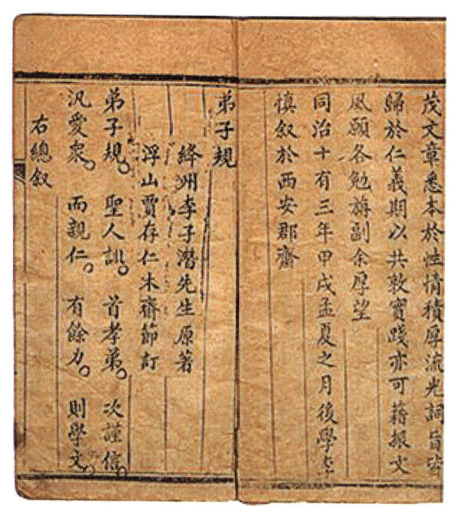
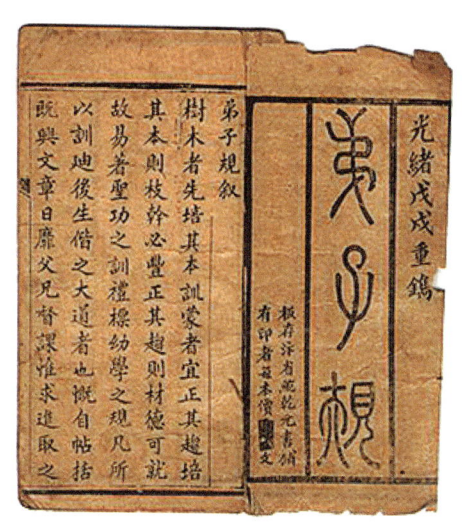

《弟子规》书影

之差,意思却大为不同。训,只能是训教开导,至于对象接受与否,那就要看各自的悟性。规,则是规定,是准则,是必须遵循的行为规范。说是《弟子规》,其实是每个人都应努力达到的行为目标。这等于为当时的人们制定了完整的道德准则。称为《弟子规》是对《训蒙文》的继承,因为儿童时期是形成性格的关键期,是人之初、性本善的清纯阶段,这时教化作用最大。所以,《弟子规》比《训蒙文》的意义更重大、更深远,难怪会成为全民的道德范本。

贾存仁能够修订《弟子规》,固然由于他幼时就开始读书,深受传统文化的熏陶,同时也由于家庭环境的耳濡目染。他8岁时,母亲就长年患病,难以自理。后来更是卧床难起,一躺就是7年之久。这期间,还没成年的贾存仁就过早担上侍奉母亲的重担。墓志铭记载,他"事亲至孝……左右侍奉,七年之中未尝解带安眠"。孝道早就深入他的内心,化为他的行为。因而,他才能在《弟子规》中写道:

父母呼,应勿缓;父母命,行勿懒;父母教,须敬听;父母责,须顺承。
冬则温,夏则凊;晨则省,昏则定;出必告,返必面;居有常,业无变。
事虽小,勿擅为;苟擅为,子道亏;物虽小,勿私藏;苟私藏,亲心伤。
亲所好,力为具;亲所恶,谨为去;身有伤,贻亲忧;德有伤,贻亲羞。
亲爱我,孝何难;亲憎我,孝方贤;亲有过,谏使更;怡吾色,柔吾声。
谏不入,悦复谏;号泣随,挞无怨;亲有疾,药先尝;昼夜侍,不离床。

丧三年,常悲咽;居处变,酒肉绝;丧尽礼,祭尽诚;事死者,如事生。

这不是大话训教,而是无微不至的劝告。这劝告为什么细致入微？原因就在于贾存仁有深刻的生活体验。他将自己的亲身体验,用最为简洁的语句凝结笔端,就成为最为精彩的人生准则。

深厚的学养积累,高尚的道德操守,使贾存仁站在了一个常人难以达到的高度。因此,他才能在众多的书籍读物当中一眼看中《训蒙文》的价值,才会仔细品鉴,秉烛修订,使之焕发出新的光彩。这就有了如今大家看到的《弟子规》,虽然总共只有7个段落、360句、1080个字,却包含了113个历史故事。这些故事个个典型生动,都是做人的标杆。如今距离贾存仁生活的时代已经过去了200余年,《弟子规》不但没有过时,而且仍然有着匡正时弊、恢复美德的精神价值。

杨笃编修《山西通志》

清代光绪年间,临汾出过一位编写方志的大家,他就是从乡宁县走出来的杨笃。

杨笃出身于书香门第,幼承家学,阅读了大量的诗文。祖父在云丘书院执教,他便随之就读。11岁起便有了考订源流、探讨学问的兴趣。但是,同众多的学人一样,他也把求学作为入仕的途径。可惜,他的学问与入仕选拔并不对路,30多岁才考中了举人。之后,再考进士却屡试不中,满腹学问,报国无门。

杨笃虽然科考失败了,却在考试过程中结识了时任大理寺卿的考官潘祖荫。潘祖荫非常爱惜人才,他很赏识杨笃的才学,就将他推荐给当时很有声望的名臣张之洞等人。和这些名人结交,杨笃虚心求教,学识又长进了不少,更为可贵的是丰富了阅历,增长了见识。之后不久,潘祖荫又推荐杨笃去直隶西宁(今河北省阳原县)宏州书院担任主讲,并主持纂修西宁县志。

西宁县过去没有志书,杨笃白手起家,从典籍中钩沉,从民间收集,而后埋头写作,完成了《西宁志》。这部志书纲目分明、条例通达,既追记了先前史实,又纠正了《水经注》中的疏漏,受到京师志书大家的赞誉。杨笃也因为纂修《西宁志》为人关注。光绪元年(1879),杨笃又受蔚州知州王补庵的邀请纂修《蔚州志》。《蔚州志》在《西宁志》的基础上再进一步,又获盛誉,杨笃更是名扬远近。自此邀他修志者络绎不绝,杨笃先后编修了《代州志》《繁峙县志》《壶关县续志》《长子县志》《潞城县志》《黎城县志》《屯留县志》《天镇县志》《长治县志》,襄修了《五台县志》等10部志书。

光绪五年(1879),山西巡抚曾国荃重修《山西通志》,杨笃应邀担任分纂。按说杨笃不是主修,不挑主要担子。但是,工作刚刚起步就遇到人事变动。主纂王轩和分纂张子涛病逝,另一位分纂杨深秀也进京任职。此时,纂修重任就落在了杨笃的肩头,他要是稍有松懈,一部《山西通志》就可能夭折。

在这关键时刻,杨笃挺身而出,挑起了重担。他认为,"倘志书不成,三晋文献由我而斩,罪不更大乎?"他让儿子杨之培、外甥阎干达检教书册,自己挥笔纂写,酷暑寒冬从不停歇。居然写得手指肿胀,指甲脱落,历经6000多个日日夜夜终于完成了这部通志。此情此景,正如他笔下的诗句:"满屋图书横古墨,虚堂神鬼伴孤灯。"

杨笃呕心沥血,伏案劳作,积劳成疾,搁笔不久便与世长辞了。可是他却留下了一部十分宝贵的志书。

《山西通志》共184卷,经杨笃亲自纂写的就有172卷。该书体例谨严、考核精详、文笔简括、取舍得当,在同代通志中首屈一指,受到张之洞、梁启超等人高度赞誉。杨笃虽然仅仅活了60岁,但是,他留下的《山西通志》却永垂不朽。

在编修志书的过程中,杨笃积累了经验,形成了一整套理论。"首先,他指出方志内容、体例的发展,至宋代方臻于完备。主张方志记载除地域之外,应兼采诗文,并详人物。其次,杨笃认为地方志即是地方史,方志体例应效史体,在《长治县志》之例言中,他具体阐释了地方志宜分图、表、志、传、记五体。其三,杨笃主张应重视地方志的真实性与实用性,'凡征引古籍,必注所出,有所辩证,需加按语,以示征信','摹绘景物,界面楼台,无关实证者悉不登'。其四,在'艺文'编写方面,杨笃主张采用范成大《吴郡志》之例,推载书目,不录诗文,书目下或录,或跋,或钩玄提要……"①这些理论对于当今修志也有指导意义。

杨笃是一位全才,除精于修志外,他还通训诂、精说文、好史学、善作诗、工书法,并对琢砚、治印、弹琴、制笺、算术、地理等领域也有深入研究。他多写七言诗,以现实主义的创作方法,写出不少为民请命的好诗。如《米市谣》:"河中今岁旱复蝗,农家十户九流亡。榆皮草食不充饥,犹复日输官军粮。"杨笃的书法集楷书、颜书和魏碑于一体。他的楷书,线条似篆似隶、圆润温醇,结体方正阔绰、灵气生动,一点也不板滞。运笔看似平铺直叙,毫无波澜跌宕,然而朴拙间却透出一股清逸的书卷气,非常耐看。可以说是自出机杼,独具一格。光绪年间,杨笃为令德堂书院书撰楹联悬挂于二门两侧,时逢巡抚张之洞前来监学,入门时急令停车仔细观赏此联,并对诸僚翘指赞誉。之后给杨笃巨纸,请他书写《诗经》中的《伐檀》《蟋蟀》两篇,悬挂于厅堂两面墙壁。李鸿章七十大寿,各省大官皆有屏联恭贺,唯张之洞请杨笃书写的寿序被誉为诸省之冠。

爱国实业家刘笃敬

在山西近代民族工业发展史上,有一个名字不应被忽略,他就是临汾市襄汾县的刘笃敬。1912年9月,孙中山到山西考察时,曾约刘笃敬长谈。孙中山与山西各界名流拍照合影时,坐在孙中山右侧的是阎锡山,左侧就是刘笃敬。由此可知,当时刘笃敬在山西各界地位是何等重要。

刘笃敬出生于清道光二十八年(1848)。他的家族南高刘家是晋商名家。明清时期,晋商誉冠华夏,平阳府亢家、襄汾县师庄尉家、北柴王家、南赵杨家、南高刘家皆是晋商豪富。刘家发达后没有忘记诗书传家,

---

①赵瑞锁主编:《白云生处》,三晋出版社2012年版。

刘笃敬从小就受到良好教育。光绪元年（1875），他赴太原乡试，考中乙亥科举人。之后进京发展，结识了被称为"戊戌六君子"之一的杨深秀。两人志趣相投，来往甚密，并由杨深秀推荐出任刑部主事，后加员外郎衔。进入官场，本应俯首谋求升迁，但是，刘笃敬关心的却是贫弱的国家如何振兴。因而，对杨深秀非常敬慕。可惜，戊戌变法失败，作为六君子之一的杨深秀被杀害。刘笃敬万分痛心，冒着被砍头的危险，亲自为杨深秀收尸、装殓，扶柩运回山西闻喜安葬。如此侠义，为世人称道。政局的黑暗挫伤了他入仕治国的信心，从此转向发展，将目标锁定在实业救国，经山西巡抚胡聘之举荐，赴日本神户及欧美国家考察工商业。学成归来，刘笃敬将身心全部投在实业发展上。

我们可以从《山西电力工业志》《太平县志》等史料中看到他的踪迹：

光绪三十年（1904），刘笃敬在太原西山开办王封煤矿公司，专为军工服务，成为山西最早的机械采矿业。

光绪三十年（1906），刘笃敬联合诸人向山西巡抚张曾敫建议由本

襄汾刘笃敬故里的牌坊

省绅商筹集股本,设立公司,自造同蒲铁路。

光绪三十一年(1905),刘笃敬任山西商务局总办,从此,执山西商业之牛耳11年;同冯济川等人投资236万大洋,创办阳泉铁钩煤矿,即阳泉矿务局前身;收购官办的绛州纺纱厂,创办新绛工艺公司。

光绪三十二年(1906),刘笃敬在西山冶峪开设庆成煤窑,创建了专门采掘地下煤层的筒子窑,也叫竖井采煤,井深42米,是山西采煤技术的一大突破,开启了山西采煤的新时代。他还合资开办了新晋书社印刷厂。

光绪三十三年(1907)春,刘笃敬出任山西商会会长;同亲家渠本翘、刘懋堂等人,创立"山西商办全省保晋矿务股份有限公司",并参与保护山西矿权的运动。

光绪三十四年(1908),刘笃敬投资创办山西第一座发电厂——太原电灯公司,次年10月建成发电。夜晚城内主要街道、商店豁然明亮,开启了太原电力发展的新起点,被誉为山西办电第一人。这一年,他代表山西商务局与英国福公司签约,赎回了山西矿权。

……

可以说,刘笃敬为发展工业、增强国力,起到了领跑者的作用。

1916年,68岁的刘笃敬告老还乡。年迈体弱,他虽然无法再投身实业建设,但是,却将心思花在了兴学育人上。回乡后将创办于清中期的刘家书院进行彻底改造,兴办了闻名三晋的寄宿制南高私立高级小学,山西省教育厅以"嘉惠儒材"给予褒奖。刘笃敬兴办教育,是因为早就意识到强国的根本在于人才。宣统元年(1909),他捐助成立了太原女子学校,当时的《晋阳公报》曾及时报道;宣统二年(1910),他向母校太平县学捐白银1000两;宣统三年(1911),山西大学堂庆祝西学专斋和中学专斋合并时,刘笃敬受邀撰写了《山西大学堂设立西学专斋始末记》和《山西大学堂西学专斋教职员题名碑》。

南高私立高级小学的开办,为当地孩童的学习提供了新的方便,先后就读的就有400余人。原最高法院院长、全国政协副主席任建新,云南军区司令员、海军基地司令员原增禄,兰州军区总政委李宝祥,著名画家刘锡永,水利专家刘锡田、曹瑞之等一大批军政英杰、文化才俊,都是在这里受到良好启蒙教育后才走向更为广阔的天地。

第十一章

革命和抗战的浩歌
（民国时期）

概述

民国初期，临汾、洪洞、赵城、襄陵、汾城、曲沃、安泽、浮山、翼城、乡宁、吉县、霍县、汾西、隰县、蒲县、大宁、永和等县属河东道管辖。1927年废道，直属省公署。

这一时期，临汾可以永载史册的有两个重大事件。一是抗日战争初期，太原沦陷后，国民党山西省政府、中共中央北方局、八路军驻晋办事处，一时云集河西一带，临汾成为北方的抗战中心。民族革命大学在此起步，游击队之歌在此诞生。之后，阎锡山将二战区司令部驻扎在吉县克难坡，直至抗战胜利。二是解放战争时期，创造了临汾攻坚战的经典战例。毛泽东在《将革命进行到底》一文中，曾评价："我们在攻克运城、临汾、宝鸡等地学会了攻坚战。临汾攻坚战，为全国解放，攻坚克难，趟开了一条道路。"

乔义生参与营救孙中山

清朝末年,中国处于急剧的政治动荡时期。一大批仁人志士努力奋斗,试图拯救民族、振兴中华,孙中山就是其中的代表人物。在追随孙中山"驱逐鞑虏、恢复中华"的先驱行列里,有一位临汾人,他就是乔义生。而且,在孙中山伦敦蒙难的危急关头,他参与了具有历史意义的营救。

1896年,广州起义失败,孙中山辗转来到英国伦敦。在香港学医时的老师詹姆斯·康德黎收留了他,安排其在自家寓所附近的一所旅馆住宿。10月11日上午,孙中山从旅馆出来去康德黎老师家。突然,出来3个中国人,热情地和他攀谈,还邀请他去住处聊天。走到清政府驻英公使馆门口,不由分说,把孙中山强行推了进去,囚禁于斗室。显然,他们跟踪孙中山不是一天两天了。

孙中山被囚禁在公使馆三楼的一间小屋,窗上装有铁栅栏,门上了锁,日夜有人看守,根本无法和外面联系。此时,公使馆可没闲着,根据清政府的密电,他们花了7000英镑的高价租了一条2000吨的轮船,正打造一个大木箱,准备把孙中山装在里面,秘密押解回国。孙中山处于极其危险的关头。他想找人给康德黎老师传话,可是根本无法和人接触。唯一可以接触的就是被雇来看守他的仆人,孙中山悄悄塞给他20英镑,仆人才将他被囚禁的消息传递出去。

一场营救孙中山的行动紧张地展开了。老师康德黎马上通过英国政府交涉,要求清使馆放人。可是,又怕在这期间清使馆偷偷将孙中山押走,这就需要有人跟踪监督。就在此时,乔义生走上了历史舞台。乔义生出生在临汾县一个信仰基督教的家庭,基督教传教士带他来英国留学,受教于康德黎门下。康德黎老师设宴招待孙中山,他曾经作陪。关键时刻,康德黎老师想起了这位门生,让他雇佣几名侦探在公使馆附近日夜坚守,严防清使馆秘密将孙中山押走。

乔义生领命后，和侦探们严防死守，寸步不离公使馆。公使馆看到有人监视，也不敢轻举妄动。康德黎老师的奔走活动，扩大了影响，英国报刊登载出孙中山被绑架的消息。英政府出面与清驻英公使馆交涉，10月23日，迫于压力，他们不得不将孙中山放出斗室。营救孙中山的行动成功了，无疑，这成功里有着乔义生的一份功绩。

从此，乔义生与孙中山结为至交，追随他走上民主革命的道路。孙中山介绍他加入兴中会，成为山西参加兴中会的第一人，也是山西最

孙中山像

早的民主革命者。乔义生在英国伦敦医科大学毕业后，没有从事医学事业，而是全身心投身革命活动。1906年春，受孙中山指示，他潜入新军，任黎元洪医官。利用身份之便，乔义生在军中联络了季雨霖、江亚兰等人，宣传发动革命，举办讲演，散发《猛回头》《警世钟》《中国魂》等进步书刊。在进步思想的影响下，刘静庵等湖北日知会领导人加入了同盟会湖北分会。

时隔不久，孙中山委派乔义生作为东京同盟会总部代表陪同法国驻天津武官欧吉罗陆军少将，一同去湖北调查长江一带的革命力量与工作开展情况。乔义生名义上陪同，实质上是借用欧吉罗外交武官的身份游说发动革命，他们先后辗转长沙、沙市、南昌、九江、南京、上海等地，传播革命思想。他们的活动没有躲过清廷的耳目，考察结束，张之洞奉清廷上谕捉拿乔义生。罪名是"勾通洋人、私运军火、图谋不轨、煽惑军队"，他只好去国外躲避。

乔义生没有因为身受通缉，改变革命志向，而是更加坚定驱逐鞑虏的信心。清光绪三十三年（1907），乔义生回国组织广东潮州、黄冈起义，担任中路指挥。2月18日，乔义生率众人在关公供案前宣誓："驱逐鞑虏、恢复中华、会师武汉、建设民国、一心一意、同心合力、如有违背、天

神共鉴。"随即率领200余人,手持农具、枪支向饶平进发。深夜冲入城内,直奔县衙,杀死满人县官扎拉丰阿,并张贴安民告示。当清兵大队人马扑来时,乔义生料知寡不敌众,只好化整为零,分散行动。饶平起义虽然失败了,但是,作为潮州和黄冈起义的一部分,引起极大震动,为后来辛亥革命的成功积累了经验。

清宣统三年(1911),乔义生返回山西,策动起义。他以在山西大学堂任教为名,秘密进行革命活动。武昌起义后,乔义生参与动员山西新军中的部分骨干举行太原起义。山西新军八十五标、八十六标同时举义,击毙了山西巡抚陆钟琦,占领了巡抚衙门。经过一场激战,起义新军攻占了全城。太原光复,清朝在山西的专制统治宣告结束。

山西军政府成立后,下设军政、参谋、军令、政事、财政、外交、司法等部,乔义生担任外交部部长,赴南京进行联络。1925年7月,国民革命政府成立,乔义生被派到镇江关、厦门关等处任海关监督。抗日战争期间他由厦门关任上赴重庆,担任国民政府委员。1948年当选"国大代表",1949年后到台湾,任台湾"总统府国策顾问"。1956年在台北病逝,终年74岁。

革命潮头的临汾义士

辛亥革命推翻帝制,开启了一个新的纪元。在这场壮举中,临汾没有甘居人后,而是勇立潮头,涌现出了不少革命义士。

首先是投身山西的争矿运动,为即将爆发的辛亥革命推波助澜。光绪二十四年(1898),英国福公司与山西当局私立条约,将平定、盂县、潞安、泽州等地的煤铁开采权据为己有。这一事件引起有识之士的警觉,可是清政府居然雪上加霜,又将平阳一线的矿权也一并出卖。1905年,福公司因开采与当地乡民发生冲突,山西各界趁势行动,学生游行,士绅通电,纷纷表示"矿存则山西存,矿亡则山西亡",一场连续几年的争矿运动开始了。翼城县人李春溥,时任监察御史,曾两次冒死上疏光绪皇帝,令人钦敬。

李春溥对故乡争矿之事倍加关注,光绪三十一年(1905)二月,他就上疏光绪皇帝,对外务部在英公使面前的软弱无能提出尖锐的批评,还一条一条批驳了英国当局的无理要求。他将个人安危置之度外,义正言辞地写道:"若事复一事,让而又让,我中国又从何富强哉?"这次上疏后,听说英公使着人前来斡旋,李春溥怕我方让步令英方再讨便宜,又上一疏,恳请皇帝"谕饬"丁宝铨,"勿稍退让,以保权利"。置身宫廷,位居显职,忘记个人忧乐,忧天下之忧,忧民族之忧,实乃中华栋梁。

阎锡山像

山西争矿运动风起云涌,激发了四川和两湖一带的保路风潮。1911年5月,清政府与英、法、美、德4国银行团签订借款合同,出让了粤汉、川汉铁路权,遂激起了新的公愤。6月,四川保路同志会成立。8月,成都罢课罢市。9月,军警开枪屠杀请愿民众,酿成成都血案。不久,同志军揭竿起事,四川各地闻风响应。清政府欲从湖北调兵弹压,由此为导火索,引发了彪炳青史的10月10日武昌起义。随之,各省纷纷响应,辛亥革命随即爆发。

其次是积极投身起义,同心恢复华夏。这场推翻帝制的大革命,山西的起义时间仅次于陕西,在北方名列第二。谈到山西的起义,洪洞人温寿泉始终走在前列。1904年,就读于山西武备学堂的温寿泉被选中官派赴日本留学,先后于振武学校和士官学校求学,和阎锡山等人一道学习军事。1905年8月同盟会在东京成立后,阎锡山、温寿泉等50多名山西籍留学生随之加入。继而,又加入了军事核心团体"铁血丈夫团"。1909年学成归国,清政府在京召集会试,温寿泉名列优等,阎锡山等名列上等。此后,温寿泉出任山西督练帮办兼陆军学堂监督,阎锡山与另一位留日学生分任山西新军两个标的标统,即团长,其他人也均获官职。新军,是按照西方新式练兵操典训练的军队,远比清朝旧式的八

温寿泉送给阎锡山的字

旗兵战斗力强。这样一来,山西军权实际掌握在他们手中。于是,武昌起义的枪声一响,阎锡山、温寿泉等人即于1911年10月29日在太原鸣枪起义。

山西起义中,许多临汾义士奋勇当先,冲锋在斗争的最前线,立下了汗马功劳。10月29日攻打山西巡抚衙门,率先攻入府内的是洪洞人张煌。清政府闻知山西兵变,派兵来救,这时挺身而出在娘子关阻击的是乡宁人王体元。而在起义的关键时刻,里应外合、为新军士兵打开城门的,则是霍州人杨沛霖。起义成功后,阎锡山为山西都督,温寿泉为副都督,组织了山西军政府。带头推举他们走上领导岗位的不是别人,又是冲锋陷阵的张煌。

再次是洪赵热血男儿北上太原保卫胜利果实。山西军政府成立后,清廷时刻准备反扑,兵力不足的军政府议定招募新兵。洪洞、赵城二县的青年云集广胜寺热烈响应。当时盛传的歌谣是:"广胜寺,地方宽,人马聚了好几千,锹把锄头当火药,吓得巡防队不知该咋办。"10天之内,就有2000多热血男儿报名充军。主动请缨招募新兵的不是外地人,是洪洞县的社会名流张清源。

新兵招募齐备,名为"霹雳队",又称"敢死军",很快开进太原,日夜训练于山西大学操场。一时,太原上空不时响起嘹亮的军歌声:"泱泱大国风,三晋中原雄,龙蛇起陆开运动。练我体力强,壮我精神种,气吞满房人人奋。东下石家庄,北定顺天府,胡儿出走还我中原土。仇袍与子同,赳赳干城用,军歌铙吹饮黄龙!"

军歌声中,飘荡着临汾义士的浩气雄风。

临汾党组织的诞生

1926年,中国共产党临汾支部成立,标志着临汾党组织的诞生。

临汾党组织的诞生离不开一个关键人物——张振山。张振山是临汾韩村人。在山西省第六中学读书时,即参加临汾学生声援北京五四爱国运动的集会游行活动。五四运动以后,特别是1921年7月中国共产党成立以后,马克思主义书籍和其他进步书刊纷纷传入临汾。受其影响,张振山思想更为进步。为联络更多志向一致的同学,他发起成立了新新书社,并且创办了《新声周刊》《新镜》杂志,宣传进步思想。新新书社不仅努力办好自己创办的刊物,还经销《新青年》等在全国极有影响的进步杂志,宣传新文化、新思想,传播革命真理,点燃革命火种。

1925年春,张振山加入共青团,后返回家乡组建共青团临汾支部。很快便在省立六中秘密发展徐亚桑、高琦、高珠等多名先进青年加入共青团。不久,成立了中国共产主义青年团临汾支部。五卅运动爆发后,张振山召开共青团临汾支部会议,动员临汾各学校学生罢课。他带领青年学生走上街头游行示威,散发传单,声讨帝国主义的罪行。学生的爱国热情感动了各界人士,不少市民也加入游行队伍。

随着共青团临汾支部工作的开展,团员日趋增多,组织相对稳定和成熟起来。1926年春,经中共太原地方执行委员会批准,张振山由共青团员转为中共党员。接着,他发展徐亚桑、李少卿、段

《新青年》书影

家绂、刘临科等人入党,组建了中国共产党临汾支部,并担任支部书记。从此,临汾有了中国共产党组织。

党支部成立后,领导临汾城乡人民开展抗捐、抗税斗争。党员的工作不再拘泥于城市,同时走向农村。他们深入临汾的吴村、金殿、大阳等集镇沿门串户,发动群众。接连举办了3期农运训练班,培养骨干,相继成立了区、乡、村农民协会,领导乡村农民进行抗捐斗争。

火热的革命斗争吸引了很多仁人志士,王权五、亢玉兰、景仙洲等人也先后加入了中国共产党。党员队伍很快扩大到临汾县以外的各县。为适应形势发展需要,中国共产党临汾县第一次党员大会在汾河以西的界峪村秘密召开,会议按照中共四大通过的党章,选举产生了中国共产党临汾地方执行委员会,研究了党组织在临汾的具体工作方针和行动纲领,做出了《关于在临汾开展学生运动和农民运动的决议案》。

中共临汾地委成立后,放手发动群众,农民运动蓬勃展开。1927年上半年,仅临汾县农民协会就发展到近百个,会员达到上万人。1927年,阎锡山当局为阻止北伐军入晋,命令晋南镇守使丰玉鹏征夫3000余人,加固临汾城墙,挖掘护城壕沟,广大民众怨声载道。党组织抓住这个有利时机,积极开展工作。张振山带领党员以做工的名义深入城壕工地,悄悄开展宣传,鼓动民众罢工。2月26日,临汾城墙工地举行罢工,广大民工肩扛铁锹、镐头,上街游行,高呼"打倒军阀""反对强迫民夫挖城壕"的口号,逼迫当局停止挖战壕,罢工取得胜利。

红军东征在临汾

1935年10月,中央红军经二万五千里长征到达与临汾一河之隔的陕北。当时,侵犯东北后的日本鬼子正在图谋更大战果,制造华北独立,中华民族处于生死存亡的紧急关头。红军将担负对日作战的更大重任,也亟须休整补充。然而,陕甘苏区土地贫瘠、经济落后、交通闭塞,发展受到很大限制。

为此,中共中央于1935年12月在瓦窑堡召开政治局会议,分析了国内国际发展形势和中国将来的发展方向,讨论了转变党的策略方针的必要性和建立抗日民族统一战线的可能性。随后,毛泽东和党中央确定了抗日反蒋、渡河东征、取道山西、实现对日直接作战的决策。

为保证东征主力的军需供给,由周恩来兼任后方办事处主任。他对东征部队的编制、干部配备、兵站和医院的设置、被服军鞋的供给及渡河舟船和民工征调都做了周密安排。

1936年2月17日,毛泽东签发东征宣言,东征红军进入临战状态。2月20日,正式下达渡河命令,分别在不同地点突击强渡。从此,临汾的大地上留下了红军东征的记忆。永和县永和关村东1公里处,有个紧临黄河的悬崖绝壁,绝壁上有一个小石洞,仅一条时断时续、不足半尺宽的小径连通。1936年2月红军渡河时,曾派遣12名勇士先期过河。刚一上岸,就遭到了阎军的包围。阎军疯狂扫射,红军勇士被迫登上石崖,凭借着小石洞奋力反击。顽强抵抗了三天三夜,他们的弹药打光了,粮食吃完了,可敌人的火力却越来越猛,包围圈越来越小。宁死不屈

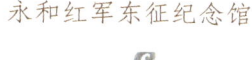

永和红军东征纪念馆

的12名勇士纵身跃入滚滚黄河。这悲壮的故事,流传至今,这里被当地百姓称为"红军崖",并题写摩崖石刻永久纪念。

好在红军主力突破了黄河天险,进入山西大地。阎锡山闻讯,大为惊恐,急调部队增援沿河守敌。增援石楼的二〇三旅一营晋军,也在隰县西北的蓬门遭到红十五军团迎头痛击,敌营长以下官兵200余人当场被俘。

毕竟敌强我弱,针对这种情势,红军总指挥部于3月12日在孝义县郭家掌(今属交口县)召开了团以上干部会议,决定兵分三路,迅速东进、南下,发动群众,扩大筹款,创立河东革命根据地,积蓄抗日力量。具体的行动方案是:毛泽东和彭德怀、叶剑英率总部特务团和红三十军作为中路军,继续转战于晋西;红十五军团挥师北上,直捣太原,以牵制调动晋军主力,相机挺进绥远、察哈尔抗日前线;红一军团则南下河东,发动群众,扩大筹款,相机分兵上党,挺进河北抗日前线。

3月16日,一军团急行军进逼同蒲铁路。两天后即攻占了南同蒲线枢纽——南关车站,将同蒲路拦腰斩断。而后星夜兼程,长驱南下,包围洪洞、赵城,奔袭临汾,4月1日攻占了襄陵县城。之后,红一军团又兵分三路扩大影响:红四师活动于汾河、同蒲路以东的古县、安泽、浮山一带,先头进入沁水、高平境内;红二师沿汾河西岸进抵新绛、侯马,而后挥师西进,直趋乡宁、大宁;红一师及军团直属机关居中策应,积极活动于霍县、洪洞、汾城地区。整个临汾范围,北起霍县,南到侯马,除同蒲路沿线的几个孤立据点外,广大乡村都布满了红军。红军所到之处大力发动群众,宣传抗日救国,积极筹款扩红。从3月中旬到4月底,短短一个多月即筹款40万元,扩红7000余人,组织地方游击队20多支,创立了20多个乡、村苏维埃政权,播下了革命火种。

与此同时,蒋介石、阎锡山调动大军寻求决战。为避免大规模内战,中共中央于4月13日至15日在永和县赵家沟召开军事会议,做出了"逼蒋抗日、回师西渡"的战略决策。此后,红一军团和红十五军团从4月下旬逐步转移到黄河岸边,准备返回陕北。

5月2日凌晨,毛泽东来到永和县的上退干村,在关帝庙度过了转战山西的最后一个夜晚。这是一座始建于元代的庙宇,占地400平方米,正殿是3孔窑洞,西配殿是一排枕头窑,还有东配殿一间,南面则是一个18平方米的小戏台。毛泽东主席同贺子珍就住在西配殿的枕头窑里,土炕上只有一张苇席和一床薄被。次日早晨8时,毛泽东登船西去。行前,满怀信心地对李志民说:"你们后卫团过河之前,要仔细检查前头部队执行纪律的情况,真正做到秋毫无犯。我们长征过金沙江时,敌人还拣了我们一只烂草鞋,这次过黄河连一只烂草鞋也不能让敌人拣去。"

回到陕北后,5月14日至15日,中共中央在延川县太相寺召开了政治局扩大会议,毛泽东在报告中对东征胜利的意义给予高度评价:"打了胜仗,唤起了民众,筹备了财物,扩大了红军。"

抗战救国的大熔炉

抗日战争时期,临汾大部分地盘都沦陷了,应在沦陷区之列。但是,这个沦陷区和别的沦陷区绝然不同,抗日的烈火一直在燃烧。抗战之初,临汾就是呼唤民众奋起救国的大熔炉。

1937年7月抗战全面爆发,国共两党达成正式合作的协议,山西成为国共合作抗战的前线,临汾也不例外。11月8日,太原失陷,阎锡山的山西省政府撤往临汾的东涧北村,中共中央北方局、八路军驻晋办事处也同时迁到临汾的刘村镇。八路军总部和一一五师主力也曾在临汾境内驻扎。

虽然,在晋北的忻口会战刚刚结束,平型关一战大获全胜。但这只是局部胜利,总体战场形势不利,到处是后撤的政府机关,到处是逃难的民众。惊慌失措、悲观失望情绪四散弥漫,甚而亡国论也蔓延开来。然而,此时的临汾绝没有悲观绝望情绪,这里街头巷尾,处处是热火朝天的抗日宣传。

11月13日,周恩来来到临汾,拟发了《反对妥协求和,坚持华北抗战》的公开电报。16日,临汾军民3000余人集会于女子师范,周恩来欣然参加,发表了《目前抗战危机与坚持华北抗战的任务》的演讲,"针对上海、太原相继失守后,抗日民族统一战线中妥协投降的空气抬头,悲观失望情绪滋长的情况,精辟阐明了国民党政府、军队虽然颇难为继,而全民抗战却必兴起的光明前景,呼吁国民党当局开放民运,改造旧军,建立民主的地方政府,坚持抗战到底。"①周恩来的讲话,阐明了抗战必胜的前途,强调了坚持华北抗战的必要。尤其是敌后游击战争的观点,让大家看到了抗日胜利的前景和希望。

1937年12月31日,中共中央北方局在临汾召开山西党的活动分子会议,刘少奇传达了中共中央十二月会议精神,强调争取抗战胜利的中心是巩固与扩大抗日民族统一战线,在统一战线中还必须坚持独立自主的原则。北方局还推动阎锡山筹建山西农民救国会,创建民族革命大学,并通过牺盟会举办县长训练班,对旧政权进行改造。

1938年2月,美国记者史沫特莱女士等一大批外国记者来到临汾刘村镇,在八路军驻晋办事处受到朱德、彭德怀的热情接待。他们通过记者把中国军民反击侵略的坚强信念告白于世界。史沫特莱还采访了左权、康克清、丁玲等人,对山西抗战,尤其是坚持敌后游击战的真实情况作了详尽报道,并给予很高评价,引起了世人对临汾的极大关注。

一时间,临汾成为热血青年投身抗战的希望之地。不少英杰健儿纷纷慕名而来,陈强、崔巍、丁里、吕班、吕骥、贺绿汀、杨朔、萧红、萧军等人云集临汾。临汾的抗日宣传更是如火如荼,就在此时城市中心出现了一个演讲的舞台。因为,每天这里都有集会宣讲、文艺演出,震耳的口号从此响起,激昂的情绪从此飞出,大家就冠之烘炉台的名字。烘炉台到底如何情绪激昂,时过境迁,不能再现,我们却可以从丁玲的笔下眺望那感人的场景:

人头从台脚下一直密密地展开到远远的墙角。五千个人,一万只手,吼声震天,然而次序井然,台上只要大声点,远的地方就可以听到……嗓子都喊哑了,兴奋的红色在脸上浮着,眼睛放光,台下人同台上人打成一片,一致地向着光明的勇敢的精神,把人群都伟大化了。这印

---

①陈文秀:《八路军驻晋办事处联阎抗日》一文,载《山西历代纪事本末》,商务印书馆1999年版。

象将成为最美的,最可纪念的留在人心中。①

这是丁玲留在《临汾》一文中的记忆。那激昂的情绪,别说激荡每个人的心旌,就是如今我们读到也不由得热血奔涌,感慨当时的临汾真是抗日的大烘炉。

就是在这样的氛围里,诗人贺绿汀按捺不住激动的心情,愤然走笔写下了《游击队之歌》:"我们都是神枪手,每一颗子弹消灭一个敌人,我们都是飞行军,哪怕那山高水又深。在那密密的树林里,到处都安排着同志们的宿营地。在那高高的山冈上,有我们无数的好兄弟。没有吃,没有穿,自有那敌人送上前。没有枪,没有炮,敌人给我们造。我们生长在这里,每一寸土地都是我们自己的,无论谁要强占去,我们就和他拼到底!"

就是在这样的氛围里,词作家光未然从临汾出发奔向延安,路过壶口瀑布,情绪更加昂扬。一到延安,就在土窑洞的煤油灯下奋笔疾书,《黄河大合唱》就这样飞扬而出,飞过黄河,飞向神州!

临汾形成的精神气概,激活了中华民族抗战的细胞!

人才云集的民族革命大学

民族革命大学是临汾在抗战时期对中国的一大贡献。

抗战一打响,阎锡山就看出他那些旧军队难以担当重任,于是,在国民政府西迁至武汉召开的会议上,他便提出了要建立民族革命大学的设想。这一设想立即获得教育部批准,由于省政府此时已迁至临汾,这里就成为民族革命大学的诞生地。

民族革命大学的办学宗旨很明确,就是为抗战输送人才。时任第二战区司令长官的阎锡山兼任校长,第二战区政治部副主任梁化之兼任

---

① 丁玲:《临汾》,《丁玲散文选》,人民文学出版社1985年版。

李公朴像

办公厅主任,实行具体管理。文化名人李公朴被聘为民大的顾问和教授,还参与了《民族革命大学纲领》的起草。具体负责学校工作的政治处主任杜心源、教务处主任杜任之以及不少教师,都是中国共产党党员。所以,民族革命大学实际上是国共合作抗战的产物。

办好民族革命大学需要大批人才,早在1937年8月中旬,阎锡山就派其堂妹夫梁埏武到武汉,吁请各方面给予支援。当时,抗日情绪非常高涨,临汾小有名气,在这里开办一所民族革命大学,为抗战输送新生力量,是莫大的好事,文化教育界进步人士热烈响应。沈钧儒、李公朴、邓初民、潘汉年、张申府等人都积极参与了民大筹建工作。不少社会贤达干脆长途跋涉来临汾任教。江隆基、侯外庐、施复亮、陈唯实、何思敬、温健公、秦丰川、刘潇然、刘达人、周巍峙、徐懋庸、萧军、萧红、端木蕻良等一大批学者名流先后抵达临汾。顿时,临汾群星荟萃,分外惹眼。有名师授教,自然不乏高足弟子。很快全国18个省,包括部分北平、天津、南京、上海以及东北的流亡青年潮水般涌来,民大一期即达到3000余人,两三个月后人数猛增至5000余人。鉴于学员文化程度差异较大,民大分成了大学部、高中部和初中部,学制为半年至一年。共设立了几个分校:第一分校设在临汾师范学校,第二、第三分校设在运城,第四分校设在曲沃。

民大设有军事系、政治系和民运系3个系,主要讲授政治和军事。学校实行军事化管理,大队下设中队,中队下设分队,从大队到分队都有军事队长和政治工作人员。按照军事训练的要求,学校每天早晨要集合出操、跑步、爬山,练习射击投弹。在民大授课的名师,多是自由发挥,各讲其所长。如施复亮和何思敬讲政治经济学,陈唯实讲唯物辩证法,侯外庐讲抗日民族统一战线,江隆基讲苏联研究,秦丰川讲国际问题,刘达人讲中国外交史等。这些课程,接近实际,切中时弊,受到学员的普遍欢迎。

作为民大的顾问和教授,李公朴在介绍教师、动员学生入学上也有重大贡献,何思敬、施复亮、陈唯实等都是他介绍来的。李公朴热情很高,不仅亲自授课,还同杜任之草拟了《民族革命大学纲领》和《民大教学计划》。他讲过《半年来的抗战形势》和《民主政治》等课程,指出抗战的潜力,鼓励全国上下团结一心、同仇敌忾、抗战到底。他身材魁梧、目光炯炯,语言幽默风趣,给学员留下了深刻的印象。

1938年2月底,日军大举进攻临汾,民大开始沿黄河东岸向吕梁山腹地撤退,继而转移到陕西宜川。1938年的夏末秋初,阎锡山将二战区司令部从陕西移驻山西,"民大"也由陕西宜川迁回到吉县的南村坡。8月间,二战区副司令朱德由晋东南前线来到吉县,应邀给"民大"师生讲话,鼓励大家坚持抗战,收复河山。

诞生于临汾的民族革命大学,在国家生死存亡的紧要关头,培养了大批抗日人才。

阎锡山驻扎克难坡

黄河岸边的吉县,有一个小山村,从1939年到抗战胜利,这里都备受瞩目。这个小山村就是克难坡。

1938年2月临汾失陷后,阎锡山率领他的二战区长官部西渡黄河,退到陕西宜川的秋林镇。后来局势相对稳定,阎锡山便筹谋回到黄河东岸。阎锡山先回到吉县的文城垣。后来又选定黄河古渡口马粪滩北边的一个小村。可惜,这个村的名字很不好听,叫作南村坡。阎锡山一听"南村"与"难存"谐音,便煞有介事地说:"我要生存,只有生存才能发展,再'难存'的地方,只要大家有克服困难的毅力和决心,'困难'也就'存在'不住了。从今天起,我的行营就改名'克难坡'吧!"这样,南村坡改成克难坡。

1940年5月8日进驻，经过两年多的修建，阎锡山将这个弹丸之地建成为一座窑洞叠立，院落连环的山巅小城。前山后岭，总共可容纳20000余人。根据自然地形，克难坡分为西新沟、一新沟、二新沟、三新沟、四新沟、五新沟。之所以都有新字，是为了应和阎锡山"新能存在，旧必灭亡"的意图。整个城堡布局结构由内外两道城垣构成，一、二新沟居内，是核心地区，三、四、五新沟和西新沟为外城。城堡周围设有六道关卡，东端梁顶，叫庙儿岭问事处；东北古贤沟，叫神道腰问事处；临黄河岸畔，设马粪滩问事处；南面沟底，叫麻库掌问事处；通往内城有东、西门问事处。每个问事处除设警卫部队外，尚有一个值班室，进入城堡须经值班室请示，得到认可后方可通行。除这六道关卡可进克难城外，周围深渊峭壁均在各个制高点的碉堡控制之下，根本无法通过。

　　克难城内一新沟居中，沟口建有实干堂，即会议室。堂后建有一排石窑，是主持会议办公地，堂前有广场，广场南建有烘炉台，即阎锡山每

吉县克难坡

吉县壶口瀑布

天早上举行会议、发号施令之处,间或亦在台前场地召开大会或举办晚会。沟内东西两崖,有两层窑洞,驻扎二战区司令部各处室、同志会执行部、参谋处、机要处、军务处、军需处、副官处、粮秣处、服装处、文件稽督处、会计处、省银行、参事室、内勤队、检参室。正北面建有昭义司大厅,亦称忠烈祠,内供抗战忠烈人员牌位,以纪念抗战牺牲将士。两旁厅柱刻有两副对联,一联是:"千秋庙貌光华胄,九曲涛声壮国魂";另一联是:"百战鼓鼙思壮士,三河袍泽仰英灵"。

阎锡山住在实干室右前方,是一排朝向东的窑洞。这窑洞较深,中有小门可通向第三孔窑,为接见与招待来客所用。这里的窑洞,紧连地道。地道四通八达,弯来绕去,最后可到黄河岸边的望河亭。置身此亭,波涛汹涌的河水尽收眼底。亭上有楹联:"走石扬波,淘不尽千古英雄人物;抽刀断水,誓收复万里破碎山河。"

如果真如楹联所写,阎锡山一心抗战,那入侵临汾乃至山西的日军肯定不会那么嚣张。阎锡山曾派赵承绶多次与日本人在白壁关、汾阳、安平等地会谈,妥协让步,保全自己。阎锡山还在此发动了晋西事变。1939年12月1日,阎锡山命令共产党领导的抗日决死队第二纵队进

第十一章 革命和抗战的浩歌

攻日军,这势必使该部置于日顽两面夹击的境地。因此,第二纵队拒绝执行命令。阎锡山便宣布第二纵队为"叛军",下令"讨伐"。以晋绥军6个军的兵力,向山西省隰县和孝义县一带的新军攻击。同时,阎锡山命令晋绥军赵承绶部进攻晋西北抗日决死队和八路军第三五八旅,并袭击了八路军的后方医院,残杀了隰县等6个县的民主政府和牺盟会干部以及八路军第一一五师的伤病员1000余人。

克难坡收留了阎锡山,阎锡山写诗铭记,题目是《克难坡感怀》。诗为:"一角山城万里心,朝宗九曲孟门深;俯仰天地无终极,愿把烘炉铸古今。"

还需要铭记的是,在抗日战争的几年里,山西省的最高学府山西大学,也曾经驻在克难城,为阔野深壑平添了少有的琅琅书声。

转移《赵城金藏》

1982年,我国出版了一部最为完整的佛教经典《中华大藏经》。这部书规模宏大,内容丰富,堪称佛学百科全书。这是我国佛学界、文化界的一件颇具意义的盛事。这部《中华大藏经》所依据的底本,就是原来珍藏于广胜寺的《赵城金藏》。

《赵城金藏》的问世,我们在前面介绍平阳雕版印刷时,已经讲过,不再重复。这里特别需要提及的是抗日战争时期,为保护转移《赵城金藏》所发生的一系列感人故事。

1938年临汾沦陷,日本侵略军的魔爪逐渐伸向各个村庄,广胜寺一带也未能幸免。1942年,日本一个东方文化考察团来到赵城县考察,还要去广胜寺。这事立即引起广胜寺主持力空法师的警觉,他以为这是日本人借考察为名图谋抢掠《赵城金藏》。原来日本人觊觎《赵城金藏》已经很久了。

日本人觊觎《赵城金藏》,是因为这部经书的名气太大了。1931年冬,我国著名佛学专家朱庆澜、叶恭绰等人在陕西省西安市的开元寺和卧龙寺,相继发现了稀世罕见的宋、元刊本《碛砂藏》后,立即成立了"上海影印宋版藏经会",将《碛砂藏》运抵上海影印。在整理过程中,他们发现《碛砂藏》有所散失,便派范成法师到山西、陕西等名山古刹寻访。范成法师打听到广胜寺藏有许多古本藏经,便于1932年夏来此探访。看到《赵城金藏》后范成法师大喜过望,从来没有见过内容这么丰富的经书啊!他立即向上海通报了这一喜讯,不久报纸上披露了这一消息。顿时,这成为轰动国内外的一件大事。中外人士前来赵城探访者,络绎不绝。1933年秋,南京支那内学院派佛学教授蒋唯心到广胜寺了解详情。蒋唯心抵达后,夜以继日,连续研读了40余天。继而编出《赵城金藏简目》,并撰成《金藏雕印始末考》一文,刊登于1934年的《国风》杂志第5卷第12期。次年南京支那内学院又以单行本出版发行。从此,《赵城金藏》影响更大,越来越引起世人的关注。1936年,日本东方文化考察团来华考察,在广胜寺看到《赵城金藏》,便提出要以22万光洋收购。祖国的宝贵文化遗产怎能轻易外流?力空法师当即拒绝。

说来这力空法师绝非目光短浅的俗人。他曾加入过同盟会,参加过辛亥革命,还出任过国民革命军第三集团军司令部军法官、定襄县县长等职。他为官清正廉明,声名远扬。因为不满官场丑行,辞职归里,1932年削发为僧。不久,他来到赵城县兴唐寺,从事佛事活动之余,开始着手编写《霍山志》。后来,被推举为广胜寺住持。一个能编撰志书的人,当然认识文物的价值。1937年卢沟桥事变后,日军烧杀抢掠、无恶不作,力空法师便带领全寺僧尼将《赵城金藏》从弥陀殿转移到飞虹塔内,并将塔门泥封,宣称"塔内有损",禁止外人登塔。

如今日本东方文化考察团又来了,肯定是奔《赵城金藏》而来,来者不善。不让登塔,日军势必生疑;让登塔,藏在塔内的经藏就会被发现掳走。力空法师感到形势紧急,刻不容缓。思虑再三,力空法师找到在这一带打游击的共产党县长杨泽生。杨泽生觉得责任重大,经与县委书记吴辰研究,一面向中共太岳区二地委报告,一面命赵城县游击大队长徐生芳、公安局长刘骞制定抢运方案。太岳区二地委书记史健接到报告后,向太岳区党委做了汇报,之后太岳区党委又向党中央汇报。党中央批示:"全力以赴,动作迅速,安全转移,妥为保护。"接到批示,他们决定4

月25日夜间,抢运转移经卷,由县委书记吴辰坐镇指挥,下分3个小组。第一组为防卫组,由徐生芳率游击队协同太岳第二军分区基干营,负责对敌人炮楼进行监视,敌人出动即坚决阻击;第二组为搬运组,由刘骞带领100多人组织搬运,将经卷背出后交给第三组,即转移组;转移组由杨泽生负责,组织牲口驮筐运往根据地。

准备就绪,趁着夜色各组人员全部赶到广胜寺,等候在此的力空法师迅速打开泥封的塔门,把经卷取下来交给运经人员。5公里的山间小路,运经小组来回奔忙,天亮前4300多卷《赵城金藏》全部运到太岳根据地安泽县的亢驿村。随后,太岳军区和政府分别通令嘉奖了全体运经的战士和群众。

《赵城金藏》抢运出来后,暂时存放于地委机关。1942年5月12日,日军调集3万兵力突然向太岳根据地发动大扫荡。为防止经卷落入敌手,地委领导将经卷分给机关干部,每人带几卷,并严令"人在经卷在,丢失者要受党纪处分"。整个反"扫荡"中,大家背着经卷在亢驿镇周围崇山峻岭中与敌人周旋。反"扫荡"结束,经卷无一丢失,完整地送到太岳区党委驻地保管。是年7月6日的《新华日报》(华北版)以《赵城军民协力卫护佛家珍藏,抢出广胜寺古代经卷》为题,报道了这一消息。鉴于日军对太岳根据地骚扰频繁,太岳区行署主任牛佩琮又派人把经卷运藏在一座废弃的煤窑,并设专人看管。1945年抗日战争胜利后,晋冀鲁豫边区政府将《赵城金藏》运到河北省涉县温村,委托北方大学校长范文澜、教导主任尹达负责,他们特选懂得历史的教师张文教保管。1949年4月30日,张文教护送运载《赵城金藏》的卡车前往北平,交给北平图书馆,即现在的国家图书馆。

高度的文化意识、强烈的责任感,是《赵城金藏》得以保全的根本原因。

韩略村伏击日军观战团

韩略村伏击日军观战团的战斗,规模不大,却意义非凡。在抗日战争中属于典型的游击战例。

1943年10月,日军华北方面军司令冈村宁次纠集日军第六十九、六十二、三十七师团和伪"皇协军"第一、二师等部共3万余人,对我太岳根据地发动了空前残酷的大"扫荡",称之为"铁滚式三层新战法"。他将全部兵力分3线摆开,第一线"分路合击",寻找我军主力决战;第二线"抉剔清剿",在我根据地烧毁村庄,抢掠物资;第三线"分散清剿",捕捉我突围的小股部队和零散人员。敌人将整个作战行动称之为"大滚"和"小滚"。"大滚"即先由北向南横扫,将我军挤压到黄河北岸予以全歼,而后再由南向北滚扫回来,歼灭我可能突围的部队。"小滚"是指"抉剔清剿"的部队,每天前进20公里,再后退5公里,实行反复"清剿"。铁滚战法实行不久,冈村宁次便向上级汇报战果辉煌,战区内再无共军主力。

日寇大本营对此大为欣赏,特地从各战场抽调了180余名中队长以上的军官,组成了一个"皇军军官观战团"前往太岳前线,实地观战学习"铁滚扫荡"的新战法,计划在各地仿效建立"剿共实验区"。10月17日,我太岳军区司令部突然接到了临汾地下组织送来的一份紧急情报。日军参谋本部从各地抽调的旅团长、联队长和少佐组成的军官战地观战团,由旅团长服部直臣少将率领,乘汽车沿临屯公路进入太岳区。

此时,三八六旅副旅长、太岳二分区司令员王近山带领两个团恰好从附近经过。敌人送上门来,岂有不打之理?善于打硬仗、打猛仗的王近山决定非打不可。洪洞县韩略村西南一带,地势十分险要,公路两侧是两丈多高的陡壁,易下难上,打伏击最为理想。于是,王近山连夜带领两个团,埋伏在临屯公路西端的韩略村边。这里处于敌军核心腹地,周围据点密布,是日军的"王道乐土"。但是,他们做梦也不会想到,王道乐土将成为他们的葬身之地。

24日早晨,日军观战团从临汾出发,沿临屯公路向我太岳根据地开进。敌人以为"铁滚扫荡"之后,遍地乐土,连护卫部队也没有。上午8时左右,临屯公路上尘土飞扬,插着太阳旗的观战团车队摇头摆尾而来。3辆小汽车在前,13辆卡车随后,一辆接一辆地进入了我军的伏击圈。

随着"啪啪"两颗信号弹的升起,我设伏部队同时开火,将满腔仇恨射向日军车队,硝烟顿时笼罩了整个公路。一时间日军被打得晕头转向,乱成一团。打蛇先打头,我三营九连按计划首先跳上公路挡住了敌人的去路,轻重火力对准3辆小汽车猛扫。敌驾驶员当场被击毙,小汽车歪倒在路边不能动弹。受了伤的服部直臣少将慌忙从翻倒的小车里爬了出来,大喊大叫,妄图组织力量冲开道路实施突围。此时,我二营六连已在鬼子车队后尾堵住敌人的退路,两侧伏击部队也一齐冲杀下来,将手榴弹一颗接一颗投向敌人的车队,打得敌人无法招架,一个个乱躲乱窜。有的钻在车下躲避枪弹,有的趴在公路两旁寻找遮拦。

尽管大势已去,仍有一些敌人抵抗。一个大佐挥舞指挥刀号叫,便

伏击战

有日军尾随而来,端着刺刀向公路两旁冲击。他们把汽车作为掩体,向我军射击。我军立刻用机枪和手榴弹猛击敌人,很快将这股日军分割包围,战士们勇猛地冲上前去与日军展开肉搏战。不多时,日军死伤大半。残余的敌人见夺路逃生无望,企图归拢在一起,形成一个新的火力点,拼命抵抗,拖延时间,等待援兵。身经百战的王近山,立即看穿了敌人的企图,马上命令部队狠打猛冲,速战速决。决战关头,指挥员的行为决定战争的胜负。王近山不顾周围人员劝阻,脱掉上衣,亲自挥刀参加战斗。五连指导员抱着集束手榴弹冲上前去,将敌人的机枪炸毁,他也倒在了血泊中。这更激发了战士们的斗志,眨眼间,我军的手榴弹密密麻麻投向敌阵,日军被炸得血肉横飞,汽车也起火爆炸。

此时,韩略村及附近村里的老乡也赶来参战,许多人拿着菜刀、棍棒、锹镐在阵地四周高呼:"鬼子被包围了!鬼子跑不了啦!狠狠打呀!"喊声惊天动地,我军士气更为高涨。带队的服部直臣少将看到观战团血流遍地,死伤累累,深知大势已去,逃生无路,绝望地举起刀切腹自杀。其余日军官佐也纷纷效仿,一个个举刀戳进了自己的肚皮。

激烈的战斗进行了一个多小时,180多人的日军观战团,除3个装死逃生外,其余全部被击毙。战斗结束,我军迅捷撤走。随后,5架敌机飞临战场上空,乱投了一阵炸弹离去。此次战斗,我军缴获手枪60余支,战刀100余把,步枪60余支,轻重机枪6挺,烧毁汽车13辆。战后,从缴获的日军文件证实,这次伏击战打死敌少将级军官1人,大佐联队长级军官6人。

这场伏击战的意义远不止获得胜利、击毙日寇多少头目,而是打乱了冈村宁次的"铁滚扫荡"计划。他没有想到洪洞一带会有我军主力,于是立即从清剿安泽、沁源、翼城的日军中抽调了几千人,星夜赶来合击我军。如此一来,敌人分散了兵力,打乱了部署,"铁滚扫荡"滚到一边去了。

1944年1月3日,《解放日报》发表专题文章,称赞一二九师三八六旅"创造了在敌占区伏击战的光辉范例"。蒋介石也发来电报表示"嘉奖"。

临汾攻坚战

临汾攻坚战,是解放战争时期解放军攻坚克难的优秀战例。此战时在 1948 年,对于全国城市解放有着指导性意义。

1948 年初,随着山西解放战争形势的发展,解放临汾迫在眉睫。解放军集中了八纵队、十三纵队和太岳军区部队、吕梁军区部队近 10 万人逼近临汾。临汾的城池非常坚固,城墙地基厚 60 多米,城墙上面可并行两辆卡车。西靠汾河天险,东临同蒲铁路,北面、南面均是一望无际的平原,易守难攻,是南同蒲铁路的咽喉,战略地位非常重要。日军侵华时,在此修筑了坚固的工事。国民党守城部队还嫌不坚固,又增筑加固,形成四道防线。第一道是外围警戒阵地,在城市周围的各大乡镇构筑据点,形成防御体系;第二道是护城阵地,在城周围建立 27 个碉堡,每 3 个为一组,形成明暗交叉的火力网;第三道是城墙防御阵地,将护城河加深到 20 米、加宽到 30 米,将城墙增加到 15 米高,上部 10 米厚,下部 25 米至 30 米厚,并分为上下层阵地和中层伏射工事;第四道是城内纵深阵地和地道工事。

此时的临汾城内,守将是第六集团军副总司令、晋南总指挥、号称阎锡山"铁军组织"28 人之一的梁培璜。守敌有阎锡山六十六师、胡宗南部整编三十师三十旅两支正规军和 6 个保安团等杂牌军,共有 25000 余人。守军仗着将强兵多,城池坚固,扬言"临汾牢不可破"。阎锡山亦数次电告梁培璜"死守临汾","不得放弃",大有与我军决一死战的气势。然而,这牢不可破的城池,被解放军攻破了,占领了。回溯这次战役,取胜有几个原因:

首先,领导得力,准备充分。解放军由徐向前任司令员、周士第任副司令员、胡耀邦任政治部主任。战前,徐向前司令员召开了团以上的指挥员会议,亲自动员部署。他明确指出我军的 3 个优势:敌我双方的兵力对比,我们是以多胜少,占绝对优势;敌军处在包围之中,粮食、弹药供应不足,我军物资充沛;敌军士气不振,孤城难守,我军大兵压境,士气高涨,精神上占优势。在物资准备上,专门组成了临时后勤司令部,由太岳行署副主任裴丽生任部长,调集了充足的武器、弹药、粮食、药品等战略物资。

其次,实施围困,断敌供给。战斗一打响,解放军即对临汾城进行全面包围,不留一条进出道路,彻底切断城内物资供应。从围城到解放整整72天,城内粮食还没断炊,柴草却烧完了,连生米也做不成熟饭,不得不拆掉城中的大鼓楼焚烧做饭。在这样艰难的状况下生活,人心涣散,众叛亲离。

第三,打掉外围,步步逼近。战争由外及内,一层一层扫清障碍。3月6日,解放军发现敌军有乘飞机逃跑的迹象,二十四旅连夜赶往尧庙飞机场,7日凌晨我军炮火轰击机场,击毁敌机2架,打破胡宗南运走三十旅的计划。进而一举打下机场,彻底断绝敌军内外联系的通道。

电力是城中生活工作必需的能源,解放军坚决攻打紧靠东关北城墙的电灯公司。敌军也深知电力的重要,派出1000兵力据守于此,深挖3道外壕,设2道铁丝网,还有炮火支援。担任攻击的第十三纵队三十九旅,先用大炮轰击工事,炸断电网,摧毁铁丝网,然后发动总攻,连攻3天才占领了外壕。此时,阎军六十六师师长徐其昌提着手枪和马鞭亲自督战,接连调换几拨阎军,轮番与我军展开争夺。解放军只得改换方式,挖好3条坑道,悄悄逼近电灯公司,通过爆破,全歼阎军。

接着,全力进攻东关。守敌非常清楚,如果东关失守,临汾城即失掉屏障,再难防御。因此,敌人把东关作为防御重点,由阎锡山的王牌六十六师防守,这样攻打东关就成了一场非常艰苦的战役。解放军出动了10000兵力,先用大炮把东城打开好几个缺口,敌人立即集中兵力用猛烈的炮火封锁住缺口,我军难以进兵。解放军重新组织,采用坑道爆破的战术推进,炸开两个突破口。随即,解放军用密集的炮火压住敌人,突击队冒着砖石烟雾,冲进关城,艰难地拿下东关。

第四,坑道爆破,打开缺口。东关丢失,临汾守敌已成瓮中之鳖。但梁培璜实施高压政策,最后挣扎。他下达了"八杀命令":对奉令进攻迟延不进;奉令赴援迟延不动;未奉令放弃守地;邻阵地被攻有力不援;邻阵地被陷不坚持本阵地;滥行射击、虚报弹药、阵前无敌尸,谎报军情企图卸责;主官伤亡次级不挺身而代行职务者,一律杀无赦。他推行"三自传训",大搞"肃伪",要求临汾机关属员,人人检查同解放区的关系,发现可疑者立即审查、关押乃至处死。在威压之下,敌军拼死守城。

解放军根据城墙高而厚的特点,决定不再采取登云梯攻城的战术。用炮火把几十米厚的城墙打开缺口太不容易,使用炸药又很难接近城墙。据此,徐向前司令员当机立断,指示部队在东关挖坑道,用地道直迫城墙底下,堆积大量炸药,炸开城墙。挖地道必须隐蔽,要做到隐蔽,就要有足够的掩护物。当时计算,必须筹集10万块门板。徐向前司令员命令后勤司令部,要在一个星期内完成筹集门板的重任,以应攻城挖壕的急需。裴丽生星夜召集临汾专区县委书记、县长开会,进行紧急动员。群众热烈响应,一个星期内就献出门板12万块,集中运到临汾前线。因为有了足够的掩护物,解放军仅用10天的时间,就把两条几十米的地道挖到了城墙的正中,并在地道内装进6200公斤黑色炸药和2500公斤黄色炸药。一切准备就绪后,徐向前司令员决定爆破攻城。1948年5月17日下午3时整,我军阵地上空升起信号弹,接着就是一声巨雷般的轰鸣,临汾城墙被炸开57米和27米的两个缺口。随着爆炸声,我军攻城部队一拥而入,敌军全面崩溃。敌军总指挥梁培璜在逃跑中被俘虏,临汾战役取得全面胜利。

从3月7日至5月7日,人民解放军经过72昼夜奋战,以伤亡1.5万人的代价,全歼敌人2.7万人。击落敌机5架,缴获榴弹炮2门、迫击炮59门、小炮391门、重机枪104挺、轻机枪1023挺、汽车154辆。

需要说明的是,临汾战役中,广大群众积极参战,附近农村4万多名民兵、民工直接参战,抬担架,运伤员,运输炸药、粮食等物品。群众献出的门板70%没有损坏,归还了原主;30%有不同程度的损坏,都做了适当赔偿。可以说,临汾战役的胜利,也是人民战争的伟大胜利!

5月19日,中共中央致电祝贺:"庆祝你们解放临汾,全歼阎、胡守敌的伟大胜利!"

毛泽东在为1949年写的新年献词《将革命进行到底》中,把临汾战役作为学会攻坚战的战例。第一个冲进城中的第八纵队二十三旅,被军委誉为"临汾旅",至今,这支部队依然保留着光荣的称号。

参考文献

解希恭主编:《襄汾陶寺遗址研究》,科学出版社2007年版。

吴国桢:《中国的传统》,东方出版社2011年版。

《天道与人文》,北京出版社2011年版。

苏秉琦:《中国文明起源新探》,辽宁人民出版社2009年版。

石青柏:《临汾·帝尧》,山西人民出版社2006年版。

高纬:《晋西南与中国古代文明的形成》,《汾河湾》,山西高校联合出版社1996年版。

柳诒徵:《中国文化史》,东方出版社1990年版。

解放:《万荣古今名人》,山西经济出版社2011年版。

张国擎:《漫说吕氏春秋》,凤凰出版社2010年版。

程翔:《说苑译注》,北京大学出版社2009年版。

周伟洲:《汉赵国史》,广西师范大学出版社2006年版。

《临汾市志》,中华书局2013年版。

郭籍:《曲沃古史漫话》,山西人民出版社2013年。

后　记

　　如果有人问我,世界上最开心的事是什么？我会毫不犹豫地回答,莫过于给一本书写后记。写后记标志着一本书完稿了,就要付之枣梨,出版面世。一本书的写作,和农人种庄稼无异,从撒下种子,到嫩苗破土,再到苗壮长高、开花结果,需要不断耕耘、施粪、浇水,不知要付出多少辛劳。终于成熟了,可以收获了,农人当然最开心。写书亦然,其过程甚至比农人种庄稼还要漫长,还要辛苦。撰写后记,实际上是在收获,其开心程度肯定不亚于农人。

　　如今我为这本《三晋史话·临汾卷》作后记,最主要的不是开心,而是感谢。首先感谢省委宣传部组织编写《三晋史话》这部书,我相信它对宣传山西的历史文化将起到积极的作用。其次我要感谢临汾市委、市政府和市委宣传部对我的信任,要我独自担纲写作此书并给予大力支持。坦诚地说,这信任里有着对我的鼓励和鞭策,而且鞭策大于鼓励。虽然自2002年以来,我关注本土历史文化的着眼点不再是尧都区,而是放大到了临汾市,并且钩沉梳理过一些文献史料,还结集成书。不过,那只是粗浅的入门学习,结集的文章只等于学习的手记。要撰写这么一本图书,还要在半年之内完稿,压力确实不小。幸在压力就是动力,我赶紧放下手头正在写作的文稿,埋头进入五千年的华夏文明史。为何写一本有关临汾的史话,要关注整个中国历史？看起来有点不着边际,实际上非常必要。临汾不是孤立的,是中华文明棋盘上的一枚棋子。这枚棋子的作用如何,必须放在整个棋盘上才能看出分晓。倘若只看临汾,也许会发现不少极其重要的事件,可是将之置于中国历史的进程中考量,未必会有价值。所以,撰写临汾史话不仅要坐井观天,还必须坐天观井。如此才不会以秉烛之明,代替日中之光。遵循这个思路,我读《史记》、读《左传》、读《资治通鉴》、读《中国通史》,读来读去,反复寻找闪耀在典籍里的临汾历史亮点。然后再伏案敲击,串珠成文。说穿了,这本书的写作鞭策我漫游了一次华夏文明史。看似我完成了一项任务,在完成任务的过程中却提高了自己,实在是一次难得的学习机会。

我要感谢各位专家的批阅指导。书稿初成,省委宣传部副部长、省作协主席杜学文就组织专家学者进行了一次研讨。各位老师提出了很好的修改意见,特别指出对于一些事件评价不要别出心裁。这对我是很大的警示,让我明白了该书应行驶的正常轨道。从实说,近些年我多数时间从事文学创作,而创作的要旨是独唱,必须尽量摆脱合唱。可这本书的写作就是合唱,而且是全省范围的大合唱,以独唱的思维对应合唱的格局自然会有出格之处。于是,我赶快修改,把"出墙红杏"剪切摘除。之后再次研讨,各位老师又作了细部指教,尤其在审读中还亲手作了删改,我聆听高见,感受领悟,又一次得以提高。

我要感谢和我一起完成此项任务的临汾市委宣传部文艺科的阎环科长、帮我查找资料的梁晓玉女士,以及经常联络的李华锋女士。几近一年的时间里,她们不辞辛苦,陪我一起去各县实地考察,走访座谈,给予我很大帮助。这本书能顺利成稿,她们功不可没。自然,我不会忘记责任编辑王新斐先生,该书每次研讨他都不吝指导,在编辑过程中付出的心血当然更多,衷心向他致谢。

敲击至此,必须告诉读者,尽管写作该书我费了不少心思,但是能力确实有限、水平确实不高,诚请阅后指导。倘若有再版的机会,我肯定会根据您的高见认真修改,在此也先行致谢!

《三晋史话·临汾卷》编写组

编后记

2014年初,中共山西省委宣传部决定编撰《三晋史话》丛书,系统梳理山西地区及所辖各市的历史文化,从历史的、文化的、哲学的层面对山西的历史文化以及文明贡献进行回顾总结。为此,山西省委宣传部组织动员各市委宣传部及各地历史文化学者组成了百数十人的工作团队,力求在较短的时间内高质量地完成这套丛书。

为与已出版的通史类著作、地方志类著作有所区别、互不雷同,我们首先在编撰思路上进行了较大的调整。特别强调在基本勾勒出山西地区及各地历史文化发展基本脉络的同时,突出其在文明发展进程中的重大贡献。思考研究问题的视野不能满足于仅仅说清一时一地一事,还要联系文明发展的大历史进行分析对比,以突出其重要价值与意义。在文体上,既强调可读性,更注重严谨性;既要满足一般读者的阅读需求,做到通俗好看,又要具备历史学科的学术品格,言出有据,并使二者较好地结合起来。为此,特别聘请我省的专家担任学术顾问,全面参与到撰写工作之中。各地也高度重视,组织了本地具有较高学术水平的学者专家承担本地史话的撰写任务。

这套丛书的编撰,从提纲的设定开始就进行了反复研究讨论。首先由各卷的编撰者提出初步纲目,再组织丛书的学术顾问与大家一起讨论,提出修改意见,反复数次才基本确定编撰纲目。仅《三晋史话·综合卷》一书的提纲就修改了九次之多。编撰纲目基本确定后,各卷分头撰写。初稿出来后,由学术顾问组的专家进行审阅,提出修改意见,大部分书稿进行了三次以上修改。编撰工作完成后,再次请学术顾问组的专家进行审读。同时出版社进入审稿程序，以期能够最大可能地消灭不准确、不正确、不严谨的问题。

尽管我们付出了极大的努力，但是这套丛书仍然存在一些问题。首先是撰写风格不够统一。其次是由于同一事件涉及不同地区，各地在编撰中均有涉及，难免有重复叙述的现象。三是限于我们的水平、能力，还有许多地方分析得不够、不准。所以，希望读者能够提出批评指导意见，以期在日后进行修改调整。

胡苏平同志主持了丛书的编撰工作。杜学文同志具体负责丛书的组织工作。王灵善、高春平同志具体负责丛书的审读、出版协调事务。渠传福、李书吉、赵瑞民、王灵善、降大任、高春平、巨文辉同志为学术顾问，负责各卷纲目与书稿的审读研讨。崔力、武献民、谢振中、高小勇同志参与了纲目与书稿的审读，负责组织协调工作。各市委宣传部组织协调了本市分卷的编撰工作与图片提供工作。

《三晋史话》丛书编委会

图书在版编目（CIP）数据

三晋史话丛书.临汾卷／黄翠莲主编.--太原：山西人民出版社，2015.8
ISBN 978-7-203-09234-6

Ⅰ.①三… Ⅱ.①黄… Ⅲ.①临汾市—地方史 Ⅳ.①K292.5

中国版本图书馆CIP数据核字（2015）第202084号

三晋史话丛书·临汾卷

主　　编：	黄翠莲
责任编辑：	王新斐
印装监制：	赵宏生　李佳音
出 版 者：	山西出版传媒集团·山西人民出版社
地　　址：	太原市建设南路21号
邮　　编：	030012
发行营销：	0351-4922220　4955996　4956039　4922127（传真）
天猫官网：	http://sxrmcbs.tmall.com　电话：0351-4922159
E—mail：	sxskcb@163.com　　发行部
	sxskcb@126.com　　总编室
网　　址：	www.sxskcb.com
经 销 者：	山西出版传媒集团·山西人民出版社
承 印 厂：	山西臣功印刷包装有限公司
开　　本：	787mm×1092mm　1／16
印　　张：	21
字　　数：	330千字
印　　数：	1—11000册
版　　次：	2016年5月　第1版
印　　次：	2016年5月　第1次印刷
书　　号：	ISBN 978-7-203-09234-6
定　　价：	92.00元

版权所有　翻印必究

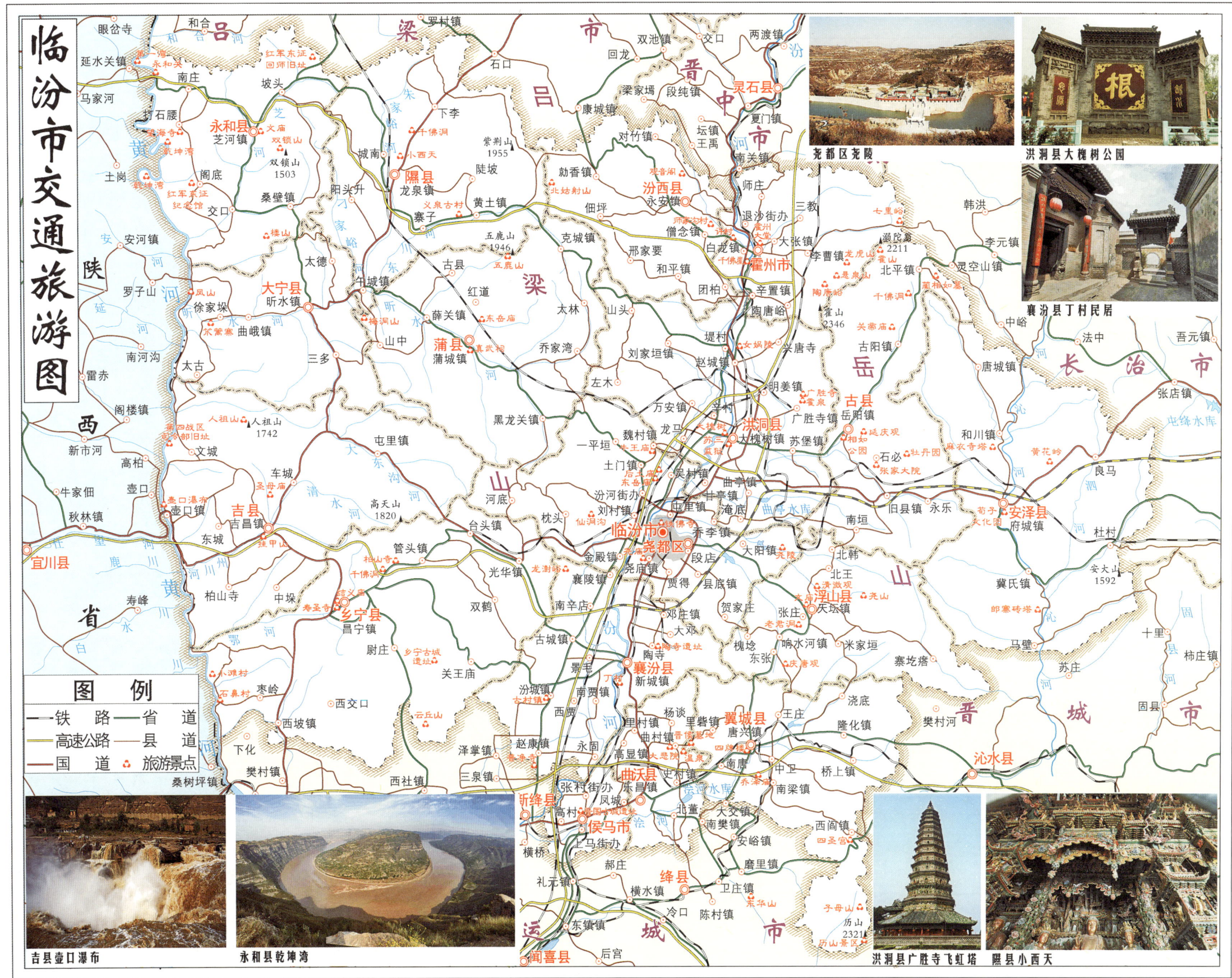

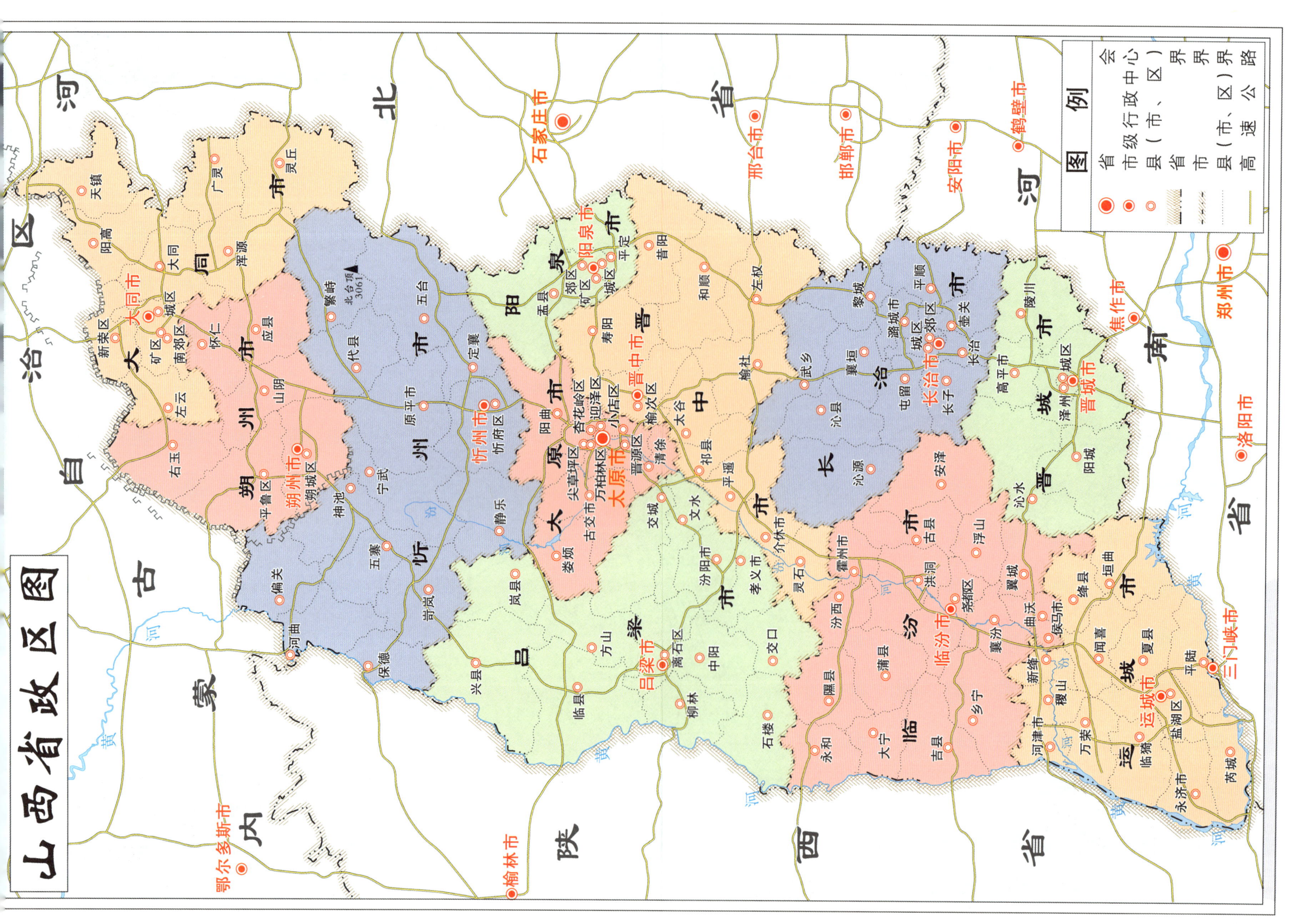